年度报告·权威信息

专业系统·品牌图书·每年出版

中国煤炭市场蓝皮书

HINA BLUE BOOK OF COAL MARKET

中国煤炭市场发展报告
（2021）

主　　编｜胡耀飞

常务副主编｜谷天野

副　主　编｜高　伐　陈贵柱　邵志宏　黄永明　马洪波

ANNUAL REPORT ON COAL MARKET DEVELOPMENT
OF CHINA 2021

山西出版传媒集团

山西经济出版社

《中国煤炭市场发展报告(2021)》
编 写 人 员

主　　编 胡耀飞				
常务副主编 谷天野				
副 主 编 高　伐	陈贵柱	邵志宏	黄永明	马洪波
编写人员 程　静	任瑞敏	朱晓伟	张　东	张永清
孙小涛	吴永胜	马庭林	薛文林	侯志华
田　莉	侯雅雯	王　慧	贾　娜	陆　凯
刘　磊	魏　莉	李高祯	白淑敏	赵燕虹
李　剑	杨　斌	侯玉春	李　洁	张　帅
李志君	贾梦琦	席国平	刘懿丹	曲佳敏
韩苏沄	陈　稚	张　骉	武宇霞	

内 容 摘 要

"中国煤炭市场蓝皮书:中国煤炭市场发展报告"系列是关于中国煤炭产、运、需市场具有权威性、代表性、原创性和实用性的年度系列报告之一。

本报告全面系统地分析了我国煤炭市场运行中主要数据指标,是我们分析和研究煤炭市场的重要参考资料。

作者们以经济研究的视角和方法,力求全面、客观、系统地反映煤炭市场情况,达到实用查备的效果。其中动力煤篇、冶金煤篇、化工煤篇的分析为煤炭产需企业提供了更为实用有效的数据资料,为煤炭产运需各方、煤炭产业链相关人士、能源管理与研究机构专家学者所必读。

本书共分为宏观分析、总报告、动力煤、冶金煤、化工煤、附录六大部分。

宏观分析分别从2020年国际经济、国内经济两个方面进行了总结性描述和分析。

总报告从中国煤炭产业发展环境、中国煤炭供需状况、中国煤炭运输状况、中国煤炭市场情况四个方面对我国2020年煤炭市场进行了总结性分析。

动力煤分别从电力市场分析、建材市场运行情况分析、动力煤市场分析三个方面对2020年我国动力煤市场上下游情况进行了分析和研究。

冶金煤分别从中国钢铁市场分析、中国焦炭市场分析、中国炼焦煤市场分析、中国喷吹煤市场分析四个方面对影响2020年冶金煤市场的主要因素进行了分析。

化工煤分别从甲醇、合成氨、新型煤化工、无烟煤市场四个方面进行了分析研究。

附录中对研究煤炭市场的常用数据进行了分析,主要为国内国际煤炭及其关联行业数据。

与往年相比,改变了对褐煤内容单独成章来编写的惯例,将褐煤相关内容纳入到动力煤和化工煤中编写,使结构更加合理、逻辑更加清晰。

前　言

2020 年,我国正式提出 2030 年碳达峰、2060 年碳中和的目标。2021 年全国两会中,碳达峰、碳中和被首次写入政府工作报告。对于一个发展中经济大国,一个能源消费大国,实现上述目标绝非易事,这预示着我们未来的生产生活方式必将发生重大变化,能源消费结构也将发生深刻改变,未来的能源需求将更多依赖于非化石能源发展,清洁能源对煤炭的替代步伐必将加快。

"富煤、贫油、少气"的资源状况,决定了煤炭在我国能源消费中的优势地位。煤炭作为我国主要能源,经过几十年发展,国内已经形成一个完善的产、运、需生产链,全国有上千万人依赖煤炭生产生活。煤炭既是基础性能源又是重要原材料,还具有使用的经济性和稳定性,可以说,煤炭为我国经济高速发展做出了巨大贡献。但是,随着全球气候变暖,人们环保意识增强,煤炭高污染、高排放的缺陷,成为煤炭一道绕不过去的坎。在巨大环境压力下,"去煤化"已经成为时代发展必然。其实,降低煤炭消费比重,改变能源消费结构,国家早已布局,近年来我国在清洁能源开发上持续发力,煤炭消费比重也持续下降,从高峰期的 76% 降低到 2020 年的 56.7%。

要实现 2030 年碳达峰目标,限制煤炭消费将成为首选目标。在未来,国家将进一步加大清洁能源开发力度,尤其是加强对风力发电、太阳能发电的投资和建设,同时会进一步限制煤电的发展。据预计,未来十年,我国风电、太阳能发电合计年均新增规模将达到约 7000 万千瓦。

"山雨欲来风满楼",在国家产业政策调整背景下,煤炭行业该何去何从?几代人奋斗过的煤炭开采业,上千万人靠吃饭的煤炭产业链,下一步将走向何方?这是每一个煤炭人需要思考的事。

其实,作为煤炭人,我们无需过分忧虑,因为一个产业链的消失是一个渐进过程。我们要看到,清洁能源在我国能源消费占比依然较小,煤炭作为我国基础能源位置暂时也无法改变,而且为了满足国民经济对能源的需求,未来几年,煤炭生产仍将保持小幅增长态势。但是,长远来看,随着清洁能源占比逐步提升,煤炭发电将逐步从基荷电源变为调峰电源,清洁能源对煤炭市场造成的冲击值得我们深入研究。

在"十三五"期间,国家超额完成了煤炭去产能任务,全国煤矿数量已控制在5000座以下,煤炭生产继续向资源优势地区转移。在未来几年,西部的山西、陕西、内蒙古、新疆、宁夏、贵州地区,煤炭生产仍将继续增长,东部地区煤炭生产继续萎缩,"西煤东运、北煤南运"格局不会发生变化。为达到节能减排控制目标,东部地区发达省份将进一步限制煤电发展,同时加强外来清洁电力资源的使用,煤炭消费也将逐步减量。

2020年,受到多重因素影响,我国煤炭市场发生较大波动。以下水煤5500大卡市场价为例,年中最低跌到464元/吨,最高涨到810元/吨,价差达346元/吨。长协价格全年保持了基本稳定,价格最低为529元/吨,最高为558元/吨,波动幅度仅29元/吨。可以说,国家倡导的中长协合同机制,对于稳定煤炭市场,起到了中流砥柱作用。

在市场经济下,宏观经济、产业政策、进出口政策、安全环保、气象变化、运输、库存、期货等因素变化都会引起煤炭价格变化。价格合理波动是一种正常现象,但是极端波动却会对国民经济造成伤害,将煤炭价格稳定在一个合理区间,上下游企业都能享有一定利润,这是一个双赢的结果,预计在未来中,煤炭中长协合同机制仍将被延续并加强。

与2020年版对照,《中国煤炭市场蓝皮书(2021)》在篇章和内容上都有比较大调整。在篇章调整方面:一是将以前宏观篇、市场篇、专题篇三部分,分为了宏观分析、总报告、动力煤、冶金煤、化工煤五部分,进一步细化了对分用途煤炭的市场分析。二是按照不同煤炭用途,从上、下游行业分章节进行分析,条理更加清晰。在内容调整方面:一是去掉了对褐煤的单独分析,我国褐煤主要产区位于内蒙古东部,主要用途是发电,少量用于化工。多年来,褐煤作为一个独立板块编写不免与动力煤、化工煤部分有重叠,所以,在2021年版本中,不再将褐煤作为独立板块来编写。二是加大了政策内容的编写,2021年是承上启下的一年,书中重点介绍了我国煤炭产业政策,并增加了"十四五"能源发展规划等内容。

本书作为年度性连续出版物,今年是第十二次编写出版,由于编者水平和时间有限,书中疏漏和不当之处在所难免,恳请业内专家、学者和广大读者提出宝贵意见和建议。

晋能控股集团

中国太原煤炭交易中心有限公司

2021 年 5 月

目 录

第一部分 宏观分析

第二部分 总报告

第三部分　动力煤

第四部分　冶金煤

第六部分 附 录

第一部分

宏观分析

第一章 国内经济

2020 年，在严峻复杂的国内外环境特别是新型冠状病毒肺炎疫情的严重冲击下，我国坚持稳中求进工作总基调，扎实做好"六稳"工作、全面落实"六保"任务，统筹疫情防控和经济社会发展工作，经济社会发展主要目标任务完成情况好于预期。国家统计局数据显示，全年国内生产总值 1015986 亿元，比上年增长2.3%。分季度看，一季度同比下降 6.8%，二季度增长 3.2%，三季度增长 4.9%，四季度增长 6.5%，人均国内生产总值 72447 元，比上年增长 2.0%。分产业看，第一产业增加值 77754 亿元，比上年增长 3.0%；第二产业增加值 384255 亿元，增长2.6%；第三产业增加值 553977 亿元，增长 2.1%。

全年居民消费价格比上年上涨 2.5%。工业生产者出厂价格下降 1.8%。工业生产者购进价格下降 2.3%。年末国家外汇储备 32165 亿美元，比上年末增加 1086亿美元。全年人民币平均汇率为 1 美元兑 6.8974 元人民币，比上年升值 0.02%。

第一节 2020 年我国宏观经济政策分析

2020 年世界经济受新冠肺炎疫情影响深度衰退，多重冲击前所未有。面对恶劣环境与重大考验，我国率先控制住疫情、率先复工复产、率先实现经济正增长的显著成绩，是全球唯一实现经济正增长的主要经济体。

一、对外经济贸易政策开放

因新冠肺炎疫情影响，世界贸易受到严重阻碍，经济全球化遭遇重大挑战。在国际的大变局中，我国对外贸易政策更加开放。我国主动加强抗疫国际合作，积极参与经济全球化，在危机中育新机、于变局中开新局，不仅稳住了外贸外资基本盘，而且全方位、高水平推动了对外开放新格局的加快形成，在世界经济衰退的经济大环境中,我国全年货物进出口反而比上年增长1.9%,我国是全球主要经济体里唯一货物贸易正增长的经济体。

二、政府扩大财政支出,稳住经济基本盘

受新冠肺炎疫情影响,A股在春节后开市首日出现大跌。此后,央行两天将1.7万亿元投放了公开市场,操作了史上最大规模的逆回购,打响经济保卫战。央行大手笔释放流动性,极大提升了市场信心。面对疫情演变、世界经济前景的高度不确定性,全球多个国家和地区实施降息,而我国仍保持着正常的货币政策。在央行行长易纲看来,我国货币政策坚持稳健取向,保持在正常货币政策区间,是全球主要经济体中少数实施正常货币政策的国家。

春节开市后,央行分阶段、有梯度地出台再贷款再贴现政策。根据疫情暴发初期、初步控制、防控取得重大阶段性成果等不同阶段的生产生活恢复需要,央行三批次分别增加3000亿元、5000亿元、1万亿元再贷款再贴现额度,支持抗疫保供、复工复产和实体经济发展。

2020年全年,央行共开展了三次全面降准及定向降准操作,释放长期资金1.75万亿元;新创设两个直达实体经济的货币政策工具,即普惠小微企业贷款延期支持工具、普惠小微企业信用贷款支持计划,更让市场看到央行着力解决货币政策传导不畅的决心。

三、加强减税降费政策力度

2020年,面对严峻复杂的国内外形势,财政部门连续发布实施了7批28项减税降费政策。第一方面是支持疫情防控的应急措施,如全额退还疫情防控重点保障物资生产企业增值税增量留抵税额、对疫情防控重点保障物资生产企业新购置设备允许一次性税前扣除等;第二方面是帮扶受疫情影响大的行业,如对受疫情影响较大的交通运输、餐饮、住宿、旅游、电影等行业企业延长亏损结转年限,免征文化事业建设费、国家电影事业发展专项资金和航空公司缴纳的民航发展基金,对受疫情影响较大行业企业给予房产税、城镇土地使用税困难减免等;第三方面是支持企业复工复产,如完善出口退税、免征进出口货物港口建设费、减半征收

船舶油污损害赔偿基金等稳外贸税费支持政策，出台扩大汽车消费的税收政策等；特别是聚焦帮扶小微企业渡过难关，施行对湖北省增值税小规模纳税人适用3%征收率的应税销售收入免征增值税，其他地区征收率由3%降至1%等政策。

第二节　2020年我国主要经济指标

2020年，面对新冠肺炎疫情冲击和复杂严峻的国内外环境，我国分阶段、有节奏、有针对性地推出一系列政策举措，助力广大市场主体复工复产、复商复市，率先在全球主要经济体中恢复经济正增长，成为全球经济阴霾下的一抹亮色。

一、政策调控强力有效，国内生产总值实现由负转正

2020年，我国国内生产总值为1015986亿元，按可比价格计算，比上年增长2.3%。其中，第一产业增加值77754亿元，比上年增长3.0%；第二产业增加值384255亿元，比上年增长2.6%；第三产业增加值553977亿元，比上年增长2.1%。分季看，四个季度国内生产总值增速分别为-6.8%、3.2%、4.9%和6.5%，GDP第一季度逆增长，我国率先控制住疫情，复工复产，实现第二季度由负转正。2016—2020年我国国内生产总值（GDP）与GDP季度增速见图1—1。

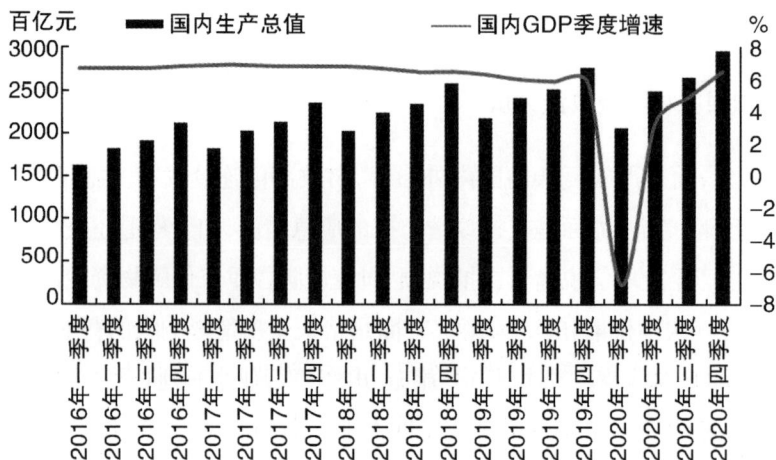

图1—1　2016—2020年我国国内生产总值与GDP季度增速

数据来源：国家统计局

二、居民消费价格逐步回落

2020 年,CPI(消费者物价指数)上涨 2.5%,涨幅比上年回落 0.4 个百分点。分月看,同比总体呈前高后低走势。前两个月,受新冠肺炎疫情、"猪周期"和春节等因素叠加影响,猪肉等食品价格上涨较快,带动 CPI 上涨较多,同比分别上涨 5.4% 和 5.2%;随着疫情防控形势持续向好,生猪产能不断恢复,各项保供稳价措施持续发力,CPI 涨幅从 3 月份开始回落;6、7 月份,由于高温和降雨等极端天气影响,涨幅略有扩大;8 月份 CPI 继续回落,至 11 月份转为下降 0.5%;12 月份,受低温天气、需求增加及成本上升等因素影响,CPI 上涨 0.2%。2020 年我国居民消费价格指数见图 1—2。

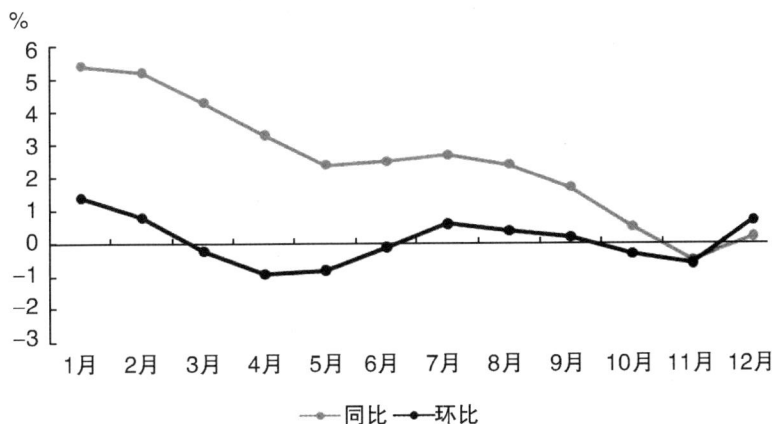

图 1—2 2020 年我国居民消费价格指数(CPI)

数据来源:国家统计局

三、工业生产者价格低位回升

PPI(生产价值指数)整体先降后升。2020 年,PPI 下降 1.8%,降幅比上年扩大 1.5 个百分点。分月看,年初受疫情等因素影响,工业品需求低迷,2 月份起 PPI 环比和同比进入下降区间;随着国内疫情防控形势持续向好,工业生产稳定恢复,基建和房地产投资持续发力,加之部分国际大宗商品价格波动上行,6 月份起 PPI 环比止降转涨,同比降幅稳步收窄。12 月份,PPI 环比上涨 1.1%,为 2017 年 1 月份以来最大涨幅;同比下降 0.4%,降幅比 5 月份的最低点收窄了 3.3 个百分点;从绝对价格看,已大体接近疫情冲击前的水平。2020 年我国工业生产者出厂价格指数见图 1—3。

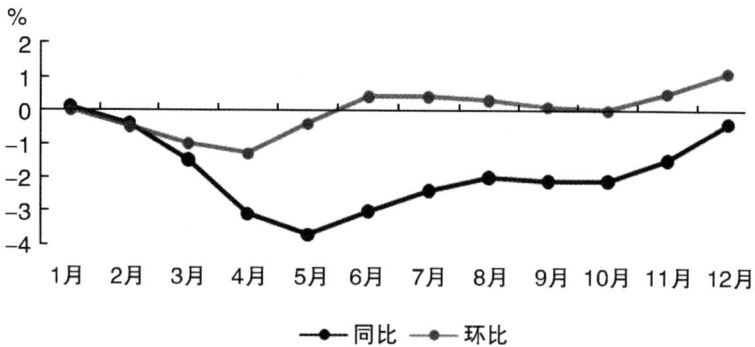

图 1—3　2020 年我国工业生产者出厂价格指数(PPI)

数据来源:国家统计局

四、制造业采购经理指数稳中略落

12 月份,我国制造业采购经理指数(PMI)为 51.9%,虽比上月回落 0.2 个百分点,但连续 10 个月位于临界点以上,表明制造业继续稳步恢复。

2020 年 12 月制造业 PMI 主要特点如下:

一是产需两端继续改善。生产指数和新订单指数分别为 54.2%和 53.6%,虽较上月回落 0.5 和 0.3 个百分点,但均为年内次高点,且两者差值继续缩小,制造业保持较好增势,产需关系更趋平衡。

二是进出口指数连续四个月保持扩张。新出口订单指数和进口指数分别为 51.3%和 50.4%,低于上月 0.2 和 0.5 个百分点,继续位于景气区间。

三是高技术制造业引领作用持续显现。

四是价格指数升至全年高点。近期部分大宗商品价格持续攀升,加之市场需求继续回暖,推动制造业原材料采购价格和产品销售价格加速上涨,12 月主要原材料购进价格指数和出厂价格指数分别为 68.0%和 58.9%,高于上月 5.4 和 2.4 个百分点,均为全年高点。

五是大、中型企业 PMI 继续保持在临界点以上。

2020 年我国制造业采购经理指数见图 1—4。

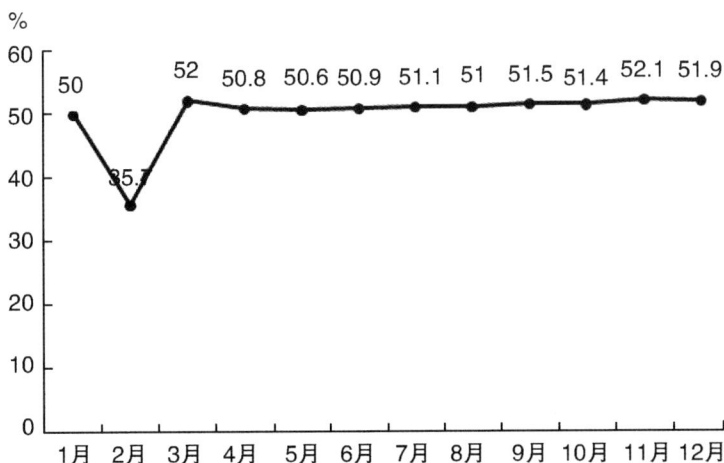

图 1—4　2020 年我国制造业采购经理指数(PMI)

数据来源:国家统计局

五、2020 年工业增速逐季回升,四季度增长较快

2020 年,全国规模以上工业增加值比上年增长 2.8%,受疫情影响,年初 1—2 月工业增加值同比增长 −13.5%,为近年来最低增长率,3 月工业增加值同比增长 −1.1%,有所回升,从 4 月开始,经过国家宏观调控、复工复产,工业增加值同比增长 3.9%,为今年第一次工业增加值同比增速成正增长,之后几个月呈稳中上升的小幅趋势。从 2020 年各季度看,规模以上工业增加值一、二、三、四季度同比增速分别为 −8.4%、4.4%、5.8%、7.1%。2020 年国内工业增加值同比增速见图 1—5。

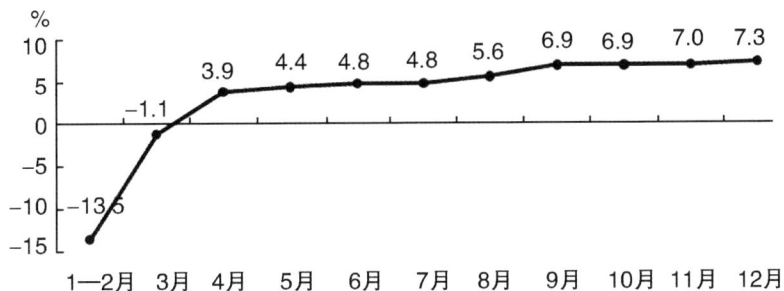

图 1—5　2020 年国内工业增加值同比增速

数据来源:国家统计局

六、国内固定资产投资逐步回升

2020 年 1—12 月，全国固定资产投资（不含农户）518907 亿元，比上年增长 2.9%（见图 1—6）。其中，民间固定资产投资 289264 亿元，比上年增长 1.0%。

分产业情况是：

第一产业投资 13302 亿元，比上年增长 19.5%；

第二产业投资 149154 亿元，增长 0.1%；

第三产业投资 356451 亿元，增长 3.6%。

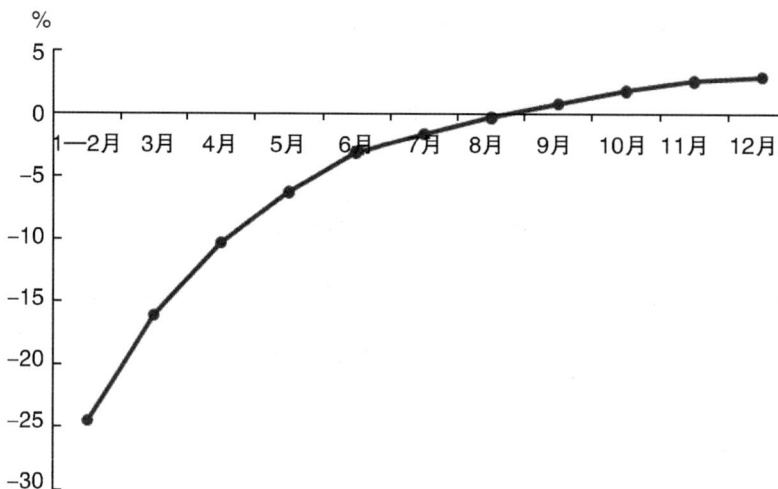

图 1—6　2020 年我国固定资产投资增速

数据来源：国家统计局

七、国内消费品市场销售持续回升，消费复苏态势逐步巩固

2020 年，社会消费品零售总额 391981 亿元，比上年下降 3.9%，降幅比前三季度收窄 3.3 个百分点。分季度看，一季度，消费市场受到疫情明显冲击，市场销售大幅下降 19.0%。随着疫情防控形势不断好转以及中央和地方的多项政策措施持续显效，市场主体加快复商复产，居民消费需求稳步释放。二季度市场销售降幅明显收窄，三季度增速首次转正。四季度，社会消费品零售总额同比增长

4.6%，增速比三季度加快 3.7 个百分点。2020 年社会消费品零售总额同比增速见图 1—7。

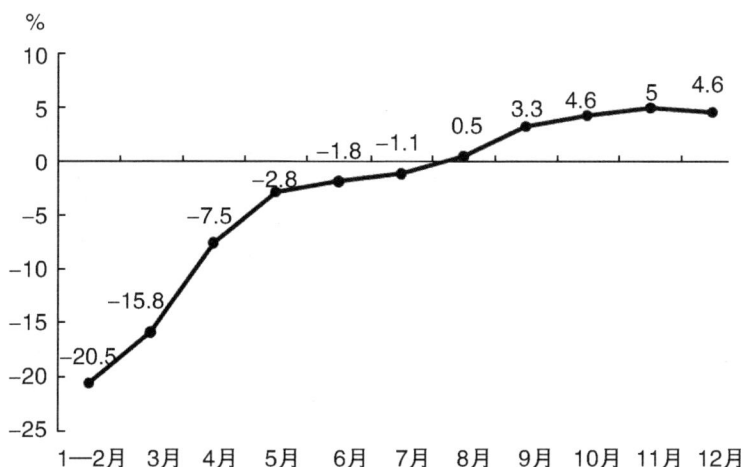

图 1—7　2020 年社会消费品零售总额同比增速

数据来源：国家统计局

八、2020 年全国居民人均收入比 2010 年增加一倍

2020 年全国居民人均可支配收入 32189 元，比上年增长 4.7%。扣除价格因素后，全国居民人均可支配收入实际增长 2.1%，与经济增长基本同步。2020 年全国居民人均收入比 2010 年增加一倍，城乡居民收入相对差距进一步缩小，农村居民收入增长继续快于城镇居民。

2020 年，按常住地分，城镇居民人均可支配收入 43834 元，比上年增长 3.5%，扣除物价因素，实际增长 1.2%，城镇居民人均可支配收入中位数 40378 元，增长 2.9%。农村居民人均可支配收入 17131 元，比上年增长 6.9%，扣除物价因素，实际增长 3.8%，农村居民人均可支配收入中位数 15204 元，增长 5.7%。

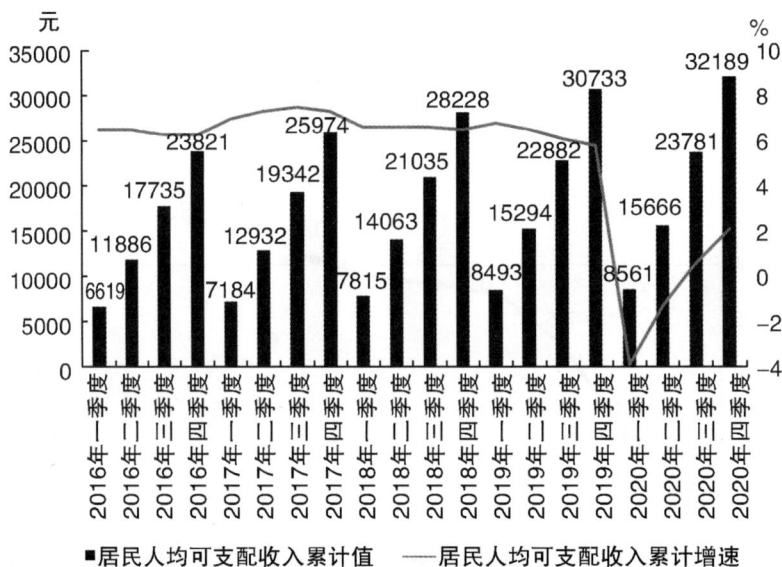

图 1—8　2016—2020 年居民人均可支配收入与增速

数据来源：国家统计局

九、贸易大国地位更加巩固

2020 年我国货物进出口总额 321557 亿元，比 2019 年增长 1.9%。其中，出口 179326 亿元，增长 4.0%；进口 142231 亿元，下降 0.7%。货物进出口顺差 37096 亿元，比上年增加 7976 亿元。

贸易格局更趋多元化，东盟跃升为我国最大货物贸易伙伴，对东盟的进出口比重达 14.7%，比上年提高 0.7 个百分点。全年对"一带一路"沿线国家进出口总额 93696 亿元，比上年增长 1.0%；对"一带一路"沿线国家非金融类直接投资额 178 亿美元，增长 18.3%。

在国际大变局中，我国主动加强抗疫国际合作，积极参与经济全球化，在危机中育新机、于变局中开新局。2020 年 3 月份至年底，出口口罩 2242 亿只，防护服 23.1 亿件，新冠病毒检测试剂盒 10.8 亿人份。服务贸易稳中提质。全年知识密集型服务进出口占服务进出口总额的比重达 44.5%，比上年提高 9.9 个百分点。2015—2020 年我国进出口总额及同比见图 1—9。

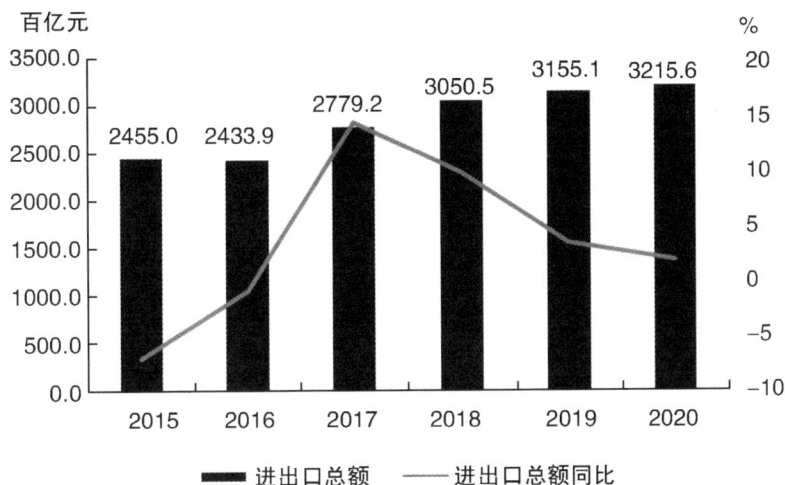

图1—9　2015—2020年我国进出口总额及同比

数据来源：中国海关总署

第三节　2020年我国基础建设、房地产和制造业投资分析

基础设施、制造业和房地产开发三大领域投资在固定资产投资中占有重要份额，对固定资产投资增速走势产生重要影响。2020年初期，受新冠疫情影响，基础建设投资增速、房地产开发投资增速、制造业投资增速全部处于负增长，统计三大领域月度投资增速，均低于2019年同期值。在政府宏观调控下，三大领域增速逐渐回升。

一、基础建设投资持续发力，基础设施投资平稳增长

2020年基础设施投资总体平稳增长，比上年增长0.9%，增速比1—11月份小幅回落0.1个百分点。其中，信息传输业投资增长16.0%，生态保护和环境治理业投资增长8.6%，水利管理业投资增长4.5%，道路运输业投资增长1.8%。2020年我国基础设施投资增速见图1—10。

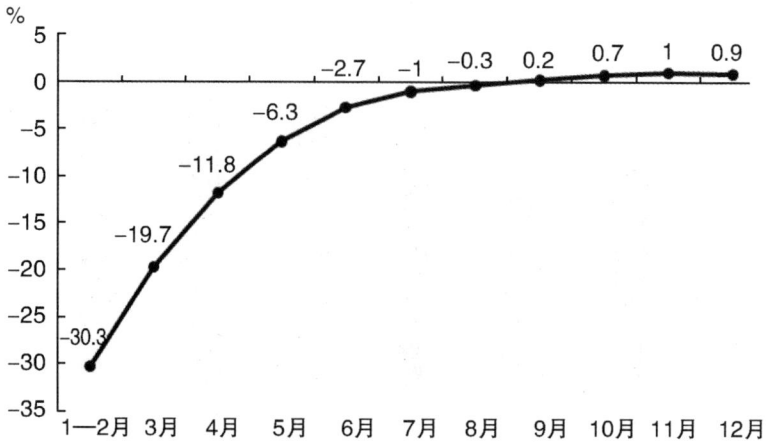

图 1—10　2020 年我国基础设施投资增速

数据来源：国家统计局

二、房地产开发投资增长较快

2020 年房地产开发投资较快增长，比上年增长 7.0%，增速比 1—11 月份加快 0.2 个百分点，其中，住宅投资增长 7.6%，增速加快 0.2 个百分点。房地产开发企业到位资金增长 8.1%，增速加快 1.5 个百分点。房地产开发企业房屋新开工面积下降 1.2%，降幅比 1—11 月份收窄 0.8 个百分点。2020 年我国房地产开发投资增速见图 1—11。

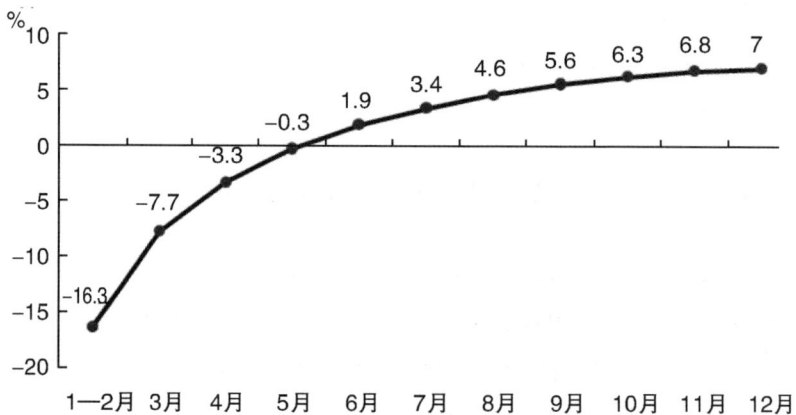

图 1—11　2020 年我国房地产开发投资增速

数据来源：国家统计局

三、制造业投资低位回升,降幅持续收窄

2020 年 12 月制造业投资降幅持续收窄,比上年下降 2.2%,降幅比 1—11 月份收窄 1.3 个百分点。原材料制造业投资增长 2.1%,增速比 1—11 月份加快 2.0 个百分点,其中,黑色金属冶炼和压延加工业投资增长 26.5%,石油、煤炭及其他燃料加工业投资增长 9.4%。装备制造业投资和消费品制造业投资降幅分别比 1—11 月份收窄 1.6 和 0.4 个百分点。2020 年我国制造业投资同比增速见图 1—12。

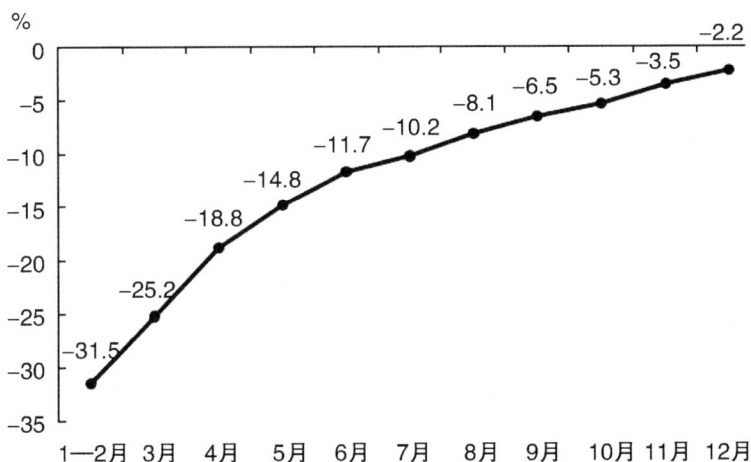

图 1—12 2020 年我国制造业投资同比增速

数据来源:国家统计局

第四节 2021 年我国经济发展预测

2020 年,新冠肺炎疫情这一"黑天鹅"给全球带来冲击,在以习近平同志为核心的党中央坚强领导下,各地区各部门统筹疫情防控和经济社会发展取得重大成果。经过全国上下的共同努力,我国率先控制住疫情,率先复工复产,率先实现经济正增长,2020 年我国 GDP 达到 101.6 万亿元,经济总量迈上百万亿元新的大台阶。

2020 年,"十三五"规划圆满收官,全面建成小康社会胜利在望,决战脱贫攻

坚取得决定性胜利。现行标准下农村贫困人口全部脱贫，832 个贫困县全部摘帽，绝对贫困现象历史性消除。同时，"六稳""六保"落地显效，居民就业得到保障，伴随改革开放，多种所有制企业效益均得到改善。根据我国宏观经济季度模型预测，2021 年我国 GDP 增长率为 7.8%。

一、制造业投资反弹回升可期

投资在 2020 年三季度呈现普遍回暖状况，主要支撑是制造业。多数制造业企业生产经营状况持续改善，41 个工业大类中，有 25 个行业实现了利润正增长，其中装备制造业实现利润同比增长 11.2%。随着我国产业的升级发展，制造业的投资空间潜力是巨大的。

对于 2021 年制造业投资增长趋势，除了低基数因素之外，一系列先行指标也预示 2021 年制造业投资具备持续回升的基础。一是制造业生产继续稳步恢复，2020 年 12 月份，制造业采购经理人指数（PMI）为 51.9%，已连续 10 个月位于临界点以上。其中，生产指数和新订单指数分别为 54.2%、53.6%，均远高于临界点，表明制造业市场需求持续改善。二是制造业企业的利润持续稳定恢复。目前，规模以上工业企业的营业收入和利润增速均在年内首次实现由负转正。2020年 1—11 月份，营业收入利润率为 6.1%，同比提高 0.14 个百分点。

二、基建投资适度加快

基建投资高速增长时期已经过去，2018 年以来步入了平稳发展时期和结构升级时期。即便 2020 年逆周期刺激力度加大，也没改变基建投资平稳运行的态势。展望 2021 年，基建投资有望保持平稳增长，增速有望适度加快到 5%。随着经济运行的逐渐恢复，基建托底经济增长的必要性降低，政策重心可能从稳增长转向防控地方债务风险再平衡。因此，2021 年基建投资难以显著走高，预计整体走势较为平稳。

三、房地产投资增速保持平稳

虽在新冠疫情的强压下，2020 年房产行业依旧稳如泰山。展望 2021 年，国家将坚持"房住不炒"原则,大力发展租房租赁市场,"三道红线"政策下房企财务降杠杆将是主旋律。2021 年,住建部将重点抓好 8 个方面的工作,其中包括"坚持房子是用来住的、不是用来炒的定位,稳妥实施房地产长效机制方案,着力稳地价、稳房价、稳预期"。

中央经济工作会议提出,要因地制宜、多策并举,促进房地产市场平稳健康发展。住房和城乡建设部部长王蒙徽表示,住建部将坚决落实中央经济工作会议部署,牢牢坚持房子是用来住的、不是用来炒的定位,不把房地产作为短期刺激经济的手段,时刻绷紧房地产市场调控这根弦,全面落实房地产长效机制,强化城市主体责任,因地制宜、多策并举,促进房地产市场平稳健康发展。预测 2021 房地产将在稳中发展。

四、货币供给增速稳中趋缓,流动性保持合理充裕

从货币供给的信贷、财政赤字、外汇占款三个渠道而言,2021 年 M2(广义货币供应量)增速可能都面临放缓压力,综合多重因素,预计 2021 年 M2 增速将从 2020 年的 10.5%左右回落至 9%左右。一是信贷增速放缓,鉴于 2020 年疫情期间信贷增速较快,央行下达全年规模新增目标预计 20 万亿元,强调稳增长与防风险的平衡,预计 2021 年信贷增速将企稳回落,存款派生速度相应下降。二是降低财政赤字提上日程,2021 经济整体复苏,预计实施逆周期调节能力减弱,降低财政赤字率更加重要。三是外汇占款波动幅度较小,中国金融和资本市场扩大开放,中美利率差仍维持相对高位,人民币资产增持热度不减,权益市场和资本市场外资流入预计保持同比增多,虽然后疫情时代进口方面将发力,但贸易顺差增幅会有所放缓,整体上外资对国内货币供给的影响会降低。

在房地产市场"房住不炒"原则下,2021 年房地产销售价格涨幅料维持收窄,加之股票市场趋势性行情难再维系,整体上 M1(狭义货币供应量)增速趋于企稳回落,预计从 2020 年 9.1%回落至 7.5%。为了维持市场流动性的合理充裕,预计央行仍会通过公开市场操作投放流动性,延续量增价稳的策略。预计 2021 年全面降准降息的概率都不大,但不排除仍有定向降准投放流动性定向支持中小微企业及制造业的可能性。

五、社融增速略有放缓,信贷结构持续优化

2021 年货币政策仍以稳健为主,而宽松政策不会马上收紧,预期从"宽信用"逐步向"紧信用"过渡。预计 2021 年人民币贷款新增规模逐步下降,增速平稳回落,与实体经济需求匹配,更注重合理增长与结构优化,房地产信贷增速进一步放缓,更多聚焦制造业中长期贷款和普惠金融。预计 2021 年信贷和社融增速都会从 2020 年的 13%左右回落至 11%左右。

六、财政政策顺势回归但力度不减

2021 年经济增长逐渐恢复,对专项债的依赖相应降低,专项债发行额度可能会回落到 3.35 万亿元,回归到历年专项债规模增长的正常区间。从政府性基金预算角度来看,2021 年新增专项债规模也可能略有收缩。在房地产政策趋紧的压力下,房企拿地趋于理性,导致政府性基金收入增长放缓,将在一定程度上影响专项债发放力度。近几年地方专项债务余额快速增长,未来还款压力增大,也将压缩发债空间。

从财政支出来看,随着新冠肺炎疫情消退、脱贫攻坚任务完成,意味着防疫、扶贫等支出将有所减少,财政资金将更多地投入到就业、社保以及"十四五"时期重点建设项目。预计将加大对先进制造业、战略性新兴产业、数字化、智能化改造等重点领域的政策支持,以及推进区域协调发展、重点交通、水利工程等支持。

第二章　国际经济

2020 年,突如其来的新冠疫情贯穿全年,对全球经济造成了沉重而深远的打击。国际货币基金组织(IMF)2021 年 1 月发布的《世界经济展望》中预计:2020 年全球经济预计萎缩 3.5%,萎缩幅度较上一次预测收窄了 0.9 个百分点。各国陆续公布的经济数据表明,2020 年下半年全球经济总体表现好于预期。尽管疫情造成的损失十分巨大且还在增加,但随着时间的推移,经济活动似乎正在调整并逐步适应人员接触减少的局面。尽管全球经济正在恢复,但很可能要经历一个漫长、坎坷且充满不确定的过程。

第一节　2020 年全球主要经济体经济情况

2020 年,世界各国共同经历了疫情"大流行"和经济"大衰退",但全球复苏进程明显分化。分国别来看,美国经济改善步伐放缓,美联储维持近零利率,美国新任总统拜登上台;欧元区经济复苏受疫情拖累,英国脱欧贸易协定达成;日本经济缓慢复苏,货币政策宽松力度保持不变;绝大多数新兴经济体和发展中国家仍面临严重问题,包括公共卫生系统不健全、经济基础薄弱、债务压力大等。

一、美国:整体"V"形复苏,制造业稳中有升

2020 年,美国 GDP 总量约为 20.9 万亿美元,对比上一年度缩减了 5000 亿美元左右,同比实际下降 3.5%,自 2009 年以来首次出现萎缩。美国 2020 年三季度实际 GDP 年化季环比终值 33.4%,较二季度大幅回升 64.8 个百分点,创近 50 年以来最高水平。四季度受新一波疫情影响,零售销售表现低迷,劳动力市场改善步伐放缓,经济增长动能减弱。但年末疫苗和财政刺激均出现利好,经济状况改善预期有所增强,疫情防控下整体经济活动继续反弹。从全年表现来看,2020

年经济总体呈现"V 形"复苏。2017—2020 年美国 GDP 增速见图 2—1。

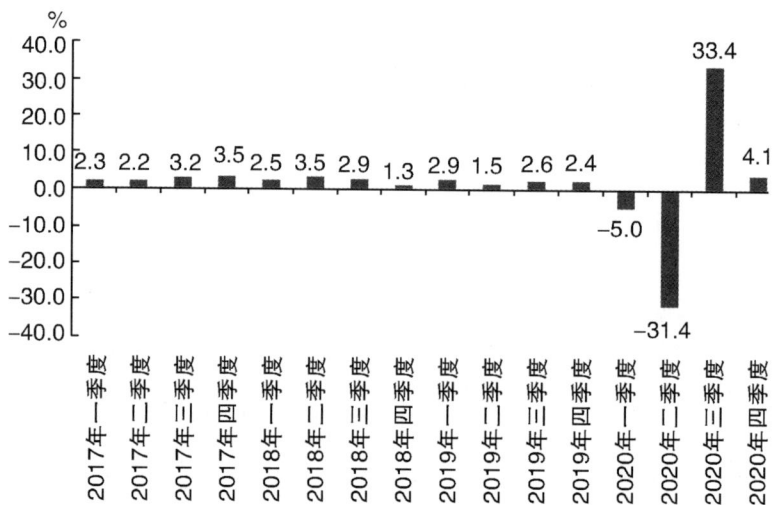

图 2—1　2017—2020 年美国 GDP 增速

数据来源：美国商务部

二、欧洲：疫情拖累，经济复苏之路漫长

欧洲疫情暴发早于美国，各国政府为防控疫情采取的社会隔离措施也普遍严于美国。受新冠肺炎疫情影响，2020 年欧元区在发达经济体中受冲击最大，一、二、三季度 GDP 同比增速分别增长 –3.3%、–14.6% 和 –4.2%。进入四季度，随着欧元区疫情再次反弹、病毒变异和疫情持续扩散升级，欧洲各国相继加紧防疫措施，欧元区经济在冬季的恢复受到显著拖累，但经济并未像二季度疫情第一次爆发时那般疲软，四季度 GDP 同比增速 –4.9%。2017—2020 年欧盟与欧元区 GDP 增速见图 2—2。

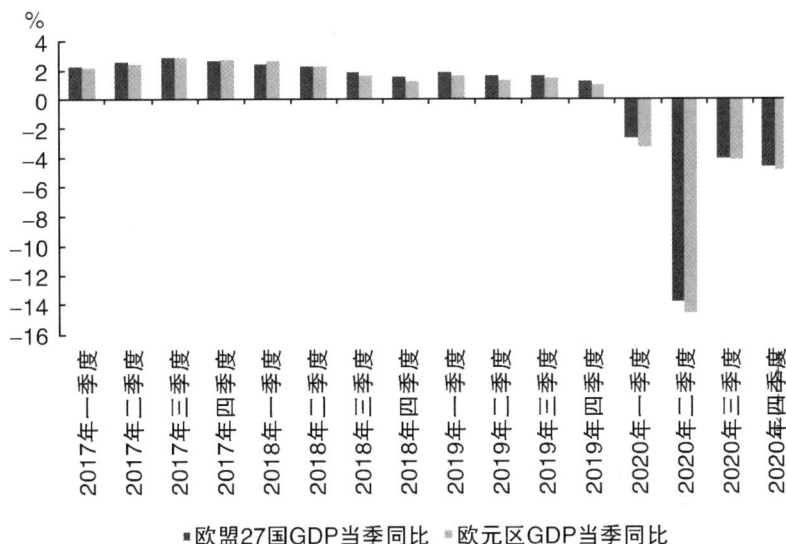

图 2—2 2017—2020 年欧盟与欧元区 GDP 增速

数据来源：欧盟统计局

三、日本：经济缓慢复苏

2020 年日本经济前两个季度连续下降，特别是第二季度经济增速创下二战以来的增速新低，日本政府出台了一系列经济刺激计划来缓解疫情的冲击，在各项措施的推动下，从第三季度开始呈现缓慢复苏势头，总体来看全年日本经济仍处于低迷状态。2020 年 12 月 18 日，日本央行公布利率决议，宣布保持当前货币政策宽松力度，维持利率水平不变，同时决定把将于 2021 年 3 月底到期的企业融资优惠政策期限延长半年至 2021 年 9 月底，如有需要会继续延长，以支持企业资金周转和稳定金融市场。2017—2020 年日本 GDP 增速见图 2—3。

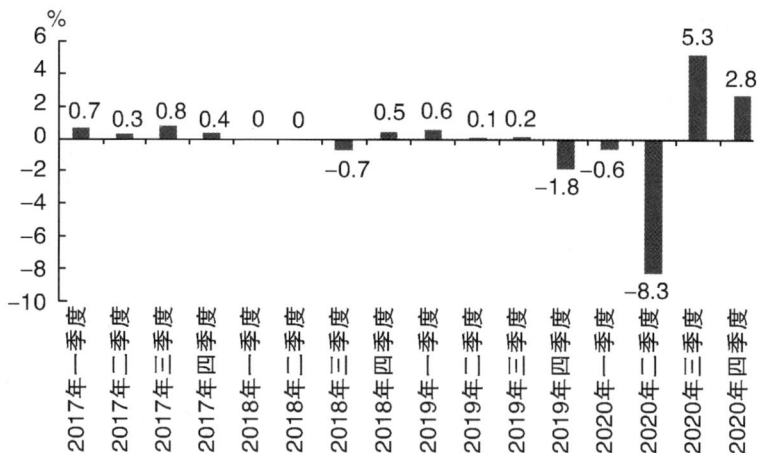

图 2—3　2017—2020 年日本 GDP 增速

数据来源：日本内阁府

四、新兴市场与发展中经济体：复苏分化明显

2020 年四季度以来，疫情形势有所反复，以金砖国家为代表的新兴市场经济体经济复苏分化明显。GDP 增长方面，印度持续复苏，巴西形势复杂，俄罗斯喜忧参半，南非前景堪忧。

（一）印度经济持续改善

印度统计和项目执行部发布数据显示，2020 年，受疫情影响，印度经济创自 1950 年以来最大降幅，扣除价格因素后同比下降 7.0%，较上年大跌 11.7 个百分点。分季度同比来看，一季度增长 3.1%，二季度下降 23.9%，三季度下降 7.5%，四季度增长 0.4%。前三季度疫情蔓延叠加卢比贬值，印度经济下滑幅度较大，之后在各项限制措施解除及经济激励措施的推动下，四季度实现增长。此外，印度央行表示，宽松货币政策至少将保持到下一财政年度开始（2021 年 4 月）。2017—2020 年印度 GDP 季度同比增速见图 2—4。

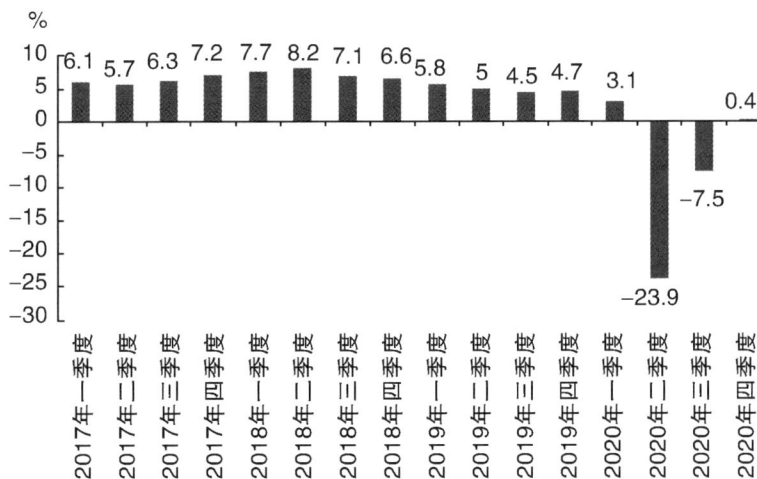

图 2—4　2017—2020 年印度 GDP 季度同比增速

数据来源：印度统计局

（二）巴西复苏形势复杂

巴西地理统计局发布数据显示，扣除价格因素后，2020 年巴西国内生产总值（GDP）下降 4.1%，较上年下滑 5.5 个百分点，结束了此前连续三年增长势头。分季度来看，2020 年第一季度巴西经济同比实际萎缩 0.3%，二季度大幅下降 10.9%，三季度缩减 3.9%，四季度下跌 1.1%，即连续四个季度都是同比下降，表明疫情对巴西经济造成的打击时间长且力度大。2017—2020 年巴西 GDP 季度同比增速见图 2—5。

（三）南非经济复苏前景堪忧

南非统计局数据显示，受交通运输和制造业等行业萎缩影响，南非 2020 年国内生产总值（GDP）下滑 7%，为自 1946 年以来最大年度降幅，在针对新冠肺炎疫情实施的全国范围"封锁令"的影响下，南非经济生产活动受到严重影响。随着疫情的逐步缓解，南非第四季度经济复苏好于预期。但是，南非财政部、南非央行等部门预测，南非经济表现则可能需要几年时间才能恢复到疫情暴发前的水平。2017—2020 年南非 GDP 季度同比增速见图 2—6。

%

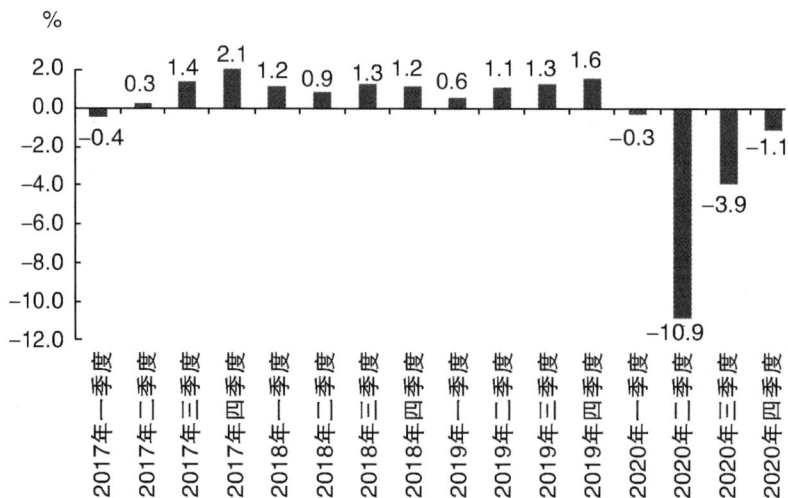

图 2—5　2017—2020 年巴西 GDP 季度同比增速

数据来源：巴西国家地理普查局

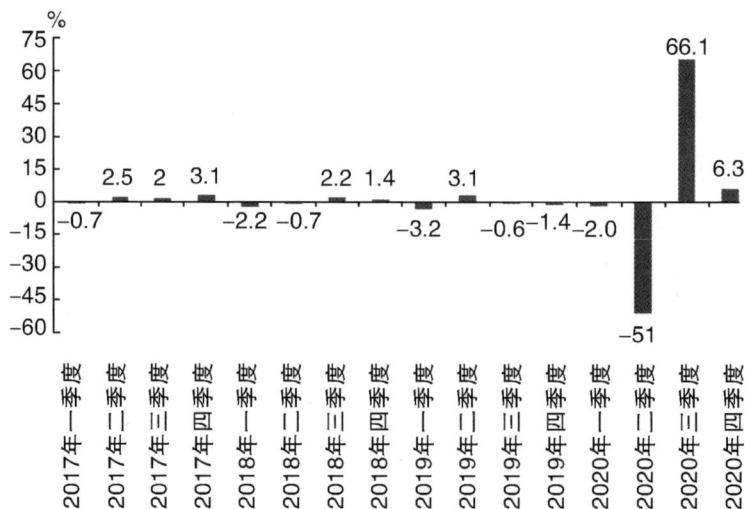

%

图 2—6　2017—2020 年南非 GDP 季度同比增速

数据来源：南非统计局

（四）俄罗斯经济喜忧参半

2020 年，受疫情和国际低油价影响，俄罗斯经济全面下滑，但下滑幅度比欧美主要经济体要小一些，据俄罗斯联邦统计局数据显示，扣除价格因素后，全年实际 GDP 较上年下降 3.1%，比上年下跌 5.1 个百分点。在经济深度衰退背景下，失业率提高和居民生活危机是 2020 年俄罗斯经济面临的最主要冲击和风险。但是 2020 年俄罗斯金融系统表现相对平稳，贸易盈余和资本管制保证了外汇储备的持续上升，卢布贬值和净出口减少没有引发严重的通货膨胀和债务风险。2017—2020 年俄罗斯 GDP 季度同比增速见图 2—7。

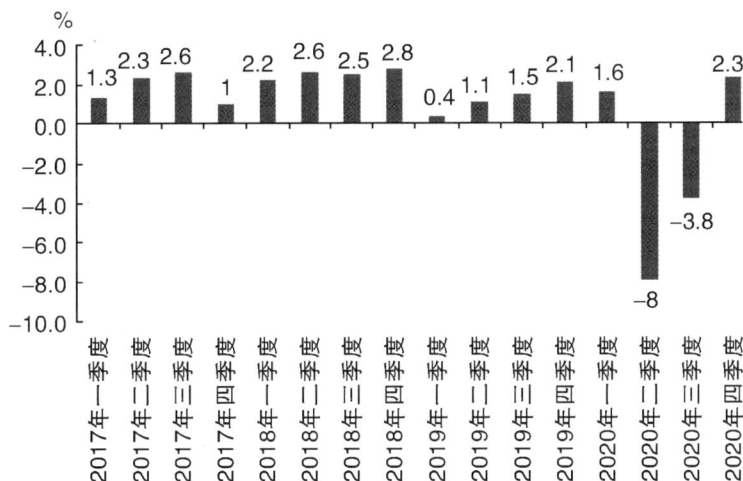

图 2—7　2017—2020 年俄罗斯 GDP 季度同比增速

数据来源：俄罗斯国家统计局

第二节　2020 年国际大宗商品价格走势

2020 年是特殊的一年，能源行业遭遇了疫情的沉重打击，以原油为代表的大宗商品价格跌宕起伏。国际大宗商品价格主要受疫情发展变化、中美贸易协定、天气变化等三大因素主导。一季度，新冠肺炎疫情持续扩大，全球商品需求大幅走弱，同时"OPEC+"（石油输出国组织）减产谈判破裂，以原油为代表的工业品价格大幅下跌。5 月开始，一些国家相继放松管制，市场需求逐步恢复，大宗商品价格普遍持续反弹。尤其是四季度，中国需求持续增长并积极履行中美贸易协定承诺，主产国出现干旱天气，原油、铁矿石、煤炭及部分农产品价格明显上涨。截至 2020 年 12 月底，国家发展改革委价格监测中心编制的跟踪 20 个品种的中价国际大宗商品价格指数比 4 月底的最低水平上涨了 81.8%，比年初略高 0.8%。

一、国际原油价格先抑后扬

2020 年国际原油经历了坍塌式下跌和艰难的 V 形反弹。年初,新冠肺炎疫情暴发,油价进入下跌通道,随着疫情逐步得到控制以及"OPEC+"的减产,油价短暂反弹。但是 3 月"OPEC+"减产协议谈判破裂,价格战导致油价暴跌,油价自 3 月开始持续低于 40 美元 / 桶。受需求骤降、美国页岩油增产,以及美国储油能力达到瓶颈,尤其是库欣地区接近满负荷,原油期货更是出现了史无前例的负值价格,2020 年 4 月 20 日纽约 WTI(美国西德克萨斯轻质中间基原油)原油 5 月合约跌至 –37 美元。5 月以后"OPEC+"进入超规模减产期,叠加疫情好转和需求回升,国际原油价格反弹攀升,WTI 反弹幅度达到 98%。下半年随着经济持续复苏以及"OPEC+"延长超规模减产,国际原油价格以区间震荡为主。,截至 2020 年 12 月 31 日,WTI 原油期货价格从年初的 61.33 美元 / 桶跌到 48.52 美元 / 桶,跌幅 20.89%;布伦特(Brent)原油期货价格从年初的 66.25 美元 / 桶跌到 51.8 美元 / 桶,跌幅 21.81%。2020 年国际原油期货价格走势见图 2—8。

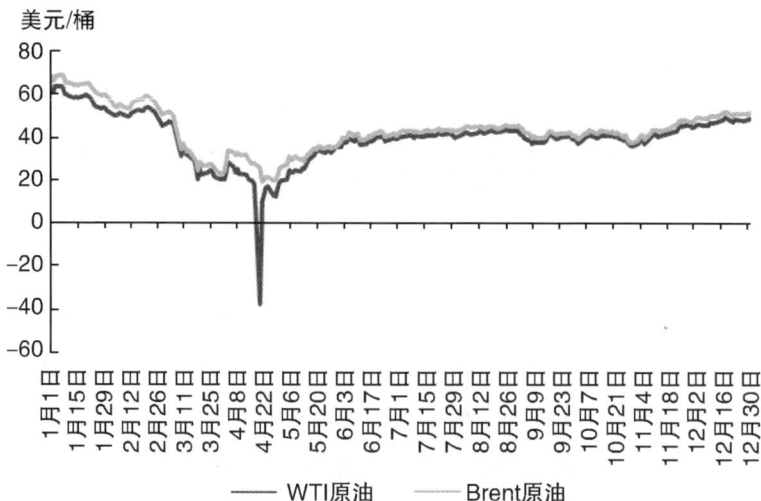

图 2—8　2020 年国际原油期货价格走势

数据来源：纽约商品交易所、伦敦洲际交易所

二、国际煤炭价格下降后小幅回升

新冠肺炎疫情对全球煤炭市场的影响十分巨大。2020 年前三季度,煤炭生产、运输和需求皆受到疫情冲击,国际煤炭贸易萎缩,煤炭价格大幅下降;随着中国疫情率先得到控制,经济复苏后对煤炭进口的需求大幅增长,带动全球煤炭市场向好发展, 四季度全球煤炭价格快速回升。2020 年全球煤炭产量下降 4% 左右,在全球主要煤炭生产国中,除中国、印度和越南外,其余国家煤炭产量均有不同程度下降。疫情影响下,全球海运煤炭贸易量同比下降 12.7%。煤炭出口和消费重心向亚洲转移的趋势更加明显。根据 Global Coal(环球煤炭交易平台)数据,2020 年, 纽卡斯尔港 5500 大卡煤炭年度最高价格 62.55 美元 / 吨, 最低价格 34.70 美元 / 吨,年均价格 44.67 美元 / 吨,同比下降 10.23 美元 / 吨;理查兹港 5500 大卡煤炭年度最高价格 72.35 美元 / 吨,最低价格 29.65 美元 / 吨,年均价格 48.29 美元 / 吨,同比下降 7.34 美元 / 吨;欧洲三港 6000 大卡煤炭年度最高价格 70.25 美元 / 吨,最低价格 36.25 美元 / 吨,年均价格 50.35 美元 / 吨,同比下降 9.46 美元 / 吨;卡里曼丹港 4200 大卡煤炭年度最高价格 46.20 美元 / 吨,最低价格 22 美元 / 吨,年均价格 29.4 美元 / 吨,同比下降 5.65 美元 / 吨。2020 年国际动力煤价格走势见图 2—9。

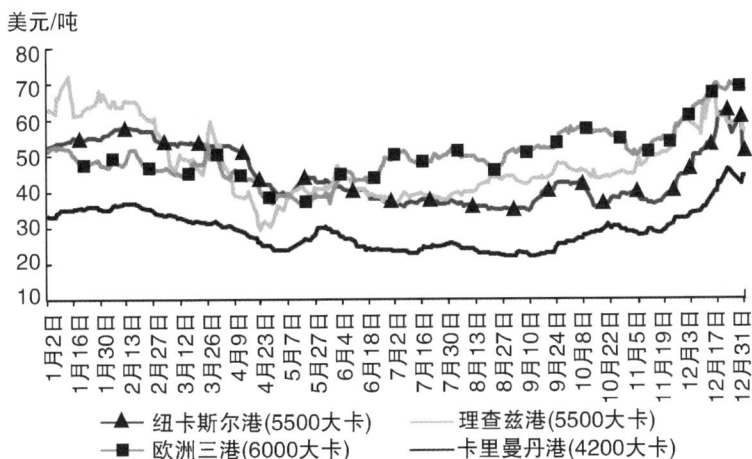

图 2—9 2020 年国际动力煤价格走势

数据来源:Global Coal(环球煤炭交易平台)

三、黄金彰显避险属性

2020 年,新冠肺炎疫情影响下,黄金价格经历了两次大幅波动。3 月,疫情在欧美暴发,黄金价格大幅下跌至 1451 美元 / 盎司的阶段性低点;随后黄金价格一路走高,8 月达到 2075 美元 / 盎司的历史新高, 较 3 月低点上涨超过 40%,之后危机救助措施出台并落地以及新冠疫苗取得积极进展, 市场对经济恢复的乐观情绪抬头,黄金作为避险资产,价格出现大幅下跌。多重因素导致黄金价格大幅波动。首先,美元指数是影响金价的重要因素,长期来看,美元指数与金价负相关;其次,黄金是大类资产配置的重要标的;此外, 全球主要经济体央行接连降息,低(零、负)利率的市场环境成为支撑黄金价格上涨的关键性因素。2020 年黄金期货走势见图 2—10。

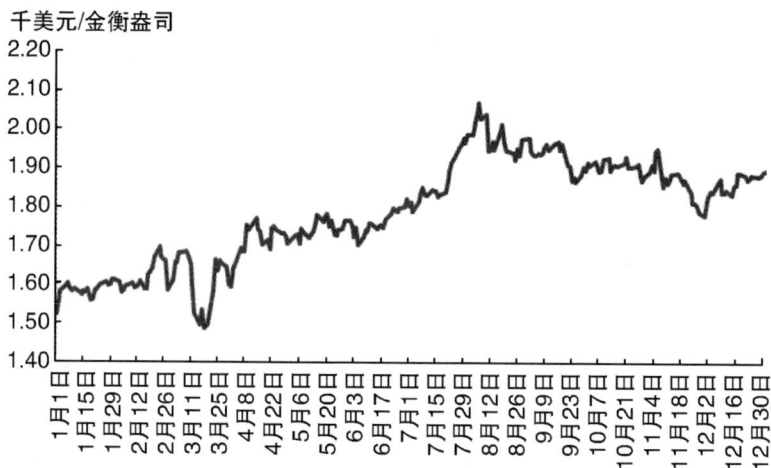

图 2—10 2020 年黄金期货走势

数据来源:纽约商品交易所

第三节 2020 年全球主要国家汇率走势

2020 年,在新冠疫情引发的全球公共卫生事件和常规政治经济因素共同作用下,全球外汇市场走势跌宕起伏。

一、美元指数冲高后持续走低

2020 年年初,全球各类资产价格大起大落,股市瀑布式下跌,美股在一周内触发三次熔断,大宗商品价格也大幅下挫,疫情暴发导致的经济萎缩使得市场避险情绪急剧升温,作为避险货币的美元遭到疯狂抢购,三月中旬美元指数一度暴涨至超过 100。不过以美联储为首的各国央行迅速采取降息等货币政策稳定金融市场,各国政府也陆续通过积极的财政刺激政策支撑经济。随着疫情逐步得到控制,各国经济重启,叠加宽松货币政策和积极财政政策,市场恐慌情绪明显降温,美元指数走低。三季度全球经济强势复苏,疫苗加速发展,以及美国总统大选、英国脱欧等不确定事件落地,美元指数持续下行。与年初相比,年末美元指数下跌 7.38%,创近两年低点。2020 年美元期货指数见图 2—11。

美元期货指数

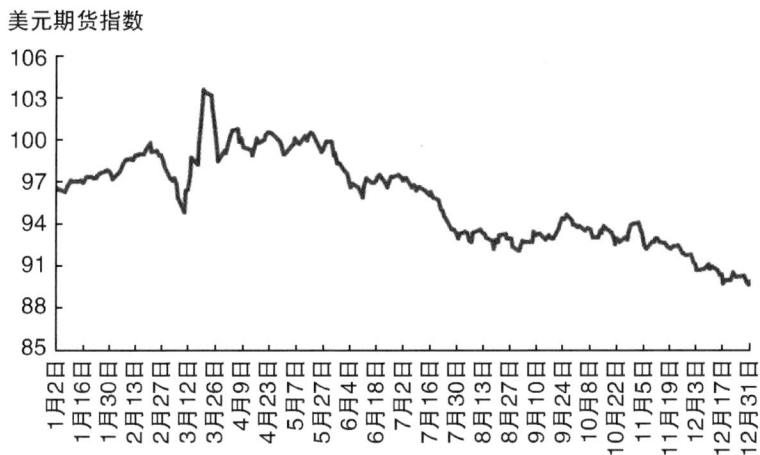

图 2—11 2020 年美元期货指数

数据来源:美国洲际交易所

二、欧元震荡上行

2020 年,在美元指数、疫情防控形势和经济基本面的共同作用下,欧元震荡上行。疫情对欧元汇率的影响并没有达到欧洲危机和英国脱欧事件时的程度。年初,欧元区主要经济数据下滑,经济增长动力不足,欧元持续下探;2 月下旬至 3

月初,美元指数和国际油价的波动带动欧元上行;3月至4月欧洲成为疫情重灾区,各国纷纷采取"封锁＋隔离"的防疫措施,欧元区经济连续两个季度负增长,欧元承压下跌;5月至8月欧洲国家疫情进入缓和期,欧元区经济复苏速度领先于其他主要发达经济体,经济逐步企稳推动欧元开始走强。之后疫情在欧洲的二次暴发对欧元走势产生一定影响,但并未造成欧元区经济基本面的恶化,年底欧元再度走强并再创年内新高。2020年欧元兑美元汇率走势见图2—12。

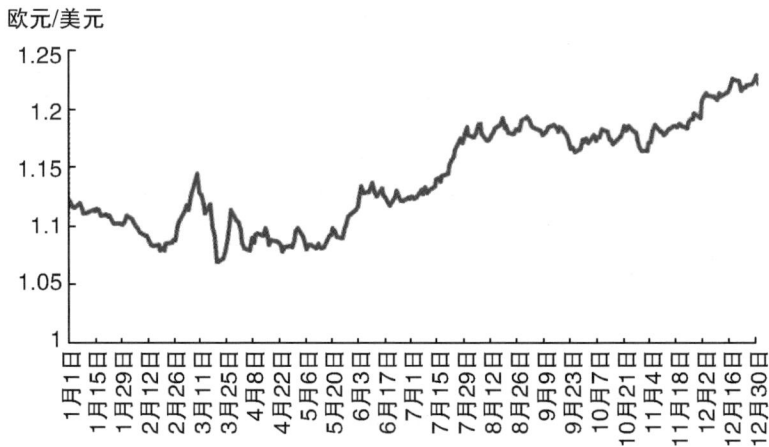

图 2—12　2020 年欧元兑美元汇率走势

数据来源:欧洲期货交易所

三、英镑剧烈震荡

2020 年英镑兑美元汇率剧烈震荡,主要受到疫情失控、脱欧谈判以及英国央行货币政策的影响。英格兰银行数据显示,2020 年,英镑对美元年平均汇率为 1 英镑 =1.2834 美元,比上年的 1.2764 同比升值 0.55%。英国于 2020 年 1 月 31 日形式上脱离欧盟,在达成新贸易协议之前,双方贸易关系维持原状,年初英国经济增长疲软,限制英镑涨势,呈震荡偏弱走势。3 月初因新冠疫情全球蔓延,美指暴涨,导致英镑短期快速下跌,探底后英镑兑美元汇率缓慢回升,这期间英国与欧盟谈判僵局导致汇率有小幅下跌。欧盟与英国在 2020 年 12 月 24 日宣布达成脱欧贸易协议,英国脱欧尘埃落定。2020 年英镑兑美元汇率走势见图 2—13。

英镑/美元

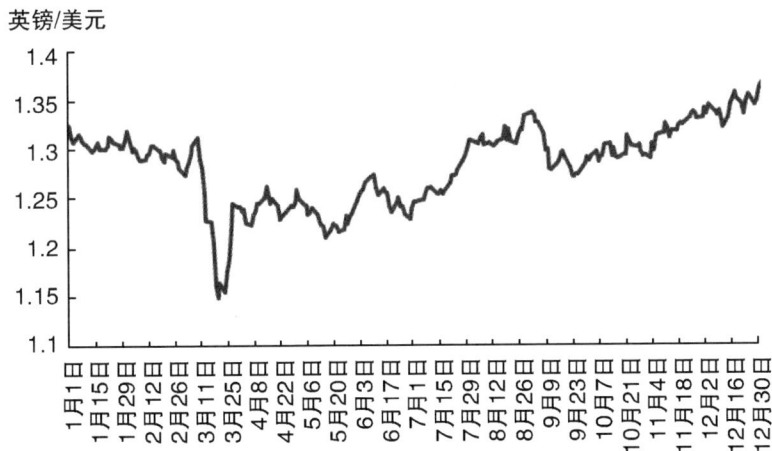

图 2—13　2020 年英镑兑美元汇率走势

数据来源：英格兰银行

四、人民币先贬后升

2020 年，中国经济"一枝独秀"，国际收支稳中向好，美元指数持续走弱，中美关系边际缓和。多重利好因素交织、共振，促成了一轮较大幅度的人民币升值行情。

2020 年，人民币对美元汇率双向浮动，先贬后升，振幅超 6500 点。今年升幅在主要货币中居于前列，领涨新兴市场，仅落后于欧元、瑞郎、澳元等发达国家货币。

2020 年人民币兑美元汇率走势先抑后扬，总体分为两大阶段：

2020 年 1 月 1 日至 5 月 29 日，人民币兑美元汇率贬值了 2%，而从 2020 年 6 月 1 日至 12 月 31 日，人民币兑美元汇率升值了 8%，全年人民币升值 6%。

第一，中国抗疫措施有力且有效，经济复苏更快，整体上领先于美国。

第二，疫情对中美经济造成冲击的时间节点不同步，美元指数加速贬值，中美利差持续扩大。

第三，中国的进一步开放，尤其是金融市场的准入，吸引广大海外投资者增持人民币产品，推动人民币汇率上涨。

2020 年美元兑人民币汇率走势见图 2—14。

美元/人民币

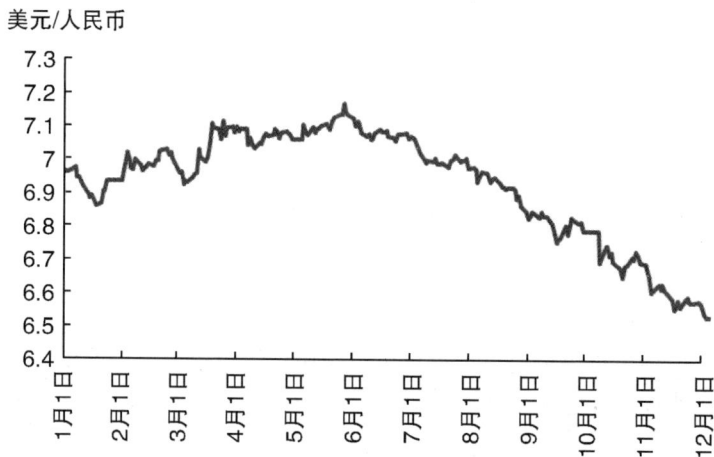

图 2—14　2020 年美元兑人民币汇率走势

数据来源：中国人民银行

第四节　后疫情时代国际经济的前景与风险

一、经济将从严重衰退中部分复苏

国际货币基金组织（IMF）在 2021 年 1 月的《世界经济展望更新》中预计全球经济在 2021 年和 2022 年将分别增长 5.5% 和 4.2%，与上一次预测相比，2021年全球经济增速的预测值上调了 0.3 个百分点。各国的复苏势头预计将出现明显差异，这取决于医疗干预的普及程度、政策支持措施的有效性、跨国溢出效应的敞口大小、危机前的结构性特征等因素。IMF 预计，在发达经济体中，各国的复苏路径有所不同。美国和日本将在 2021 年下半年恢复到 2019 年底的水平，而欧元区和英国的经济活动到 2022 年仍无法恢复至 2019 年底的水平。各国复苏路径严重分化，很大程度上源自以下因素：面对疫情，各国的行为方式和公共卫生反应不同；在人员物资流动下降时，各国经济活动的灵活性和适应能力存在差异；疫情前各国原本就已存在一些不同的趋势；各国在危机爆发前的结构僵化程度各异。新兴市场和发展中经济体的复苏路径预计也将出现分化，预计中国与其他国家的复苏态势将出现明显差异——中国疫情防控取得明显成效,同时为应对疫情加大了公共投资,央行也提供了流动性支持,这些都推动了经济的强劲复苏。在新兴市场和发展中经济体中,石油出口国和依赖旅游业的经济体将面临尤为严峻的形势,这是因为跨境出行预计要较长时间才能恢复正常,且石油价格的前景低迷。

二、控制疫情与接种疫苗仍是重点

2021 年,新冠疫情发展趋势仍是世界各国面临的最突出挑战,将继续深刻影响全球经济。全球疫情下一步的发展,一方面取决于各国采取的封锁、隔离等措施,但这些措施并不利于经济复苏,这使得各国政府处于两难境地,因此新冠疫苗的研发、分配与接种尤为重要。从各主要经济体人均疫苗、预计首次接种疫苗的时间和疫苗供应能力来看,发达国家疫苗供应充足,美国、欧洲、日本等发达经济体的人均疫苗预订数均超过一剂;而发展中国家可能面临疫苗不足的风险,除智利和墨西哥外,其他发展中国家人均订单数均低于一剂。各国的当务之急仍是确保全球各地医疗体系有充足的资源来应对疫情。与此同时,新冠病毒变异有可能导致疫情再次走向恶化,全球疫情发展前景的不确定性仍对全球经济复苏存在一定威胁。

三、全球财政政策扩张存在潜在风险

面对新冠疫情严重的负面影响,世界各国政府财政政策空前扩张,大幅增加财政支出,财政赤字率飙升,全球债务创历史最高水平。据中国银行《全球经济金融展望报告》预计,未来一段时期,全球财政政策仍将维持扩张基调,一方面全球经济在中短期内困境依旧,财政政策将持续乏力;另一方面财政政策相比货币政策将更加直接有效。但是,如果未来疫情防控与经济复苏不及预期,财政政策过度扩张带来的潜在风险将不容忽视。国际货币基金组织指出,一旦经济回归正轨,各国必须建立中长期财政框架来相应地管理公共财政,并将其作为最高优先事项。未来,如果财政政策扩张出现失控,将给全球经济带来沉重的压力和长期风险。

第二部分

总报告

　　2020 年，煤炭行业积极应对新冠疫情挑战，统筹推进疫情防控和煤矿复工复产达产，全国煤炭供应总体保持在稳定水平。在 2020 年，受到前期煤炭产能超前释放、后期经济持续稳定恢复、煤炭供需阶段性错配、低温寒潮天气等多重因素影响，煤炭价格出现较大波动。2020 年，煤炭去产能目标任务超额完成，煤炭资源开发布局继续优化，行业智能化水平显著增强，煤炭清洁生产水平明显提升，煤炭清洁高效利用步伐加快，煤炭产业政策体系进一步健全完善，安全生产形势持续稳定好转。煤炭"兜底保障"根基更加稳固，为新时代煤炭工业高质量发展奠定了坚实基础。

第三章 中国煤炭产业发展环境分析

2020 年是"十三五"规划的收官之年。在"四个革命、一个合作"能源安全战略新思想指导下，《能源发展"十三五"规划》提出：到 2020 年把能源消费总量控制在 50 亿吨标准煤以内；煤炭消费比重降低到 58% 以下；非化石能源消费比重提高到 15% 以上；天然气消费比重力争达到 10%；严格控制煤电规模，力争将煤电装机控制在 11 亿千瓦以内等目标。根据国家统计局数据，2020 年，我国能源消费总量 49.8 亿吨标准煤；煤炭消费所占比重降至 56.8%，实现了 58% 以内的目标。天然气、水电、核电、风电等清洁能源消费所占比重升至 24.5%，能源结构持续优化；我国煤电装机容量约为 10.95 亿千瓦，占总装机容量的比重为 49.8%，历史性进入 50% 以内，2020 年能源发展目标基本完成。受 2020 年新冠疫情的严重冲击，能源领域各项工作受到不同程度的影响，政策出台数量较往年有所下降。

"十三五"期间，我国煤炭去产能任务得到超额完成，为稳定煤炭市场，国家积极倡导煤炭中长协合同签订，同时加快煤炭储备能力建设。"十四五"期间，国家将加大智能化矿井建设力度，能源转型速度将加快，煤炭消费比重也将持续降低。

一、煤炭去产能任务超额完成

"十三五"期间，我国能源消费总量控制在 50 亿吨标准煤以内、单位 GDP 碳排放降低指标，以及发展新能源、淘汰落后产能等任务基本完成。受环境保护的压力，我国一直重视促进煤炭生产的技术和规模升级。

《关于做好 2020 年重点领域化解过剩产能工作的通知》（发改运行〔2020〕901 号）提出，2020 年年底前完成"十三五"煤炭去产能目标全部任务，积极稳妥处置"僵尸企业"，分类处置产能在 30 万吨/年以下煤矿，加快退出达不到环保要求的煤矿。

　　"十三五"期间,煤炭行业去产能目标任务超额完成。截至 2020 年底,全国累计退出煤矿 5500 处左右、退出落后产能 10 亿吨/年以上,超额完成国务院提出的化解煤炭过剩产能的目标。到 2020 年底,全国在产煤矿已减少到 5000 座以内。

二、中长期合同签订量稳步提高

　　2017 年以来,在国家发展改革委、国家能源局等有关部门倡导推动下,煤炭上下游企业在互利共赢、自主协商的基础上,建立了"煤炭中长期合同制度"和"基础价+浮动价"的定价机制。从实际运行情况看,全国大型煤炭企业中长期合同签约率、兑现率稳步提高,价格始终稳定在绿色区间。2020 年 12 月,国家发展改革委发布《关于做好 2021 年煤炭中长期合同签订履行工作的通知》规定,电煤合同单笔数量不低于 20 万吨,冶金、建材、化工等行业用煤合同不低于 10 万吨,经铁路衔接确认运力并签订诚信履约承诺的,纳入重点监管范围;鼓励供需双方建立长期稳定战略合作关系,签订 3—5 年有明确价格机制的中长期合同。

　　根据中国煤炭运销协会数据,2020 年, 全国共签订煤炭中长期合同 20.2 亿吨,其中纳入国家发改委监管的煤炭中长期合同 9.11 亿吨,履约完成 8.67 亿吨,履约率 95.2%。2021 年,全国共签订煤炭中长期合同 20.8 亿吨。

三、加强煤炭储备能力建设

　　"十四五"规划将能源安全列为重点,在经济社会发展主要指标的分类项中,首次增加了"安全保障"一类,提出加强煤炭储备能力建设。

　　近几年,极端天气等外来突发情况造成的短期能源供应短缺频发。如 2017 年和 2020 年采暖季,国内多次出现天然气大范围供应紧张,又有湖南、浙江等多省份拉闸限电。在我国经济向着高质量发展阶段,能源需求还会继续增加。在"减煤、稳油、增气"基础上,同时加强储备能力建设。

　　具有一定产能调节能力和储备能力的大型优质煤矿将会继续存在, 储备充足的煤炭产能,以在极端情况出现时,能够迅速提升产量,通过国内煤炭先进产能释放,促进国内煤炭市场供需平衡,加快推进煤炭资源战略储备体系建设,提高煤炭供给体系质量,确保国家能源安全。

近年来,湖北荆州、山东济宁、四川广安等地一批大型储煤基地加快推进建设,区域和全国煤炭供应保障能力大幅提升。通过建立煤炭最低库存、最高库存和可调节库存制度,指导督促煤炭生产、经营、消费企业落实不同时段最低库存、最高库存要求,保持合理库存特别是主要调入地区燃煤电厂常态存煤水平达到15天以上,有力保障了东北等重点地区煤炭稳定供应。

四、推进智能化煤矿建设

2020年3月,国家发改委等部门发布《关于加快煤矿智能化发展的指导意见》指出,我国煤矿智能化发展分为3个阶段性目标:2021年,建成多种类型、不同模式的智能化示范煤矿;2025年,大型煤矿和灾害严重煤矿基本实现智能化;2035年,各类煤矿基本实现智能化,构建多产业链、多系统集成的煤矿智能化系统,建成智能感知、智能决策、自动执行的煤矿智能化体系。

根据第一阶段目标,2020年12月国家能源局、国家煤矿安全监察局发布《关于开展首批智能化示范煤矿建设推荐工作有关事项的通知》明确了内蒙古自治区(简称内蒙古)双欣矿业有限公司杨家村煤矿等71处煤矿作为国家首批智能化示范建设煤矿,以尽快实现"系统智能化、智能系统化",引领带动全国煤矿的智采变革。为更好地促进目标实现并提供智力支持,国家能源局等又出台了《智能化示范煤矿建设管理暂行办法》和《煤矿智能化专家库管理暂行办法》两个保障性文件。

截至2020年底,我国拥有煤矿数量约4700处,到"十四五"末期,这一数据将压缩至4000处左右,并建成智能化煤矿1000处以上;建成千万吨级矿井(露天)65处、产能近10亿吨/年。培育3至5家具有全球竞争力的世界一流煤炭企业。推动企业兼并重组,组建10家年产亿吨级煤炭企业。采煤机械化程度达到90%以上,掘进机械化程度达到75%以上。

五、不断降低煤炭消费比重

(一)化石能源消费比重将进一步降低

2020年,我国能源相关二氧化碳排放量占到总排放量的近九成,其中煤炭、石油、天然气的排放占比分别为76.6%、17%、6.4%。

根据"十四五"规划，煤炭、石油、天然气等化石能源消费占比，须从2020年底的84.1%降低至80%；光伏、风、水电、核电、地热、氢能等非化石能源消费占比，从15.9%增加至20%。加快非化石能源发展，要大力提升风电、光伏发电规模，加快发展东中部分布式能源，有序发展海上风电。从发电量来看，2020年我国煤电发电量4.63万亿千瓦时，占社会总发电量比重为60.8%。2020年，我国风电装机2.8亿千瓦、光伏发电装机2.5亿千瓦，合计5.4亿千瓦，预计未来十年，风电、太阳能发电合计年均新增规模需要达到约7000万千瓦，才能实现12亿千瓦的发展目标。未来煤电机组利用小时数下降是必然趋势，逐步从基荷电源变为调峰电源。"十四五"提出，接下来的五年内，单位GDP能耗须降低13.5%，单位GDP碳排放须降低18%。

（二）煤炭生产将进一步集中

"十四五"规划纲要提出，"推动煤炭产能向资源富集地区集中"。与此同时，煤炭产能还将进一步向大型煤矿集中，"十四五"期间我国千万吨级矿井（露天）数量将增加到65处，即在现有基础上增加25%。意味着，在山西、陕西、内蒙古、宁夏回族自治区（简称宁夏）、新疆维吾尔自治区（简称新疆）等资源富集地区，还将建设投产大型煤炭项目，煤炭生产规模将继续扩大。宁夏发布的"十四五"规划纲要显示，其2025年末煤炭产能计划达到1.3亿吨；陕西的"十四五"规划也明确，2025年的原煤目标产量将增长至7.4亿吨。

2020年，全国原煤产量超亿吨企业为6家，比上年减少1家（原兖矿集团产量并入新重组的山东能源集团），产量合计约为16.8亿吨，同比增长约0.5亿吨，占全国原煤产量的43%左右。继2019年中煤集团成为全国第二个产量过2亿吨企业后，2020年新重组的晋能控股集团和山东能源集团产量均超2亿吨，我国2亿吨企业扩围至4家。

（三）主要产煤省份出台相应措施

2021年是"十四五"的开局之年，与此同时，习近平总书记提出我国要实现"2030年碳达峰，2060年碳中和"的重要指示，重点产煤省份也均做出战略部署和工作布局，主要内容见表3—1。

表 3—1　我国主要产煤省份工作布局主要内容

主产省份	主要内容
内蒙古	做优做强现代能源经济,推进煤炭安全高效开采和清洁高效利用,高标准建设鄂尔多斯国家现代煤化工产业示范区。加强沿黄地区环境污染系统治理和矿区生态环境综合整治。编制自治区碳达峰行动方案,协同推进节能减污降碳。建设绿色矿山,严格落实露天矿治理标准,最大限度恢复原貌,决不能治理后的"大坑"依然是"大坑","土山"还是"土山"。推行矿区清洁运输方式,提高固废综合利用水平。
山西省	加快延链补链强链,推动煤炭产业链向高端延伸。促进现代煤化工走高端化、差异化、市场化和环境友好型路子。实施碳达峰、碳中和山西行动。把开展碳达峰作为深化能源革命综合改革试点的牵引举措,研究制定行动方案。推动煤矿绿色智能开采,推进煤炭分质分级梯级利用,抓好煤炭消费减量等量替代。保持打非治违高压态势,加强煤矿隐患排查整治,坚决遏制重特大事故发生。开展科技强安专项行动,稳步提升本质安全水平,煤矿工作面减人60%—70%。
陕西省	深入实施产业基础再造工程,推动"四基"产品示范应用,精心打造煤化工产业链。推动能化产业高端化发展,加快建设 1500 万吨煤炭分质利用、80万吨乙烷裂解制乙烯等项目。推动陕北转型升级,支持榆林建设国家级能源革命创新示范区。开展碳达峰、碳中和研究,编制省级达峰行动方案。持续开展煤矿领域安全生产"五项攻坚行动",深入开展煤与瓦斯突出、采空区大面积悬顶、冲击地压等灾害治理,加大不合规企业退出力度。
新疆	优化创新发展布局,推进碳基能源资源化学与利用国家重点实验室建设。重点抓好煤炭煤化工等十大产业,统筹推进补齐短板和锻造长板,推进产业基础高级化、产业链现代化,加快构建现代产业体系。实施新一轮传统产业重大技术改造升级工程,稳步发展煤炭煤化工等资源密集型产业。坚持实行最严格的生态保护制度,严格执行能源、矿产资源开发自治区政府"一支笔"审批制度,守住生态保护红线、环境质量底线和自然资源利用上线。

第四章　2020年中国煤炭供需状况分析

第一节　我国煤炭生产情况

2020年,受新冠肺炎疫情的冲击,以及气候因素、水电出力、进口煤月度不均衡及碳排放等因素影响,煤炭供需阶段性错位失衡矛盾明显,市场价格出现较大幅度波动。2020年,证照齐全的生产矿井和试运转矿井在内的煤炭总产能约为39.1亿吨,除了证照齐全的生产矿井和试运转矿井外,在建矿井中有大约2亿吨左右已经建成或已经出煤试生产。2020年,全国规模以上企业原煤产量38.4亿吨,同比增长0.9%,煤炭生产继续向资源富集区集中。

一、分月煤炭生产情况

2020年,新冠肺炎疫情对我国煤炭生产造成一定影响,但时间较为短暂,在国家积极组织下,我国煤炭生产很快恢复正常。2020年,影响煤炭生产一个主要因素是内蒙古涉煤腐败倒查20年,这一事件对煤炭生产影响持续时间较长,据估算影响煤炭产量约1亿吨。2020年规模以上煤炭企业分月原煤产量见图4—1。

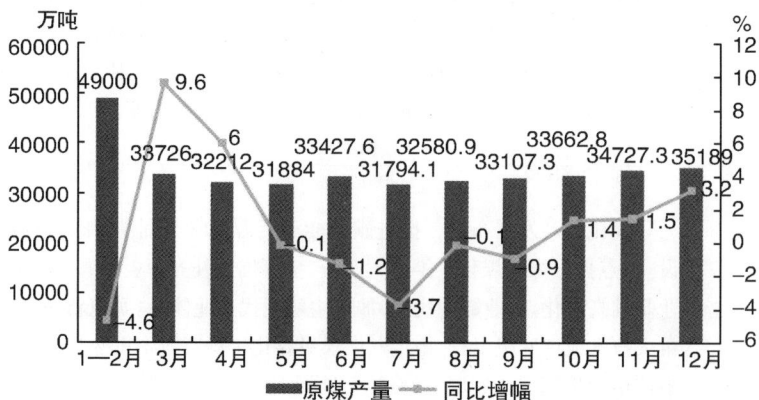

图4—1　2020年规模以上煤炭企业分月原煤产量

数据来源：国家统计局

二、主要区煤炭生产情况

2020 年,煤炭生产进一步向优势资源地区和头部企业集中,核心产区晋陕蒙煤炭产量占全国产煤比重加大,由 2019 年的 70.4% 上升到 72%。其中,山西原煤产量 10.6 亿吨,同比增长 8.2%;内蒙古原煤产量 10.0 亿吨,同比下降 7.8%;陕西原煤产量 6.8 亿吨,同比增长 7.1%。2015—2020 年全国原煤产量及晋陕蒙所占比重情况见图 4—2,2020 年全国原煤产量前十省份统计表见表 4—1,2019—2020 年主要省份原煤产量情况见图 4—3。

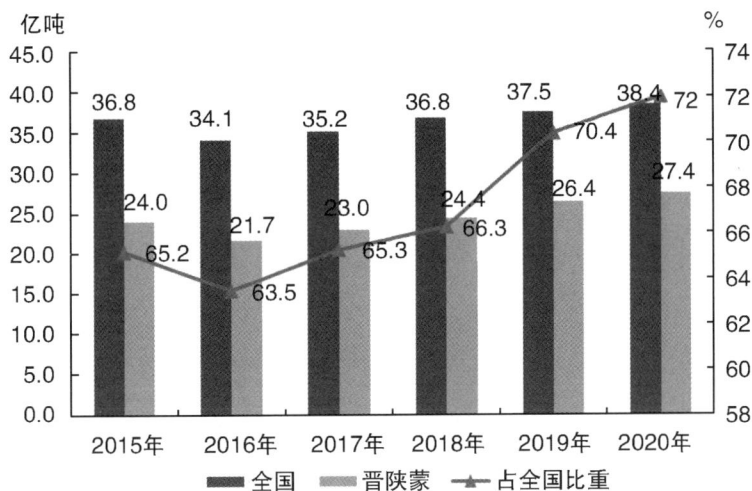

图 4—2　2015—2020 年全国原煤产量及晋陕蒙所占比重情况

数据来源:国家统计局

表 4—1　2020 年全国原煤产量前十省份统计表

排名	省份	产量(万吨)		同比增减 (+,−)	增幅(%)
		2020 年	2019 年		
1	山西	106306.8	98234.1	8072.7	8.2
2	内蒙古	100091.3	108523.7	−8432.4	−7.8
3	陕西	67942.6	63896.4	4046.2	6.3
4	新疆	26587.4	24320.8	2266.6	9.3

续表

排名	省份	产量（万吨）		同比增减（+,−）	增幅（%）
		2020年	2019年		
5	贵州	11935.1	11895.1	40	0.3
6	安徽	11084.4	10989.5	94.9	0.9
7	山东	10922	11948.3	−1026.3	−8.6
8	河南	10490.6	10626.8	−136.2	−1.3
9	宁夏	8151.6	7468.8	682.8	9.1
10	黑龙江	5206.3	5128.3	78	1.5

注：因国家统计局对上年数据有调整，增幅数据与表中实际计算数据有一定出入。

数据来源：国家统计局

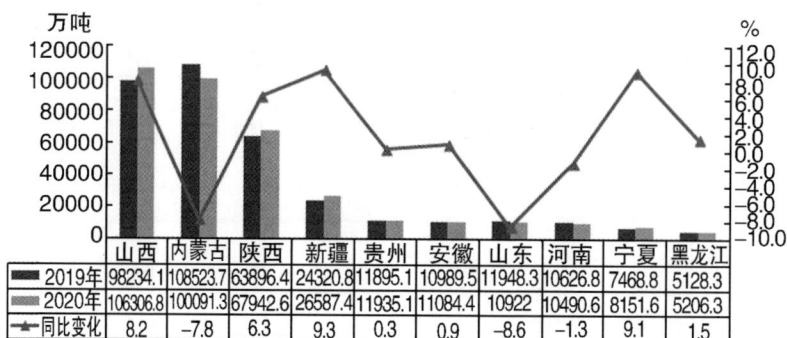

	山西	内蒙古	陕西	新疆	贵州	安徽	山东	河南	宁夏	黑龙江
2019年	98234.1	108523.7	63896.4	24320.8	11895.1	10989.5	11948.3	10626.8	7468.8	5128.3
2020年	106306.8	100091.3	67942.6	26587.4	11935.1	11084.4	10922	10490.6	8151.6	5206.3
同比变化	8.2	−7.8	6.3	9.3	0.3	0.9	−8.6	−1.3	9.1	1.5

图4—3 2019—2020年主要省份原煤产量情况

数据来源：国家统计局

第二节 我国煤炭进出口情况

一、分月煤炭进口情况

2020年，全国煤炭进口量3.04亿吨，同比增长1.5%，创2014年以来新高。较2013年的3.2亿吨减少2308.9万吨。分月来看，全年我国煤炭进口量呈现先涨、后跌、又回升态势。1—6月份，全国进口煤炭1.74亿吨，同比增加1969万吨，增幅 12.7%。7—11 月份,受进口煤总量控制政策管控的影响,进口煤炭 9084 万吨,同比下降 5176 万吨,降幅达 36%,12 月进口量回升。

我国煤炭进口量自 2016 年以来连续第五年上涨。进口价格方面,根据海关总署公布的价格数据测算,2020 年我国进口煤均价同比下降 13.4%至 464 元 / 吨。这与全球煤价因需求下跌走低的总体态势一致。2020 年分月煤炭进口量见图 4—4。

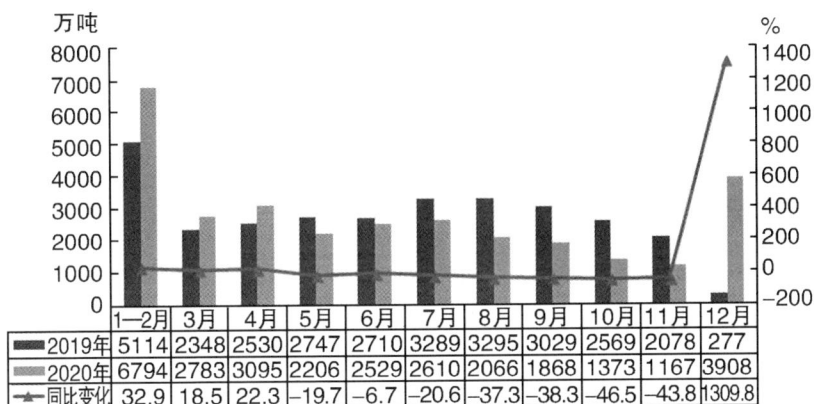

	1—2月	3月	4月	5月	6月	7月	8月	9月	10月	11月	12月
2019年	5114	2348	2530	2747	2710	3289	3295	3029	2569	2078	277
2020年	6794	2783	3095	2206	2529	2610	2066	1868	1373	1167	3908
同比变化	32.9	18.5	22.3	−19.7	−6.7	−20.6	−37.3	−38.3	−46.5	−43.8	1309.8

图 4—4 2020 年分月煤炭进口量

数据来源:中国海关总署

二、分月煤炭出口情况

2020 年,我国煤炭出口继续减少,全年累计出口 319 万吨,同比下降 47.1%。从金额方面看,2020 煤及褐煤出口金额为 435.76 百万美元,同比下降 53.3%。从出口量看,三月份出口量最多,为 61 万吨,十二月份出口量最少,为 9 万吨,2020 年全国煤炭净进口 3.0 亿吨,同比增长 2%。2020 年分月煤炭出口量见图 4—5。

万吨

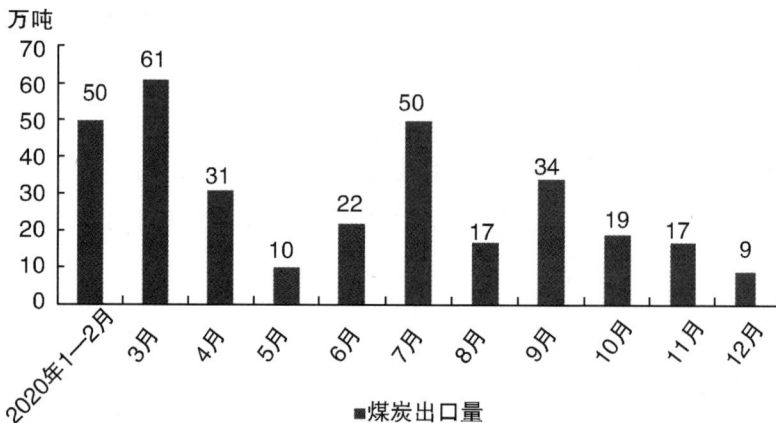

图 4—5　2020 年分月煤炭出口量

数据来源：中国海关总署

第三节　我国煤炭消费情况

一、煤炭消费比重情况

降低煤炭消费占比一直是中国能源转型的重点。过去十年，通过增加风、光电力装机占比等路径，我国煤炭消费占比由 69.2% 降至 56.8%，累计下降约 12 个百分点。国家统计局数据显示，2017 年至 2020 年，国内煤炭消费量以年均 0.4%—1% 的速度增长；2020 年的煤炭消费量较 2016 年增长 4.64%。全国 1980—2020 年煤炭消费量及其在能源消费中占比情况见图 4—6。

二、分行业煤炭消费情况

根据中国煤炭市场网测算，2020 年，我国电力行业全年煤炭消费量为 22.1 亿吨，同比增长 1.1%，占国内煤炭总消费量的比重为 52.9%；钢铁行业全年煤炭消费量为 6.8 亿吨，同比增长 4.2%，占国内煤炭总消费量的比重为 16.3%；建材行业全年煤炭消费量为 5.4 亿吨，同比增长 1.1%，占国内煤炭总消费量的比重为 12.9%；化工行业全年煤炭消费量为 3.0 亿吨，同比增长 1.3%，占国内煤炭总消费量的比重为 7.1%；其他行业全年煤炭消费量 4.5 亿吨，同比下降 2.4%，占国内煤炭总消费量的比重为 10.8%。2020 年我国煤炭分行业消费占比情况见图4—7。

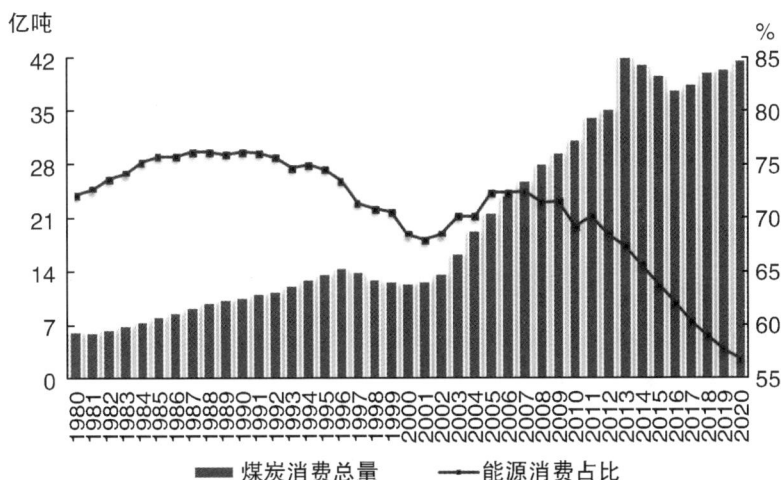

图 4—6　全国 1980—2020 年煤炭消费量及其在能源消费中占比情况

数据来源：国家统计局

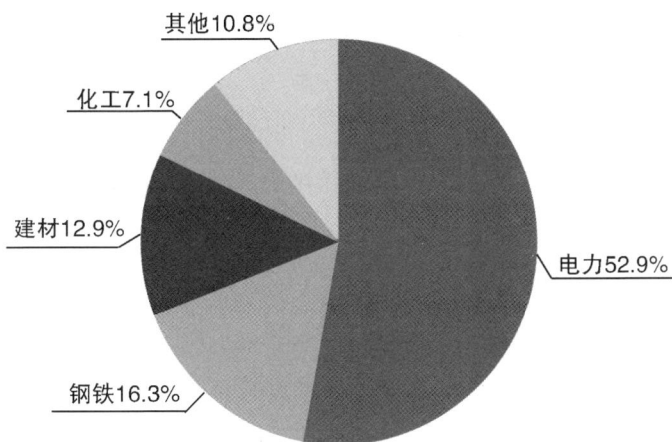

图 4—7　2020 年我国煤炭分行业消费占比情况

数据来源：中国煤炭市场网

第五章 2020 年中国煤炭运输状况分析

第一节 我国煤炭运输政策

我国煤炭资源主要分布在华北、西北地区，煤炭消费地主要集中在东南沿海等经济发达省（区）。受煤炭生产与消费错配分布的影响，国内煤炭资源的主要流向是"西煤东调、北煤南运"。铁路运输由于受气候和自然条件影响较小，且运载能力强及运输成本低，在煤炭运输中一直占据着主导位置。

一、推进煤炭"公转铁"运输

2018 年 6 月底，国务院印发《打赢蓝天保卫战三年行动计划》，旨在通过 3 年（2018—2020 年）努力，大幅减少大气污染，改善环境空气质量。政策明确提出，将优化调整货物运输结构，大幅提升铁路货运比例。同年，交通运输部等部门提出了钢铁、煤炭、矿石等大宗货物运输"公路转铁路"政策，要求以京津冀及周边地区、长三角地区、汾渭平原等区域为主战场，以推进大宗货物运输"公转铁、公转水"为主攻方向，通过三年集中攻坚，实现全国铁路货运量较 2017 年增加 11 亿吨、增长 30%，水路货运量较 2017 年增加 5 亿吨、增长 7.5%，沿海港口大宗货物公路运输量减少 4.4 亿吨的目标。

2020 年，国家发展改革委、国家能源局下发了《关于做好 2020 年能源安全保障工作的指导意见》，要求增加铁路煤炭运输，加快浩吉铁路集疏运项目建设进度，充分发挥浩吉铁路通道能力；积极推进京津冀鲁地区公转铁增量，继续提高铁路运输比例。多个省市针对运输结构调整，提出了相关的实施方案，取得了一定成效。其中，陕西省要求年运量在 150 万吨以上的大型工矿企业铁路专用线接入比例达到 80%；山西省货物运输结构进一步优化，全省重点煤矿企业全部接入铁路专用线，大宗货物运输以铁路为主的格局基本形成，铁路货运量比

2017 年增加 2 亿吨；河北省继续严格落实禁止汽运煤集港政策，下水煤炭 100% 实现铁路集港。

二、加强煤炭水路运输能力

长期以来，我国主要形成了三大煤炭调运格局，以晋煤、蒙煤为主的煤炭主要销往华北、华东、东北和沿海地区。陕煤主要销往华东、华中、西北、西南等地区，新疆煤主要销往西北、川渝地区，黔煤主要销往西南地区。

我国煤炭的水路运输能力和港口建设也迎来较快发展，沿海港口煤炭一次下水量年增速 10%，港口煤炭运输在我国煤炭运输体系中占据重要地位。

在北煤南运过程中，从地域上来看，山西、内蒙古、陕西的煤炭主要通过天津、秦皇岛、黄骅港下水，其中山西和内蒙古主要通过天津港和秦皇岛港下水，陕西的煤炭主要通过天津港和黄骅港下水，再运往上海、江苏、浙江等五个沿海省市。山东的煤炭主要通过日照港下水转运。

"十三五"时期国家大力推进运输结构调整，发展绿色交通体系，推动了港口集疏运体系的持续优化。一是晋陕蒙地区经北方港口下水煤炭已全部由铁路集运到港。二是集装箱海铁联运规模显著增长，到 2020 年末，沿海共 18 个港口开通了集装箱海铁联运服务，全年共完成海铁联运吞吐量 668 万标准箱，"十三五"时期年均增速高达 54% 左右，占沿海集装箱吞吐量的比重由 2015 年的 0.4% 上升到 2.7%。三是江海联运服务规模和范围不断扩大。以长江为例，南京以下 12.5 米深水航道工程的竣工显著改善了长江航运条件，"十三五"时期进出长江口海运量保持了 6% 左右的较快增长，服务范围由江苏省为主逐步向皖、赣、湘、鄂等长江中游地区拓展。

第二节　我国铁路煤炭运输情况

一、全国铁路煤炭运输量

2020 年 1—12 月全国铁路煤炭发运量 23.6 亿吨，同比下降 4.1%，占铁路货运总量的 53.2%，占全国原煤产量的 60.5%。其中，电煤发运量为 17.2 亿吨，同比下降 4.8%。1—11 月份，全国铁路煤炭发运量保持同比下降趋势，其中 4 月份发

运量同比降幅约 –11.4%，达到年内降幅最低点。进入 12 月份以后，在低温寒潮天气以及经济增长拉动下，季节性煤炭需求超预期增加，煤炭消费环比快速增长，铁路煤炭发运量增速由负转正，达到 4.2%。2016—2020 年全国铁路煤炭发运量及同比变化情况见图 5—1，2020 年 1—12 月全国铁路煤炭发运量及同比变化情况见图 5—2。

图 5—1   2016—2020 年全国铁路煤炭发运量及同比变化情况

数据来源：国家发展改革委

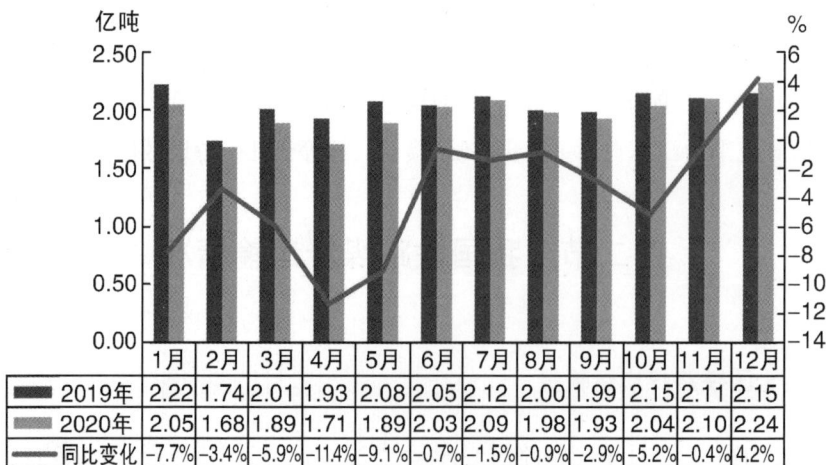

	1月	2月	3月	4月	5月	6月	7月	8月	9月	10月	11月	12月
2019年	2.22	1.74	2.01	1.93	2.08	2.05	2.12	2.00	1.99	2.15	2.11	2.15
2020年	2.05	1.68	1.89	1.71	1.89	2.03	2.09	1.98	1.93	2.04	2.10	2.24
同比变化	-7.7%	-3.4%	-5.9%	-11.4%	-9.1%	-0.7%	-1.5%	-0.9%	-2.9%	-5.2%	-0.4%	4.2%

图 5—2   2020 年 1—12 月全国铁路煤炭发运量及同比变化情况

数据来源：本书编写组收集整理

二、大秦线铁路煤炭运量

大秦铁路担负着晋、陕、蒙等主产区的煤炭外运任务,是"西煤东调"和"北煤南运"的大动脉。承担秦皇岛港、京唐三港、曹妃甸四港等8个港口及京津冀电厂煤炭的发运任务。

2020年,受新冠肺炎疫情等因素影响,全年大秦线累计完成货物运输量40501万吨,同比下降5.99%,全年货物运量占全国铁路煤炭运输总量的17.2%。其中,1—5月份大秦线完成货物运量1.48亿吨,同比减少18.48%,单月货物运输量同比均保持下降趋势。因线路春季检修,5月份当月运输量同比降幅达到20.6%。之后,随着国内疫情得到有效控制,宏观经济稳定向好,煤炭市场需求逐步释放,大秦线货物发运量明显回升。下半年全线路完成货物运量较上半年同期增加2975万吨。2016—2020年大秦铁路货物发运量及同比变化情况见图5—3,2020年1—12月大秦铁路货物发运量及同比变化情况见图5—4。

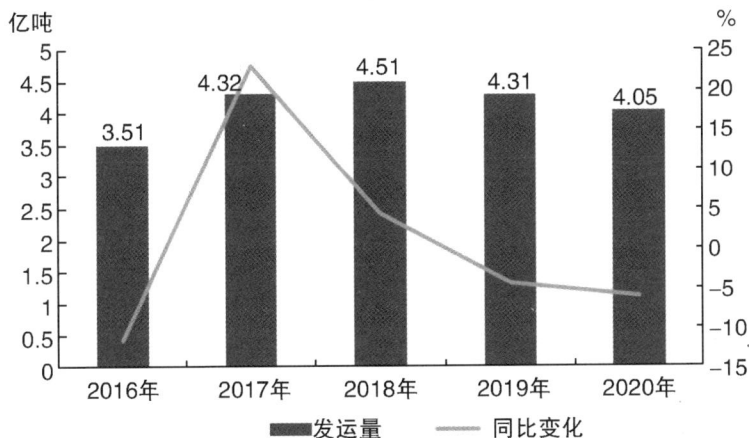

图5—3 2016—2020年大秦铁路货物发运量及同比变化情况

数据来源:大秦铁路股份有限公司

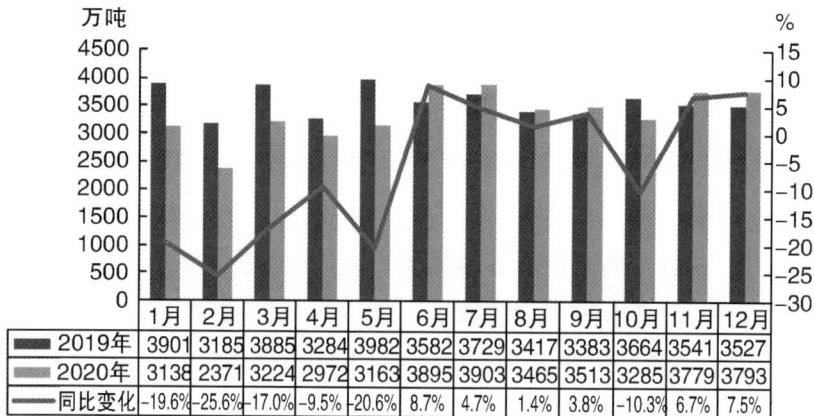

	1月	2月	3月	4月	5月	6月	7月	8月	9月	10月	11月	12月
2019年	3901	3185	3885	3284	3982	3582	3729	3417	3383	3664	3541	3527
2020年	3138	2371	3224	2972	3163	3895	3903	3465	3513	3285	3779	3793
同比变化	-19.6%	-25.6%	-17.0%	-9.5%	-20.6%	8.7%	4.7%	1.4%	3.8%	-10.3%	6.7%	7.5%

图 5—4　2020 年 1—12 月大秦铁路货物发运量及同比变化情况

数据来源：大秦铁路股份有限公司

第三节　我国港口煤炭运输情况

我国沿海煤炭港口分为装船港和卸船港。装船港主要集中在秦皇岛港、天津港、黄骅港、唐山港（包括京唐港和曹妃甸港）、青岛港、日照港、连云港，一般统称为北方七港。这些港口地理位置优越，与山西、陕西、内蒙古地区煤炭生产基地之间距离相对较近，且铁路线路规划建设比较完善、运输便捷，其煤炭发运量占沿海煤炭发运总量的比重较大。其他沿海装船港口主要包括营口港、锦州港、烟台港、防城港。卸船港主要是江苏、上海、浙江、福建、广东等沿海地区以电厂等大型用煤企业自建的专用码头和公用码头组成的煤炭接卸港，主要包括上海港、宁波港、广州港等。

2020 年全国主要港口煤炭发运量 7.53 亿吨，同比下降 3.8%。从月度数据来看，1—5 月份，全国主要港口煤炭发运量保持同比下降趋势，其中 3 月份发运量同比降幅约 -27.6%，达到年内降幅最低点。进入 6 月份以后，发运量增速由负转正，11 月份同比增幅 12.3%，达到年内最大值。2020 年 1—12 月全国主要港口煤炭发运量及同比变化情况见图 5—5。

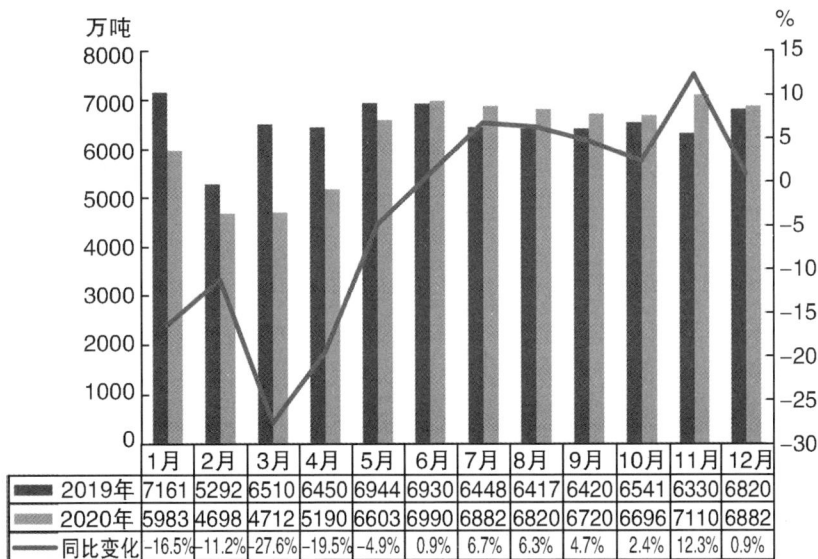

	1月	2月	3月	4月	5月	6月	7月	8月	9月	10月	11月	12月
2019年	7161	5292	6510	6450	6944	6930	6448	6417	6420	6541	6330	6820
2020年	5983	4698	4712	5190	6603	6990	6882	6820	6720	6696	7110	6882
同比变化	-16.5%	-11.2%	-27.6%	-19.5%	-4.9%	0.9%	6.7%	6.3%	4.7%	2.4%	12.3%	0.9%

图 5—5 2020 年 1—12 月全国主要港口煤炭发运量及同比变化情况

数据来源:本书编写组收集整理

第四节 我国煤炭运输价格情况

一、煤炭海运价格

2020 年一季度,受新冠肺炎疫情冲击,全社会生产经营活动受到明显制约,沿海煤炭航运市场波动下行。之后,随着国内疫情防控工作统筹推进,下游工业企业全面复工复产,宏观经济稳步向好,海运市场逐步好转,特别是入冬以后,受制造业高速增长及全国大范围低温寒潮天气等因素影响,海运市场呈现出急剧上涨的局面。

综合来看,全年国内海运费波动幅度较大,整体呈现前期低位震荡,后期急速上扬的趋势。以秦皇岛海运煤炭运价指数(OCFI)为例,在 1—8 月份波动运行,整体低于上年同期水平;9—10 月份震荡上行,个别时段高于上年同期水平;11—12 月份急速上涨,12 月中旬达到年内最高值,同比上涨 327 点左右。

具体到航线,沿海方向秦皇岛至广州航线 5 万—6 万吨船舶平均运价年内最高达到 70 元 / 吨,同比上涨 23 元 / 吨;沿江方向秦皇岛至张家港航线 2 万—3 万吨船舶平均运价年内最高达到 58.5 元 / 吨,同比上涨 24.5 元 / 吨。2019—2020 年秦皇岛海运煤炭运价综合指数(OCFI)见图 5—6,2019–2020 年秦皇岛港至广州港 5 万—6 万吨船舶平均运价走势见图 5—7,2019—2020 年秦皇岛港至张家港 2 万—3 万吨船舶平均运价走势见图 5—8。

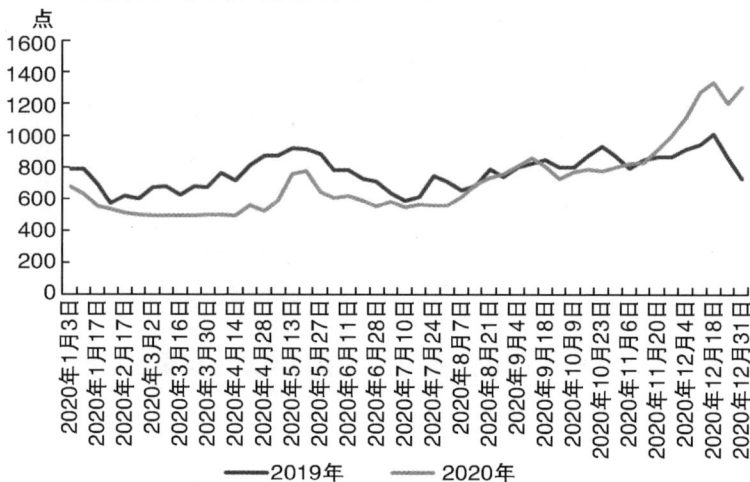

图 5—6　2019—2020 年秦皇岛海运煤炭运价综合指数(OCFI)

数据来源:秦皇岛煤炭网

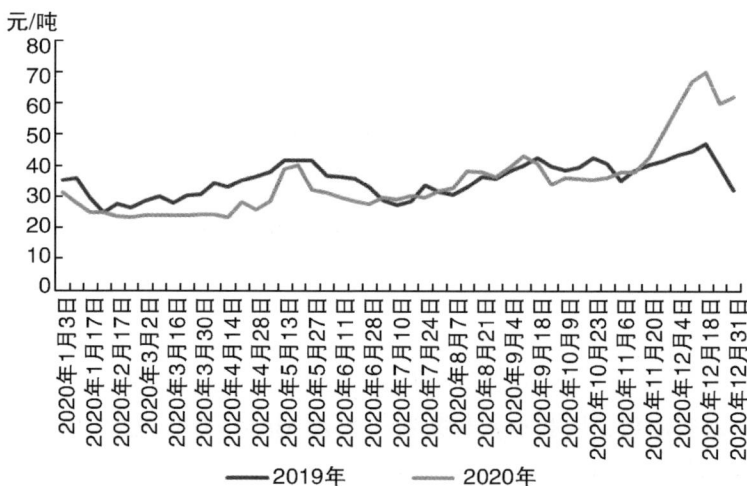

图 5—7　2019—2020 年秦皇岛港至广州港 5 万—6 万吨船舶平均运价走势

数据来源:秦皇岛煤炭网

元/吨

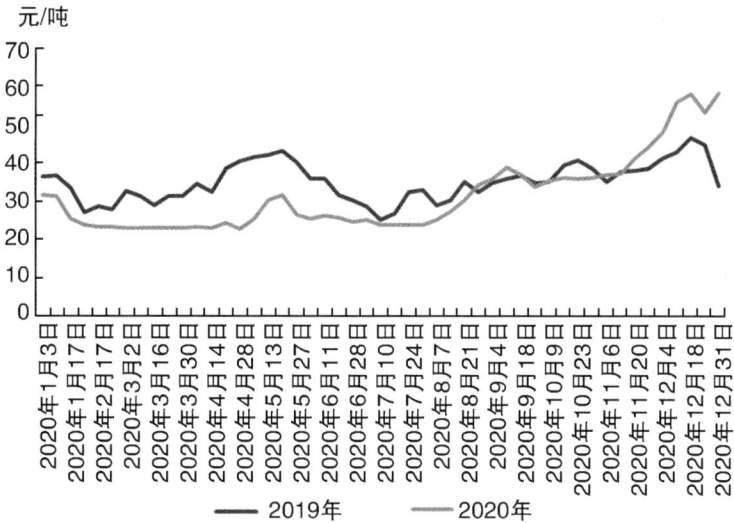

图5—8　2019—2020年秦皇岛港至张家港2万—3万吨船舶平均运价走势

数据来源：秦皇岛煤炭网

二、煤炭公路运输价格

公路运输主要作为铁路运输的补充，承担产煤地及周边省份煤炭短途运输，或铁路、港口煤炭集疏运输。从运输成本来看，公路运输是所有煤炭运输方式中成本最高的，但其解决了货物直达用户的问题，对于铁路覆盖不到的区域或省内短途运输，公路通道能发挥重要作用。目前煤炭公路运输包括地销汽运和外销汽运两部分。

2020年国内公路物流需求相对平稳，运力供给充足，整体呈现供给饱和、供大于求状态。在2月17日—5月16日期间，受高速公路免费通行及疫情期间部分地区道路阻断、运输不畅等因素影响，公路运价呈现持续小幅下滑趋势。在冬季用煤旺季时段，部分区域、线路煤炭等大宗物资需求加快回升，公路运价呈现稳中向好发展态势。以鄂尔多斯煤炭公路运价指数为例，短途、中途、长途运价走势大体一致，基本都呈先震荡小幅回落，企稳后波动上行的走势。其中，短途运价年内波动幅度较大，全年同比价差最高达20元/吨百千米；中途、长途运价波动幅度较小，全年同比价差在7元/吨百千米以内。2019—2020年短途煤炭公路运价行情见图 5—9,2019—2020 年中途煤炭公路运价行情见图 5—10,2019—2020 年长途煤炭公路运价行情见图 5—11。

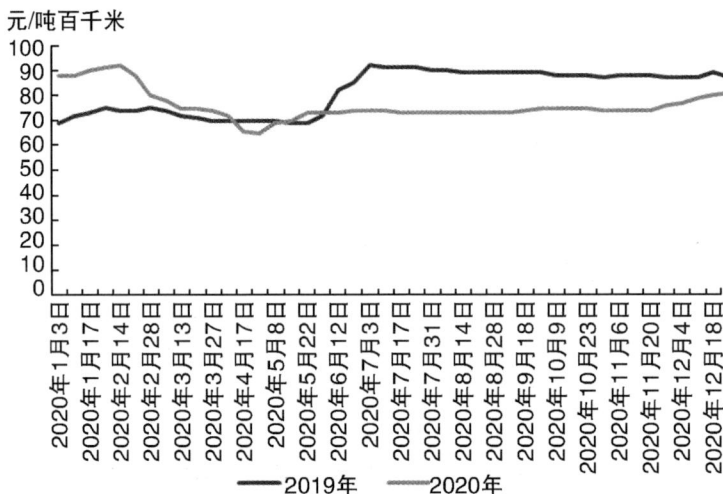

图 5—9　2019—2020 年短途煤炭公路运价行情

注:短途运价主要是鄂尔多斯市境内的主要煤炭物流园区的短倒运价

数据来源:内蒙古煤炭交易中心

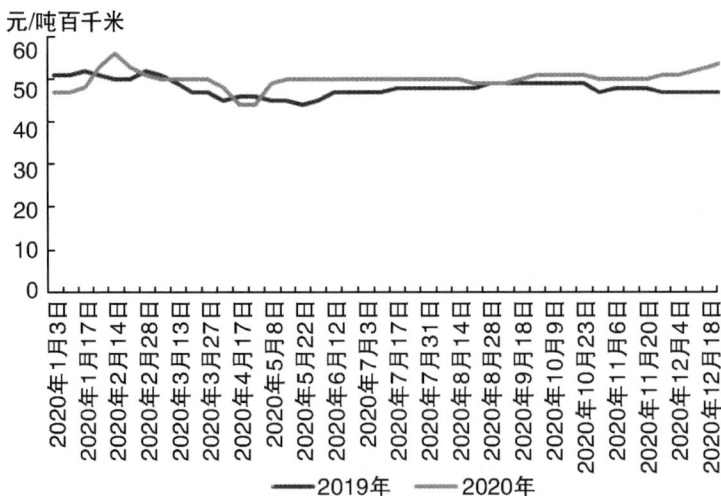

图 5—10　2019—2020 年中途煤炭公路运价行情

注:中途运价主要是从鄂尔多斯市发往呼和浩特、包头等周边电厂和煤炭集散地的运价

数据来源:内蒙古煤炭交易中心

元/吨百千米

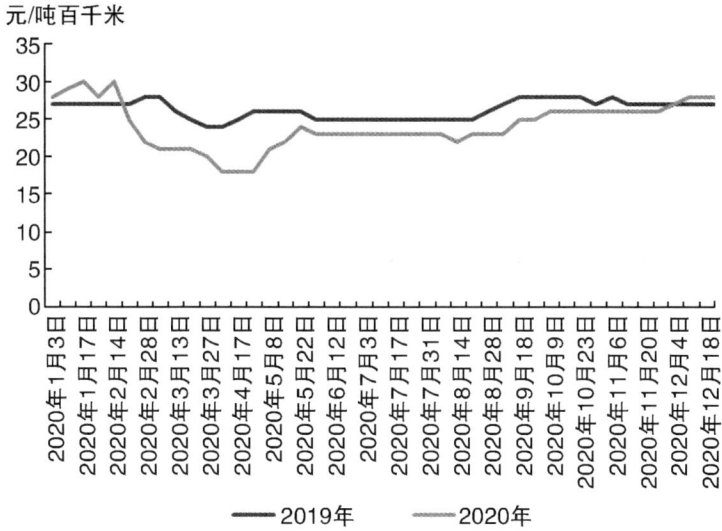

图 5—11 2019—2020 年长途煤炭公路运价行情

注:长途运价以鄂尔多斯主要矿区出省至下游主要消费集散地的运价为主。

数据来源:内蒙古煤炭交易中心

第六章 2020 年中国煤炭市场情况分析

第一节 全年煤炭市场走势分析

近几年,国家出台并实施一系列煤炭去产能、控产量、减劣增优、保长协、稳煤价、发展新能源等政策措施,煤炭市场得到平稳运行。

2020 年,我国煤炭市场在多重因素影响下,价格发生了较大波动,分析市场波动情况,大致可以分为两个阶段:

一、一到四月份,煤价整体走弱

一是国内原煤产量整体增长。尤其是在经历了 1—2 月份因春节和疫情导致同比产量下降后,进入 3 月份,煤矿率先复产复工,3、4 月份国内原煤产量整体同比增长较快,最终带动 1—4 月份国内原煤产量同比增长。国家统计局数据显示,3、4 月份当月国内原煤产量分别同比增长 9.6%和 6%,1—4 月份国内原煤产量累计同比增长 1.3%。其中,1—4 月份,内蒙古、山西和陕西三大主产区原煤产量同比分别下降 9.1%,增长 1.1%和增长 20.5%。

二是煤炭进口量连续同比大幅增长。年初,一方面为了保障疫情期间电厂用煤需求,相关部门对进口煤管控较为宽松;另一方面,电厂为了能够增加自己在与煤企年度长协谈判中的谈判筹码,在进口煤性价比较高的情况下,积极增加进口,最终导致 1—4 月煤炭进口量持续快速增长。数据显示,1—2 月、3 月、4 月我国分别实现煤炭进口 6808 万吨、2783 万吨和 3095 万吨,同比分别增加 1692 万吨、435 万吨和 565 万吨, 增幅分别达到 33.1%、18.5%和 22.3%,1—4 月份累计实现煤炭进口 12684 万吨,同比增加 2692 万吨,增长 26.9%。其中,1—4 月份累计实现动力煤进口 9976 万吨,同比增加 2369 万吨,增长 31.1%。

三是受疫情影响,春节后各行业复工复产普遍推迟,主要耗煤产品产量及煤炭需求短期受到明显压制。国家统计局数据显示,1—2月和3月,规模以上火电发电量分别同比下降8.9%和7.5%,4月份虽然同比转增,但也仅仅增长1.2%,增幅明显小于煤炭产量和煤炭进口量。1—4月份,规模以上火电发电量累计同比下降5.9%,累计同比变化趋势甚至与煤炭产量和进口量趋势相反。除了火电发电量及电煤需求下滑之外,建材、钢铁等产品产量及耗煤需求也受到明显影响。数据显示,1—4月份,规模以上水泥产量同比下降14.4%,平板玻璃产量同比下降0.3%,生铁产量同比微增1.3%。据估算,1—4月份,国内动力煤需求总量同比减少超过6000万吨,同比降幅超过5%。

最终,各环节煤炭价格在短暂走强后,连续下跌。春节刚过,国内主产区和港口价格曾一度走强,但是,此时走强并非因真实供需出现了大的矛盾,而是为了保障疫情防控期间电煤供应,节后电厂有一波补库需求。在煤矿短期未能大范围复产的情况下,煤价出现了短暂上涨。2月底开始,在积极保供作用下,煤矿复产数量快速增加,煤炭供应快速恢复,同比很快实现由降转增,与此同时,煤炭进口量也连续同比大幅增长,而需求端受疫情影响,恢复缓慢,最终导致3、4月份煤炭供需明显失衡,供应明显大于需求,导致煤价整体连续下跌。

二、五月份到年底,煤价整体震荡走强

首先,5月份开始,倒查20年导致内蒙古煤炭产量降幅显著扩大,导致整个主产区煤炭供应收缩,全国原煤产量同比再度由增转降。2020年2月,内蒙古召开煤炭资源领域违规违法问题专项整治工作动员部署会议,明确提出要倒查20年。进入5月份之后,随着专项整治工作的深入推进,煤矿超产受到明显控制,内蒙古煤炭产量开始受到较大影响。5—9月,内蒙古原煤产量持续同比大幅下降,降幅多在13%—15%之间。受内蒙古产量下降影响,5—9月全国原煤产量连续同比下降,降幅在0.1%—3.7%之间不等。进入10月份之后,在积极保供作用下,虽然内蒙古煤炭产量有所回升,但陕西、山西等主产区煤矿安全事故突发,主产区煤炭产量仍然受到一定抑制。

其次,因1—4月份煤炭进口量增长太快,导致国内煤价面临较大下行压力,进入5月份之后,相关部门对进口煤管控明显增强,煤炭进口量开始持续同比下降。海关数据显示,5—11月,当月煤炭进口量连续保持同比下降态势,其中,8—11月同比降幅分别达到37.3%、38.3%、46.6%和43.8%,5—11月煤炭进口量累计同比减少5898万吨,同比下降29.9%。进口煤持续同比大幅减少,导致沿海港口动力煤库存持续下降,北方进入取暖季后沿海电厂库存也较往年提前下降。最终,在气温下降导致取暖用电需求回升、水电进入枯水期的情况下,火电及发电耗煤量快速回升,市场供需紧张形势快速显现,助推煤价加速上涨。

再次,因国内疫情防控成效显著,经济活动很快得到恢复,再加上海外疫情迟迟没能得到很好控制,海外制造业产业链恢复不好,大量制造业订单重新转向我国,带动出口需求快速增长,最终带动主要耗煤产品产量恢复增长势头。国家统计局数据显示,5—11月,主产耗煤产品中,水泥产量和生铁产量连续保持同比增长态势,累计完成水泥产量16.4亿吨,同比增长7.3%;累计完成生铁产量5.35亿吨,同比增长5.9%;多数月份火电发电量也实现了同比较大幅度增长,累计完成火电发电量3.12亿千瓦时,同比增长3.6%。估算5—11月份动力煤消耗量累计同比增加接近3500万吨,增幅接近2.5%。

最后,因供应同比萎缩,而需求恢复连续增长,与3—4月份的供大于求相比,进入5月份之后,供需局面逐步转变为供不应求,导致煤价自低位快速反弹,并持续震荡走强,直至年底出现快速上涨。

第二节　港口地区煤炭市场

2020年初,在冬季用煤高峰带动下,短期内港口煤炭价格呈现上涨态势。受新冠肺炎疫情影响,春节后产地煤炭供应未能及时恢复,秦皇岛港煤炭库存降至400万吨以下,港口煤价出现快速拉涨。3月开始产地复产、供应恢复,港口库存增多,但东南沿海地区的工业企业生产未恢复至正常水平,沿海电厂日耗仅40万—50万吨低位水平,环渤海港口和电厂库存高企,秦港存煤升至650万吨,动力煤价格从春节后持续下跌了两个半月。5月份,沿海煤炭需求好转,市场情绪乐观,价格再次出现拉涨,6月份,港口库存持续低位,煤价延续涨势。进入夏季,水力发电增强,沿海煤炭市场不温不火,9月至10月,部分电厂开始增加煤炭库存,市场需求略有好转,港口煤价突破600元/吨。11月份,西南地区降雨减少,水力发电削弱,火力发电增强,叠加进口煤通关困难,取暖季电煤消耗加快,下游用户拉运内贸煤积极性大幅提高。11月中下旬直至年底,南方电力需求超预期增长,用煤需求大幅增加,再次迎来电煤抢运高峰,带动产地煤价和港口煤价双双走高。

一、下水动力煤价格

以中国煤炭资源网CCI5500大卡动力煤指数为例(见图6—1),年初价格为556元/吨,到2月下旬小幅上涨至576元/吨,随后一路下跌,4月底5月初跌至年内最低点469元/吨,7月初再次波动上涨至597元/吨,9月初由552元/吨持续上涨至年内最高点800元/吨。

以中国煤炭市场网秦皇岛5500大卡动力煤指数为例,年初价格为549元/吨,到2月下旬小幅上涨至557元/吨,随后一路下跌,4月底5月初跌至年内最低点501元/吨,直至年底波动上涨至年内最高点642元/吨。

秦皇岛煤炭网环渤海动力煤价格波动相对平缓,年初价格为552元/吨,年内最低点为5月初526元/吨,最高点为年末582元/吨。

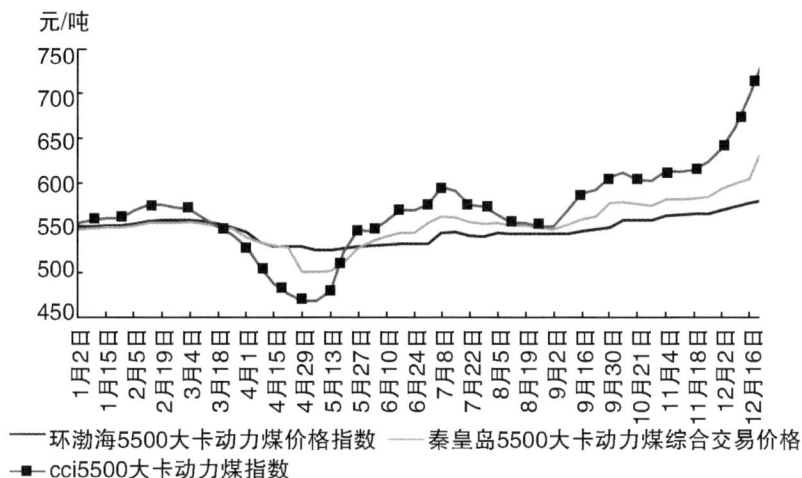

图6—1　2020年我国北方港口5500大卡动力煤指数情况

数据来源:中国煤炭市场网、秦皇岛煤炭网、中国煤炭资源网

二、长江口动力煤价格

以易煤网长江口发热量 5500 大卡、硫分 0.8% 的动力煤平仓价为例（见图 6—2），年初价格为 607.4 元 / 吨，到 2 月下旬小幅上涨至 611.9 元 / 吨，随后一路下跌，5 月初跌至年内最低点 520 元 / 吨，7 月中旬再次波动上涨至 622.4 元 / 吨，9 月初由 600.7 元 / 吨持续上涨至年内最高点 11 月 30 日 684.1 元 / 吨。

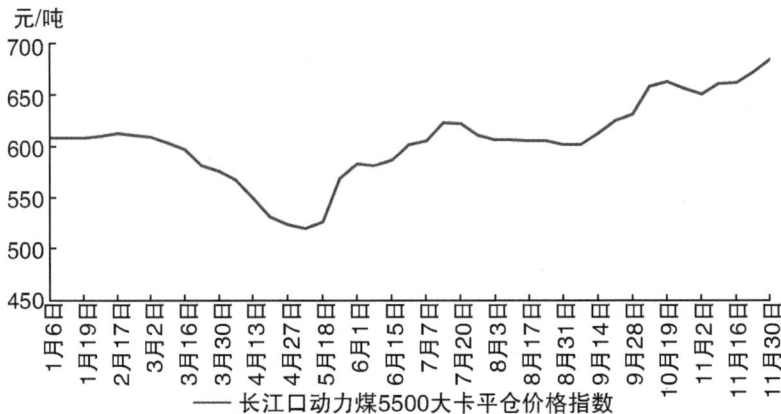

图 6—2　2020 年我国长江口 5500 大卡动力煤指数情况

注：2020 年最后一期发布时间为 11 月 30 日

数据来源：易煤网

第三节　主产地煤炭市场

在新冠肺炎疫情冲击下，2020 年产地煤炭市场表现相对异于往年，不同于传统的淡旺季需求，区域需求差异性加大。上半年，煤炭企业坚定落实能源安全保供责任，第一时间组织复工复产，煤炭产量短时间内达到正常水平，但下游行业复工滞后、需求严重不足，市场出现阶段性过剩局面。下半年，特别是进入四季度以来，随着国内疫情防控形势逐步向好，国民经济恢复加快，拉动煤炭需求回暖，市场逐步向供需平衡、甚至紧平衡状态转变。

一、山西产地煤炭价格

2020 年，中国太原煤炭综合交易价格指数较年初呈下行走势，年末收于

134.78 点,同比上涨 1.17%,全年运行区间在 123.71—134.78 点,波峰出现在年末,波谷出现在年中。其中,动力煤指数运行区间 103.97—121.57 点,波峰出现在年末,波谷出现在 5 月上旬;炼焦煤指数运行区间 154.97—168.54 点,波峰出现在 3 月上旬,波谷出现在 9 月上旬;喷吹煤指数运行区间 128.07—152.53 点,波峰出现在 6 月中下旬,波谷出现在年末;化工煤指数运行区间 94.44—114.29 点,波峰出现在年初,波谷出现在 8 月末。2020 年末中国太原煤炭交易价格指数情况见表 6—1,2020 年中国太原煤炭交易价格指数情况见图 6—3。

表 6—1 2020 年末中国太原煤炭交易价格指数情况

指数	2020 年(点)	2019 年(点)	同比	
			涨跌(点)	增幅(%)
综合指数	134.8	133.2	1.6	1.21
动力煤指数	121.6	114.5	7.1	6.2
炼焦煤指数	168.5	169.0	−0.5	−0.3
喷吹煤指数	152.5	137.8	14.7	10.7
化工煤指数	114.3	115.2	−0.9	−0.8

数据来源:中国太原煤炭交易中心有限公司

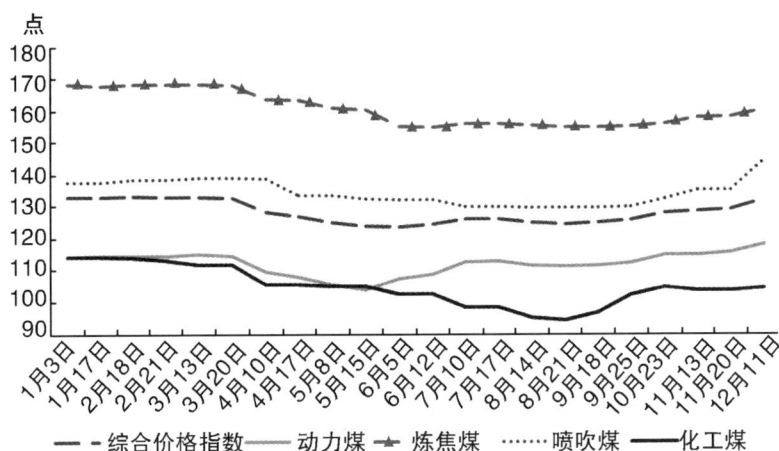

图 6—3 2020 年中国太原煤炭交易价格指数情况

数据来源:中国太原煤炭交易中心有限公司

二、陕西产地煤炭价格

2020 年陕西煤炭价格总体呈现先抑后扬态势。以陕西煤炭价格综合指数为例（见图 6—4），年初点位为 154.9 点，年内最低值为 5 月中旬 142 点，年末达到年内最高值 178.2 点，较年初上涨 23.3 点，年内最高值与最低值差值为 36.2 点。

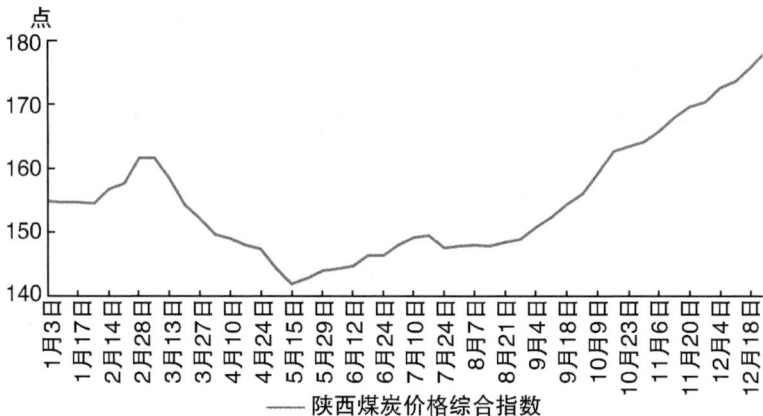

图 6—4　2020 年陕西煤炭价格指数情况

数据来源：陕西煤炭交易中心

三、内蒙古产地煤炭价格

2020 年内蒙古鄂尔多斯动力煤价格指数全年走势波动较大，蒙东褐煤价格指数相对平缓。蒙东褐煤价格指数年初点位为 218.4 点，年内最低值为 5 月底 213 点，年末达到年内最高值 232.2 点，较年初上涨 13.8 点，年内最高值与最低值差值为 19.2 点。

鄂尔多斯动力煤价格指数年初点位为 319 点，年内最低值为 5 月中旬 274 点，年末达到年内最高值 460 点，较年初上涨 241.6 点，年内最高值与最低值差值为 186 点。2020 年内蒙古煤炭价格指数情况见图 6—5。

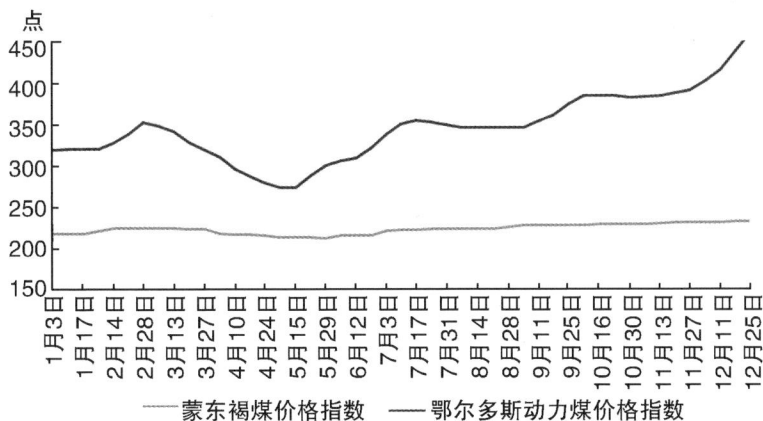

图6—5　2020年内蒙古煤炭价格指数情况

数据来源：内蒙古煤炭交易中心

第四节　国际煤炭市场

受新冠肺炎疫情影响，2020年全球煤炭产量有所下降，国际煤炭贸易出现萎缩，煤炭价格大幅回落。在全球16个主要产煤国中，煤炭产量增长的只有3个国家（包括中国、印度、越南），其余13国煤炭产量均有所减少。煤炭产量最大的中国，全年产量约38.4亿吨，同比增长0.9%；排名第二的印度，得益于四季度产量的快速回升，全年产量7.41亿吨，同比增长0.8%；而美国煤炭产量跌破5亿吨，仅产煤4.89亿吨，同比下降23.7%。国际煤炭贸易量在经历了连续3年增长后，2020年同比下降9.5%左右。煤炭出口方面，除了俄罗斯煤炭出口量小幅增长以外，其他主要出口国煤炭出口量均出现明显下降。2020年，全球煤炭出口量排名第一的印尼全年出口煤炭4.07亿吨，同比下降11.3%，其次是澳大利亚，同比下降8.9%。受新冠肺炎疫情冲击，2020年国际煤炭价格大幅下跌，以澳大利亚为例，海角港优质主焦煤平仓价格由年初的141美元/吨跌至年末102.5美元/吨，下跌38.5美元，跌幅达27.3%，2020年国际煤炭价格情况见图6—6。（国际动力煤价格情况在第二章国际经济中已经有介绍，这里不再重复）

美元/吨

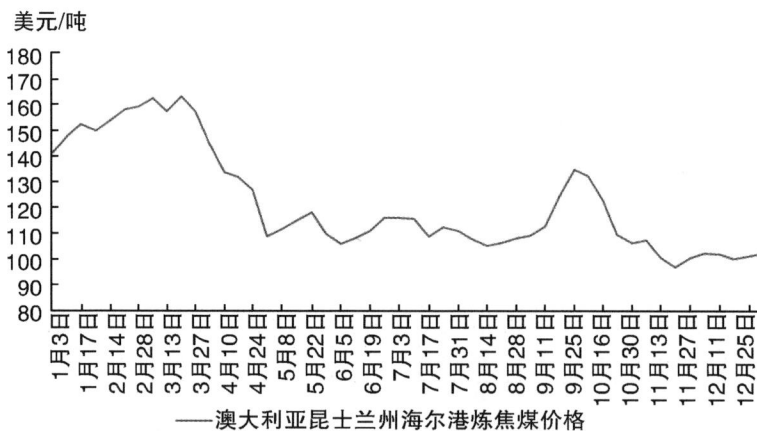

—— 澳大利亚昆士兰州海尔港炼焦煤价格

图 6—6   2020 年国际煤炭价格情况

注:煤质指标为灰分 9.3%挥发分 21.5%硫分 0.5%,价格类型为平仓价

数据来源:中国煤炭市场网

第三部分

动力煤

2020 年，全国动力煤消费量约 35 亿吨，其中电力、建材两大行业消费量约占 80%左右，冶金、化工以及民用等其他行业约占 20%。

2020 年，国内动力煤市场大幅波动。受安检、环保检查常态化，叠加内蒙古地区煤炭倒查二十年涉煤反腐等因素影响，全年煤炭供应相对偏紧。年初受新冠肺炎疫情影响，下游耗煤企业复工延迟，一些企业生产停滞，全社会用电需求大幅下滑，煤炭需求锐减，导致煤炭库存增加、价格大幅下跌，北方港口 5500 大卡动力煤市场价格一度跌破 500 元 / 吨；随着国内新冠疫情逐渐控制，叠加国家多项经济刺激政策出台，企业生产走向正常化，对电力和煤炭的消费需求逐步恢复，煤炭价格开始企稳回升，价格回归正常；进入四季度，国内经济复苏步伐加快，工业生产不断提速，叠加极寒天气频袭，全社会用电量大幅增加，煤炭库存快速下滑，煤炭供需从局部偏紧走向大范围紧张，导致煤炭价格大幅走高，北方港口市场价格超过 800 元 / 吨，达到了近年来新高。

第七章 2020 年中国电力市场分析

2020 年我国电力生产运行平稳,全年电力生产和需求量均呈现稳步增长的趋势,电力行业投资增速维持在较高水平,并网风电及并网太阳能发电装机容量大幅增长,清洁电力生产比重有所提高。

第一节 投资及装机情况分析

一、电力投资情况

2020 年,全国纳入行业投资统计体系的主要电力企业合计完成投资 9944 亿元,同比增长 9.6%。其中,电源工程建设完成投资 5244 亿元,同比增长 29.2%,占总投资额的比重为 53%;电网工程建设完成投资 4699 亿元,同比下降 6.2%,占总投资额的比重为 47%。

在电源工程建设完成投资中,水电完成投资 1077 亿元,同比增长 19.0%;火电完成投资 553 亿元,同比下降 27.3%;核电完成投资 378 亿元,同比下降 22.6%;风电完成投资 2618 亿元,同比增长 70.6%。水电、风电、核电等清洁能源完成投资占电源完成投资的 77.7%,较 2019 年提高 7 个百分点。2020 年电源投资占比情况见图 7—1。

“十三五”期间,我国电力行业年投资额呈波动趋势。2016—2020 年,全国电力工程建设完成投资分别达到 8840 亿元、8239 亿元、8161 亿元、9072 亿元和 9944 亿元。其中,电源投资分别达到 3408 亿元、2900 亿元、2787 亿元、4060 亿元、5244 亿元;电网投资分别达到 5431 亿元、5339 亿元、5374 亿元、5012 亿元、4699 亿元。2016—2020 年中国电力投资情况见表 7—1,2016—2020 年全国电力投资及同比变化情况见图 7—2。

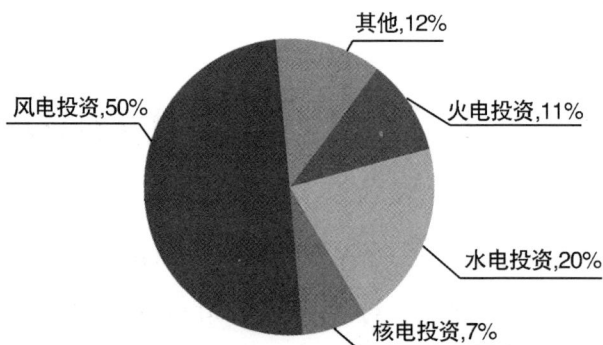

图 7—1 2020 年电源投资占比情况

数据来源:中国电力企业联合会

表 7—1 2016—2020 年中国电力投资情况

单位:亿元

投资分类	2016 年	2017 年	2018 年	2019 年	2020 年
总投资	8840	8239	8161	9072	9944
电网投资	5431	5339	5374	5012	4699
电源投资	3408	2900	2787	4060	5244

数据来源:中国电力企业联合会

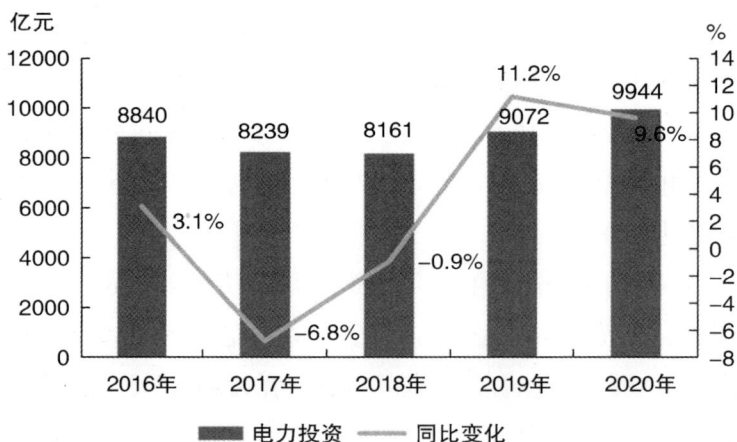

图 7—2 2016—2020 年全国电力投资及同比变化情况

数据来源:中国电力企业联合会

"十三五"期间,电网投资大致呈现逐年下降的趋势,电源投资呈现先小幅下降后急剧增长的趋势。2016—2018 年,电网年投资总额整体远远高于电源年投资总额。2019—2020 年电源投资同比大幅增长,至 2020 年,电源投资总额已经超过当年电网投资总额。这是由于,2019 年 5 月 21 日,国家发展改革委发布《关于完善风电上网电价政策的通知》,提出 2018 年底之前核准的陆上风电项目,2020 年底前仍未完成并网的,国家不再补贴,这一政策的出台,拉动了风电投资增速。2016—2020 年全国电源投资及同比变化情况见图 7—3,2016—2020 年全国电网投资及同比变化情况见图 7—4。

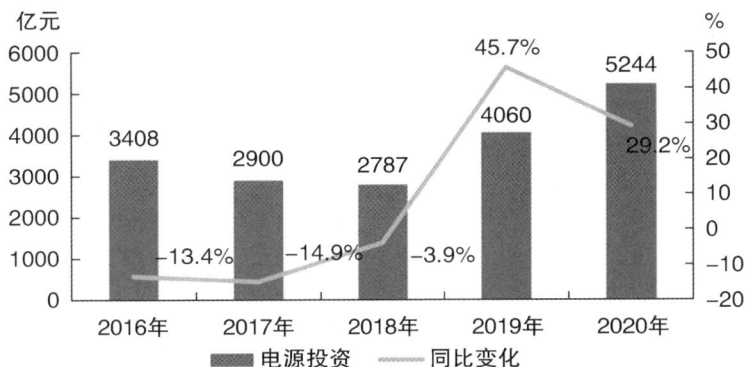

图 7—3 2016—2020 年全国电源投资及同比变化情况

数据来源:中国电力企业联合会

图 7—4 2016—2020 年全国电网投资及同比变化情况

数据来源:中国电力企业联合会

二、电源装机情况

（一）2020 年电源装机容量及构成

2020 年我国电源装机容量 220058 万千瓦，同比增加 19052 亿千瓦，增长 9.5%，增速较上年提高 3.7 个百分点。不同电源装机容量相比 2019 年均有增长，并网风电装机规模增长幅度甚至创历史新高。

其中，全国全口径水电装机容量 37016 万千瓦（含抽水蓄能 3149 万千瓦），同比增加 1212 万千瓦，增长 3.4%，占全部装机容量的 16.82%。

火电装机容量 124517 万千瓦，同比增加 5560 万千瓦，增长 4.7%，占全部装机容量的 56.58%。其中，煤电装机容量为 107992 万千瓦，同比增长 3.8%，占全部装机容量的 49.07%，首次降至 50% 以下；气电装机容量为 9802 万千瓦，同比增长 8.6%，占全部装机容量的 4.45%。

核电装机容量 4989 万千瓦，同比增加 115 万千瓦，增长 2.4%，占全部装机容量的 2.27%。

并网风电装机容量 28153 万千瓦，同比增加 7238 万千瓦，增长 34.6%，占全部装机容量的 12.79%。其中，陆上风电累计装机 2.71 亿千瓦、海上风电累计装机约 900 万千瓦。

并网太阳能发电装机容量 25343 万千瓦，同比增加 4925 万千瓦，增长 24.1%，占全部装机容量的 11.52%。2019—2020 年全国发电装机容量同比变化情况见图 7—5，2020 年装机占比情况见图 7—6。

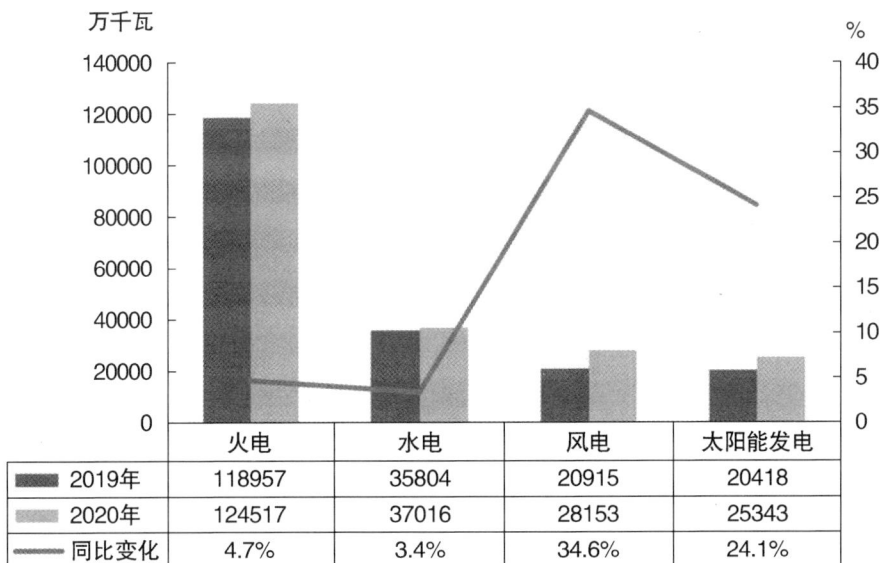

	火电	水电	风电	太阳能发电
■ 2019年	118957	35804	20915	20418
▨ 2020年	124517	37016	28153	25343
── 同比变化	4.7%	3.4%	34.6%	24.1%

图 7—5 2019—2020 年全国发电装机容量同比变化情况

数据来源：中国电力企业联合会

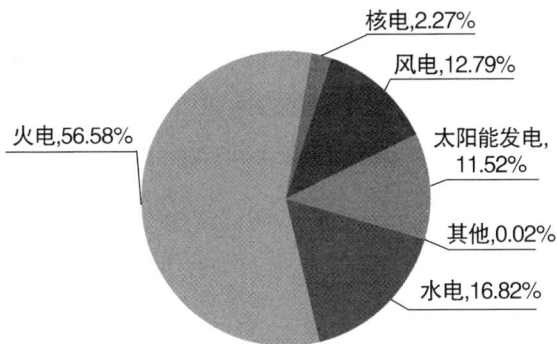

图 7—6 2020 年装机占比情况

数据来源：中国电力企业联合会

(二)2020 年前十大电源装机省份情况

1.总量

截至 2020 年底,在全国十大发电装机省份中,山东省、内蒙古、江苏省、广东省装机总量均超过 14000 万千瓦,新疆、山西省、云南省、河南省、浙江省、四川省装机总量基本相当,均在 10000 万千瓦水平(见图 7—7)。

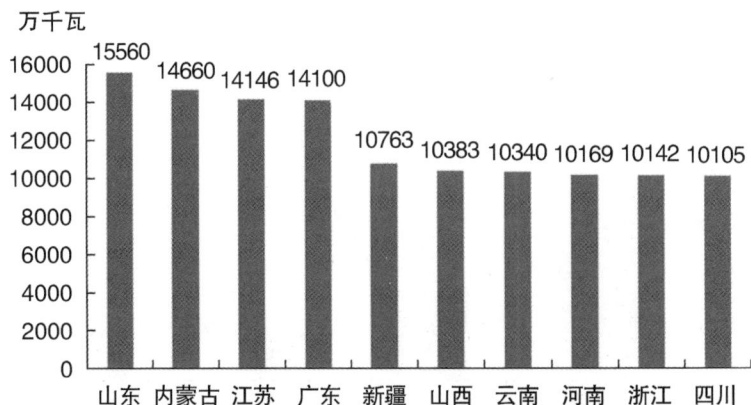

图 7—7 全国十大省份电力装机情况

数据来源：中国电力企业联合会

2.火电

截至 2020 年底,全国十大火电装机省份中,山东省、江苏省、广东省、内蒙古为第一梯队,装机容量在 9000 万到 11000 万千瓦左右,河南省、山西省、浙江省、新疆为第二梯队,装机容量在 6000 万到 7000 万千瓦左右,安徽省、河北省为第三梯队,装机容量在 5000 万千瓦左右(见图 7—8)。

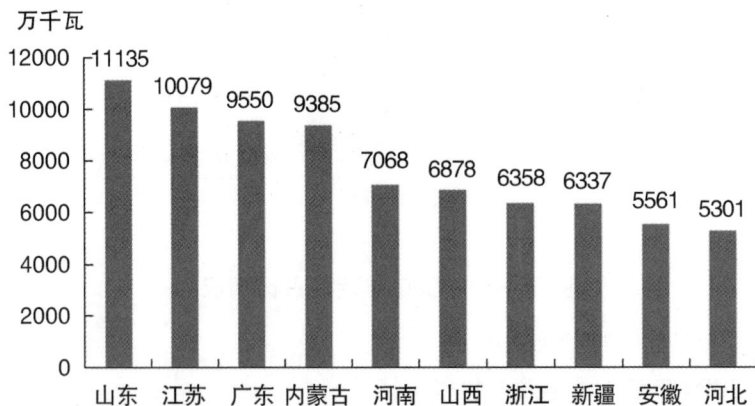

图 7—8 全国十大省份火电装机情况

数据来源：中国电力企业联合会

3.水电

水力发电量在 2020 年增长 5.3%，总量提升到 1.2 亿千瓦时，占比约 16.36%，仍是我国第二大发电类型。截至 2020 年底，全国十大水电装机省份中，四川省、云南省装机在 7000 万千瓦水平，湖北省在 3000 万千瓦水平，贵州省在 2000 万千瓦水平，广西壮族自治区（简称广西）、湖南省、广东省、福建省、青海省、浙江省均在 1000 万千瓦水平（见图 7—9）。

万千瓦

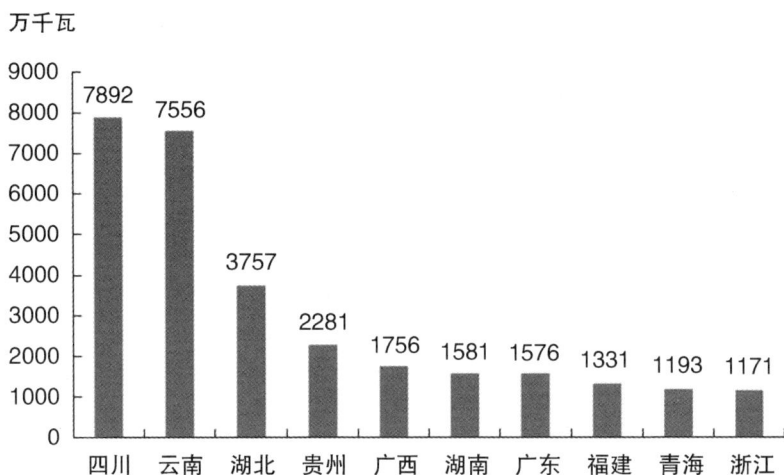

图 7—9　全国十大省份水电装机情况

数据来源：中国电力企业联合会

4.核电

核电是高效、清洁、安全和经济的能源，具有资源消耗少，环境影响小和供应能力强等许多优点。

截至 2020 年底，我国大陆地区商运核电机组达到 48 台，总装机容量为 4988 万千瓦，仅次于美国、法国，位列全球第三。在全国八大核电装机省份中，广东省装机容量最高，为 1614 万千瓦，浙江省、福建省装机在 800 到 900 万千瓦水平，江苏省、辽宁省、山东省、广西、海南省装机容量在 100 万—500 万千瓦水平（见图 7—10）。

万千瓦

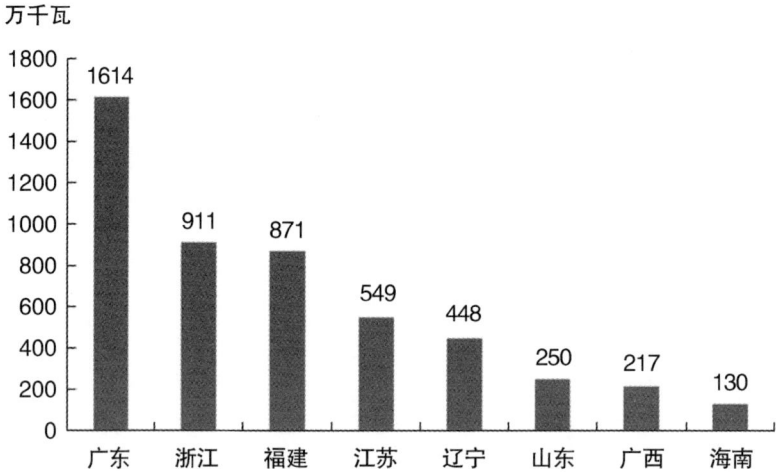

图 7—10 全国八大省份核电装机情况

数据来源:中国电力企业联合会

5.风电

截至 2020 年底,在全国十大风电装机省份中,内蒙古最多,为 3786 万千瓦,新疆、河北均超 2000 万千瓦,山西、山东、江苏、河南、宁夏、甘肃均在 1000 万千瓦水平,辽宁为 981 万千瓦(见图 7—11)。

万千瓦

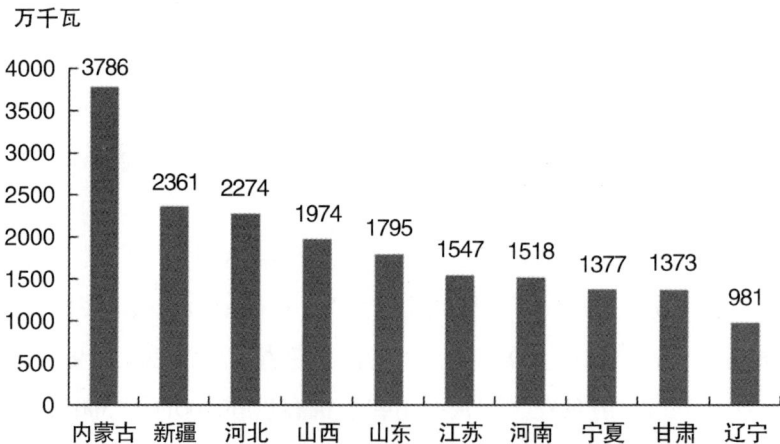

图 7—11 全国十大省份风电装机情况

数据来源:中国电力企业联合会

6.太阳能发电

截至 2020 年底，全国十大太阳能发电装机省份中，山东、河北装机均超 2000 万千瓦，江苏、青海、浙江、安徽、山西、新疆、内蒙古、宁夏均在 1000 万千瓦水平（见图 7—12）。

万千瓦

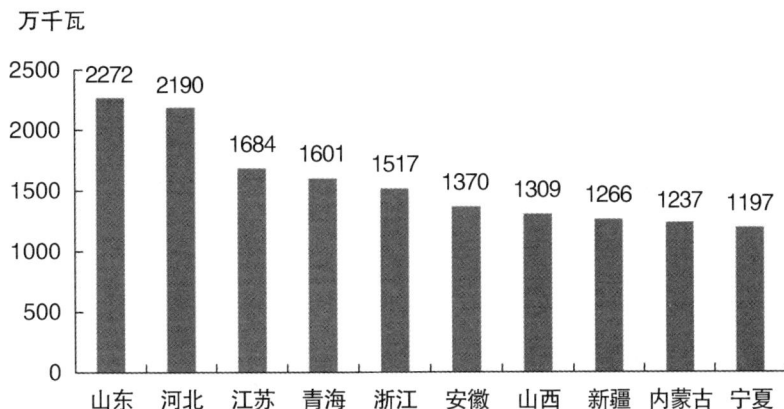

图 7—12　全国十大省份太阳能发电装机情况

数据来源：中国电力企业联合会

（三）2020 年基建新增装机容量

2020 年我国基建新增发电装机容量 19087 万千瓦，同比增加 8587 万千瓦，增幅 81.8%。

其中，火电新增 5637 万千瓦，同比增长 27.4%，占基建新增装机总量的 29.5%。

水电新增 1323 万千瓦，同比增长 197.7%，占基建新增装机总量的 6.9%。新增水电装机较多的省份是四川、云南、安徽，新增容量分别是 413 万千瓦、340 万千瓦、136 万千瓦，三省合计新增装机约占水电新增装机总量的 67%。

风电新增 7167 万千瓦（其中陆上风电新增装机 6861 万千瓦、海上风电新增装机 306 万千瓦），同比增长 178.7%，占基建新增装机总量的 37.5%。

太阳能发电新增 4820 万千瓦（其中集中式光伏电站 3268 万千瓦、分布式光伏 1552 万千瓦），同比增长 81.7%，占新增装机总量的 25.3%。

核电新增 112 万千瓦，同比减少 72.6%，继续保持下降趋势。

随着风电、太阳能等新能源快速发展，清洁电力生产比重大幅提高，我国装机容量结构得到进一步优化。2019—2020 年全国基建新增装机容量及同比变化情况见图 7—13。

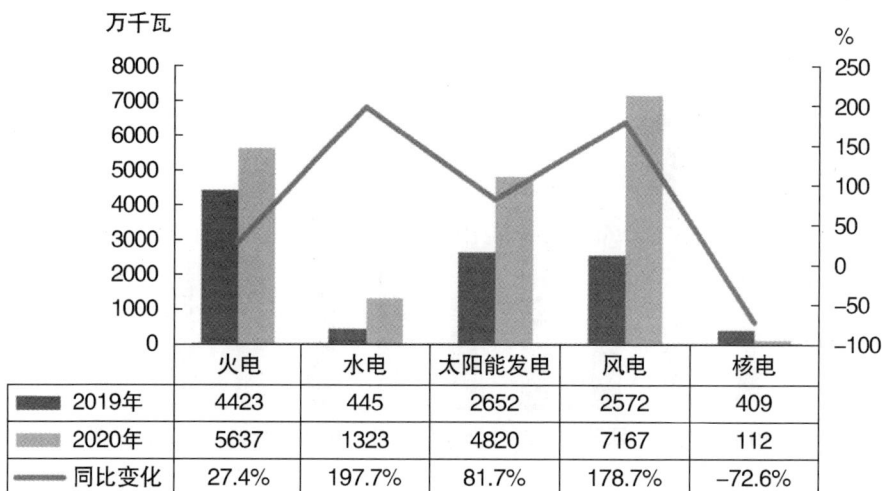

万千瓦

	火电	水电	太阳能发电	风电	核电
2019年	4423	445	2652	2572	409
2020年	5637	1323	4820	7167	112
同比变化	27.4%	197.7%	81.7%	178.7%	−72.6%

图 7—13　2019—2020 年全国基建新增装机容量及同比变化情况

数据来源：中国电力企业联合会

（四）"十三五"时期电源装机容量变化趋势

近年来，我国电源装机容量不断提高，并且一直保持着增长趋势。2020 年，我国"十三五"规划已圆满收官，经历了新冠肺炎疫情的冲击，全国发电装机容量从 2016 年的 16.5 亿千瓦增长到 2020 年的 22.0 亿千瓦，年均增幅达到7.6%，高于"预期 2020 年全国发电装机容量 20 亿千瓦，年均增长 5.5%"的规划目标。其中非化石能源装机年均增长 13.1%，煤电装机容量年均增长为 3.7%，化解煤电产能过剩效果较为明显，电力结构绿色低碳化特征日益显现。2016—2020 年中国电源装机容量见表 7—2，2016—2020 年全国发电装机容量及同比变化情况见图 7—14，2016—2020 年不同电源装机情况见图 7—15。

表 7—2　2016—2020 年中国电源装机容量

单位:万千瓦

分类	2016 年	2017 年	2018 年	2019 年	2020 年	"十三五"规划目标
火电	106094	111009	114408	118957	124517	
水电	33207	34411	35259	35804	37016	
核电	3364	3582	4466	4874	4989	20 亿千瓦
并网风电	14747	16400	18427	20915	28153	
并网太阳能发电	7631	13042	17433	20418	25343	
发电装机总计	165051	178451	190012	201006	220058	

数据来源:中国电力企业联合会

图 7—14　2016—2020 年全国发电装机容量及同比变化情况

数据来源:中国电力企业联合会

万千瓦

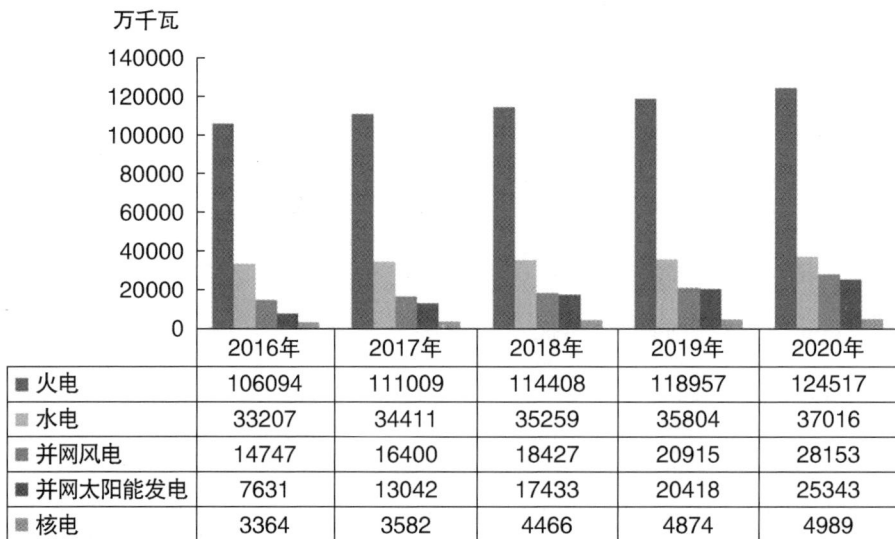

	2016年	2017年	2018年	2019年	2020年
■ 火电	106094	111009	114408	118957	124517
□ 水电	33207	34411	35259	35804	37016
■ 并网风电	14747	16400	18427	20915	28153
■ 并网太阳能发电	7631	13042	17433	20418	25343
■ 核电	3364	3582	4466	4874	4989

图 7—15　2016—2020 年不同电源装机情况

数据来源：中国电力企业联合会

第二节　发电情况分析

一、2020 年发电量

2020 年，全国全口径发电量为 76236 亿千瓦时，同比增长 4.0%。其中，火电发电量为 51743 亿千瓦时，同比增长 2.5%；水电发电量为 13552 亿千瓦时，同比增长 4.1%；核电发电量 3662 亿千瓦时，同比增长 5.0%。并网风电和并网太阳能发电量分别为 4665、2611 亿千瓦时，同比分别增长 15.1% 和 16.6%。2019—2020 年不同电源发电量及同比变化情况见图 7—16，2019—2020 年 1—12 月全国发电量及同比变化情况见图 7—17。

亿千瓦时

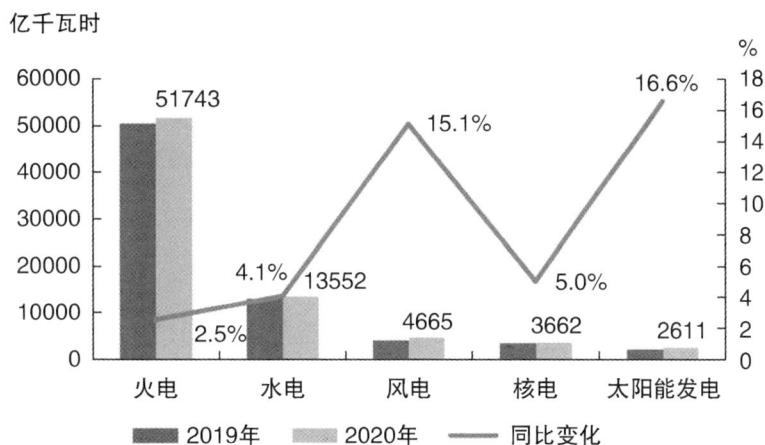

图 7—16 2019—2020 年不同电源发电量及同比变化情况

数据来源：中国电力企业联合会

亿千瓦时

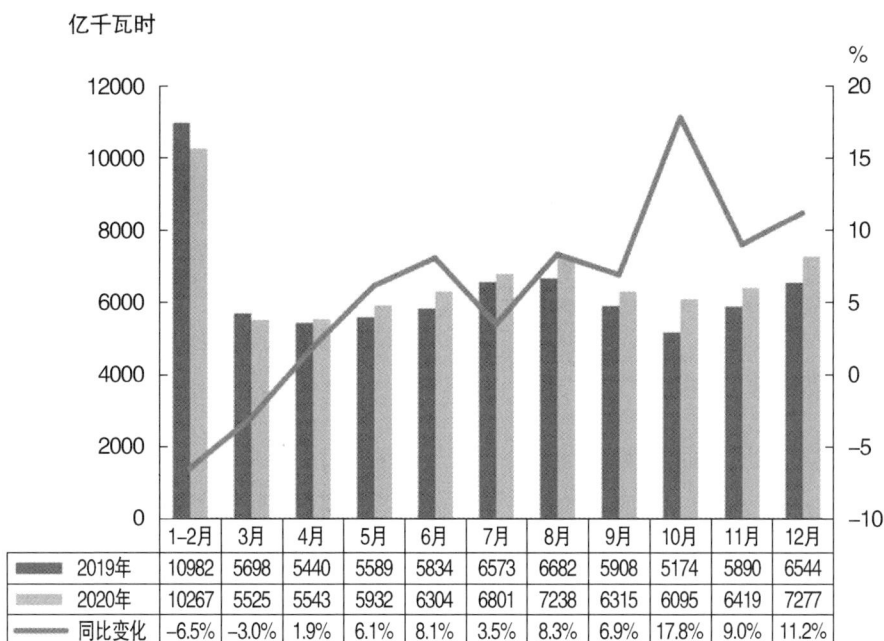

	1-2月	3月	4月	5月	6月	7月	8月	9月	10月	11月	12月
2019年	10982	5698	5440	5589	5834	6573	6682	5908	5174	5890	6544
2020年	10267	5525	5543	5932	6304	6801	7238	6315	6095	6419	7277
同比变化	-6.5%	-3.0%	1.9%	6.1%	8.1%	3.5%	8.3%	6.9%	17.8%	9.0%	11.2%

图 7—17 2019—2020 年 1—12 月全国发电量及同比变化情况

数据来源：中国电力企业联合会

二、2020 年发电结构

从发电构成来看，我国电力主要来源依然是火力发电，2020 年全国火电发电量在发电总量中的比重约为 68%，较上年回落 1 个百分点；水电是第二大电力源，在发电总量中占比为 18%，与上年持平；风电占比 6%，较上年增长 1 个百分点，核电、太阳能发电占比分别为 5%、3%，均与上年持平。全国全口径非化石能源发电量 2.58 万亿千瓦时，同比增长 7.9%，占全国全口径发电量的比重为 33.9%，同比提高 1.2 个百分点。全国全口径煤电发电量 4.63 万亿千瓦时，同比增长 1.7%，占全国全口径发电量的比重为 60.8%，同比降低 1.4 个百分点。2020 年不同电源发电量占比情况见 7—18。

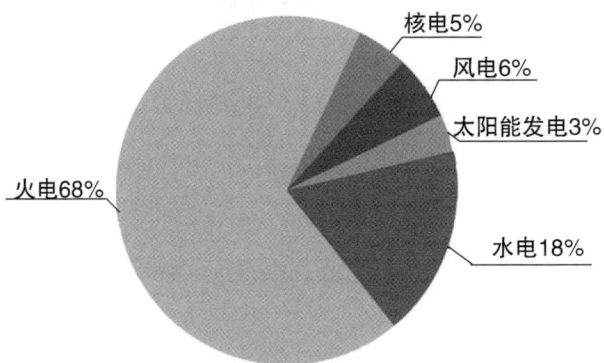

图 7—18　2020 年不同电源发电量占比情况

数据来源：中国电力企业联合会

三、设备利用小时数

从发电利用小时数来看，2020 年全国 6000 千瓦及以上电厂发电设备累计平均利用小时为 3758 小时，同比减少 70 小时。其中，全国水电设备平均利用小时为 3827 小时（历年来首次突破 3800 小时），同比增加 130 小时；全国核电设备平均利用小时为 7453 小时，同比提高 59 小时；全国火电设备平均利用小时为 4216 小时，同比降低 92 小时（其中煤电设备平均利用小时为 4340 小时，同比降低 89 小时）；全国并网风电设备平均利用小时为 2073 小时，同比降低 10 小时；全国太阳能发电设备平均利用小时 1281 小时，同比降低 10 小时。2016—2020

年中国 6000 千瓦及以上电厂发电设备利用小时数见表 7—3，2019—2020 年全国 6000 千瓦及以上电厂发电设备利用小时数对比见图 7—19。

表 7—3　2016—2020 年中国 6000 千瓦及以上电厂发电设备利用小时数

单位：小时

类型	2016 年	2017 年	2018 年	2019 年	2020 年
火电	4186	4219	4378	4307	4216
水电	3619	3597	3607	3697	3827
核电	7060	7089	7543	7394	7453
并网风电	1745	1949	2103	2083	2073
太阳能发电	1129	1205	1230	1271	1281
累计平均	3797	3790	3880	3828	3758

数据来源：中国电力企业联合会

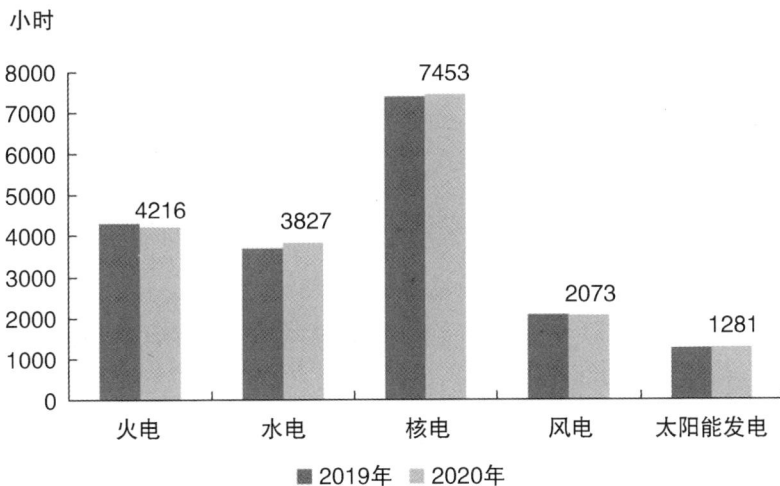

图 7—19　2019—2020 年全国 6000 千瓦及以上电厂发电设备利用小时数对比

数据来源：中国电力企业联合会

四、标准煤耗变化情况

2020 年全国 6000 千瓦及以上电厂供电标准煤耗 305.5 克／千瓦时，同比减少 0.9 克 / 千瓦时；全国电网输电线路损失率 5.62%，比上年降低 0.31 个百分点。达到"十三五"规划煤电机组供电煤耗降至 310 克标煤 / 千瓦时以下，电网综合线损率降至 6.5% 以内的目标。2011—2020 年全国 6000 千瓦及以上电厂供电标准煤耗变化情况见图 7—20。

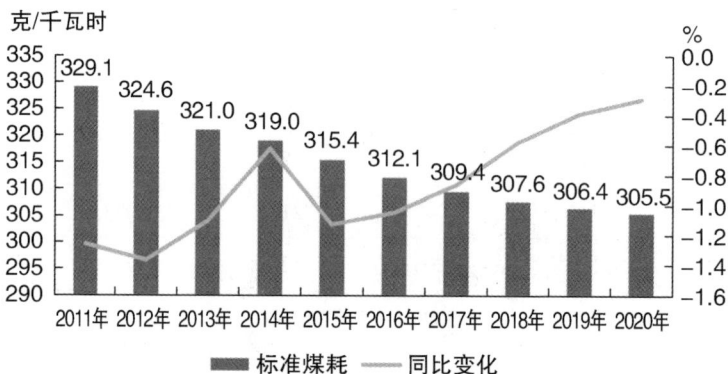

图 7—20　2011—2020 年全国 6000 千瓦及以上电厂供电标准煤耗变化情况

数据来源：中国电力企业联合会

五、生物质发电情况

截至 2020 年底，全国生物质发电累计并网装机 2962.4 万千瓦。其中，垃圾焚烧发电 1536.4 万千瓦，农林生物质发电 1338.8 万千瓦，沼气发电 87.2 万千瓦。分省区看，山东、广东、浙江、江苏和安徽五省累计并网装机均超过 200 万千瓦，占全国生物质发电累计并网容量的 46.6%。

2020 年，全国生物质发电新增并网容量 553.6 万千瓦，其中，垃圾焚烧发电 315.0 万千瓦，农林生物质发电 226.2 万千瓦，沼气发电 12.5 万千瓦。2016—2020 年全国生物质发电新增并网情况见图 7—21。

截至 2020 年底，全国生物质发电在建容量 1027.1 万千瓦。其中，垃圾焚烧发电 624.5 万千瓦，占比 60.8%；农林生物质发电 382.9 万千瓦，占比 37.3%；沼气发电 19.7 万千瓦，占比 1.9%。2020 年各省（市）生物质发电建设情况见表 7—4。

万千瓦

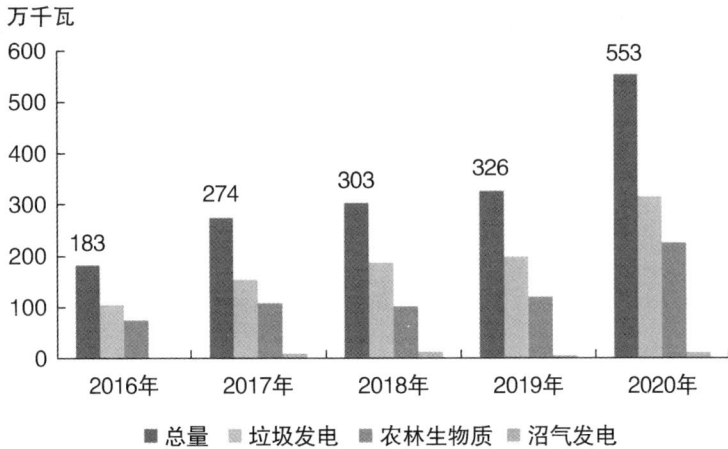

图 7—21 2016—2020 年全国生物质发电新增并网情况

数据来源:本书编写组收集整理

表 7—4 2020 年各省(市)生物质发电建设情况

单位:万千瓦

地区	新增并网容量	在建容量	累计并网容量	地区	新增并网容量	在建容量	累计并网容量
山东	76	76.8	373.8	辽宁	16.2	47.1	54.4
广东	52.3	92.3	298.8	云南	9	19.1	51.1
浙江	51.1	33	249.4	上海	6	15.6	48.6
江苏	31.7	44.8	234.8	陕西	17.7	18.1	47.4
安徽	34.8	26.6	223.9	重庆	7.2	4.9	40.1
广西	10.2	52.1	197.3	北京	0	2	36.8
黑龙江	33.3	133.9	148	贵州	6	17.2	32.4
河南	52.1	86.7	137.9	内蒙古	6	21.6	29.1
湖北	17.2	27.9	109.3	天津	6.8	10.5	22.9
河北	19.6	50.7	108.6	甘肃	3	10.8	13
湖南	4.4	27	83.9	海南	4.5	7.8	13
四川	16.3	29.6	82.9	宁夏	3	3.5	12.7

地区	新增并网容量	在建容量	累计并网容量	地区	新增并网容量	在建容量	累计并网容量
吉林	7.4	68.1	81.5	新疆	1.2	13.6	9
江西	24.9	30.5	76.6	西藏自治区（简称西藏）	0	0	1.5
福建	15.9	16.8	75.7	青海	0.3	7	0.5
山西	19.4	28.8	67.5	合计	553.5	1024.4	2962.4

数据来源：本书编写组收集整理

2020 年全国生物质发电量累计达 1326 亿千瓦时，同比增长 19.4%，继续保持稳步增长势头。其中，垃圾焚烧发电累计发电量约为 778 亿千瓦时，发电量较多的省份为广东、浙江、江苏、山东、安徽等；农林生物质发电累计发电量约510亿千瓦时，发电量较多的省份为山东、安徽、黑龙江、广西、江苏等；沼气发电累计发电量为 37.8 亿千瓦时，发电量较多的省份为广东、山东、浙江、四川、河南。2020 年，我国生物质年发电量排名前五位的省份是广东、山东、江苏、浙江和安徽，分别为 166.4 亿千瓦时、158.9 亿千瓦时、125.5 亿千瓦时、111.4 亿千瓦时和110.7 亿千瓦时。

六、"十三五"时期发电结构变化

"十三五"时期，我国加大了对非化石能源发电投资，尤其是对风电、太阳能发电投资，全国发电结构不断优化，火力发电量占比逐年下降。"十三五"时期，全国全口径发电量年均增长 5.8%，其中非化石能源发电量年均增长 10.6%，占总发电量比重从 2015 年的 27.2%上升至 2020 年的 33.9%，提升 6.7 个百分点；煤电发电量年均增速为 3.5%，占总发电量比重从 2015 年的 67.9%下降至 2020 年的 60.8%，降低 7.1 个百分点。

"十三五"期间，水电、风电、核电、太阳能发电等清洁能源累计发电量约118687 亿千瓦时，约占累计发电总量的 30%。与燃煤发电相比，相当于减少燃烧标准煤 339433 万吨，减少排放二氧化碳 889315 万吨，减少排放二氧化硫 2885万吨，减少排放氮氧化物 2511 万吨。在国家倡导清洁能源、大力发展光伏和风电情况下,未来火电发电量占将持续下降,风电、光伏发电量将保持上升趋势。
2016—2020 年中国发电量情况见表 7—5,2016—2020 年全国发电量及同比变
化情况见图 7—22,2016—2020 年火电发电量占比变化趋势见图 7—23,2016—
2020 年全国不同电源发电量情况见图 7—24。

表 7—5　2016—2020 年中国发电量情况

单位:亿千瓦时

指标	2016 年	2017 年	2018 年	2019 年	2020 年	累计
火电	43273	45877	49249	50465	51743	282899
水电	11748	11947	12321	13021	13552	73714
核电	2132	2481	2950	3487	3662	16426
风电	2409	3046	3658	4053	4665	19691
太阳能发电	665	1178	1769	2240	2611	8856
总发电量	60228	64529	69947	73269	76236	401592

数据来源:中国电力企业联合会

图 7—22　2016—2020 年全国发电量及同比变化情况

数据来源:中国电力企业联合会

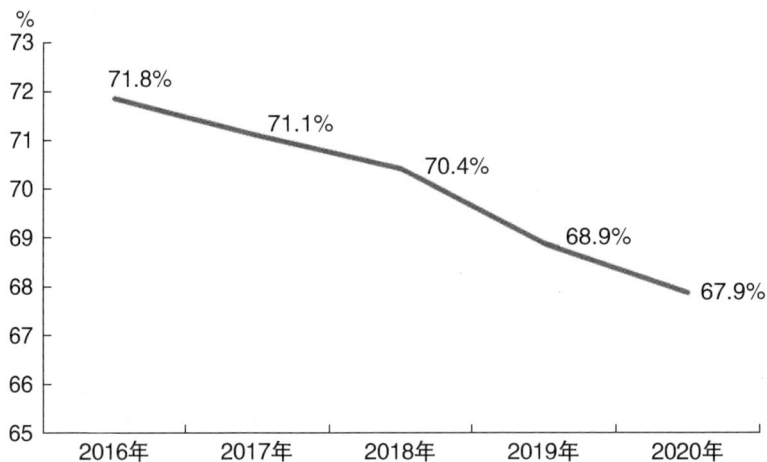

图 7—23　2016—2020 年火电发电量占比变化趋势

数据来源：中国电力企业联合会

亿千瓦时

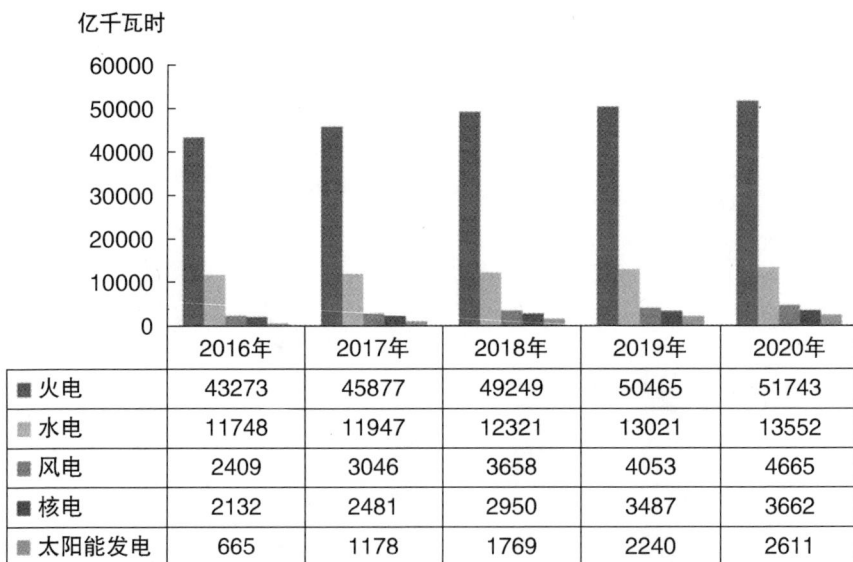

	2016年	2017年	2018年	2019年	2020年
■火电	43273	45877	49249	50465	51743
■水电	11748	11947	12321	13021	13552
■风电	2409	3046	3658	4053	4665
■核电	2132	2481	2950	3487	3662
■太阳能发电	665	1178	1769	2240	2611

图 7—24　2016—2020 年全国不同电源发电量情况

数据来源：中国电力企业联合会

七、"十四五"煤电发展定位

2021 年是"十四五"开局之年，我国政府承诺二氧化碳排放力争 2030 年前达到峰值、力争 2060 年前实现碳中和,提出了"到 2030 年中国单位国内生产总值二氧化碳排放将比 2005 年下降 65% 以上,非化石能源占一次能源消费比重达到 25% 左右,森林蓄积量将比 2005 年增加 60 亿立方米,风电、太阳能发电总装机容量将达到 12 亿千瓦以上"的新目标。为了贯彻中央关于实现碳达峰、碳中和的战略目标和部署,煤电必须改变自己在能源转型中的定位,从电量供应型转变为电力调节型,大力促进和保障可再生能源电力的发展。改变煤电发展方式,不是重点建设新的燃煤电厂,而是要淘汰关停一批容量小、效率低、煤耗高、役龄长的落后机组,着眼于对现役机组,采用创新技术,大力实施节能减碳和灵活性改造,煤电本身要尽可能地低碳发展,逐步降低碳排放,同时要通过发挥其极具灵活性的调节性能,大力促进风电和太阳能的快速发展。

第三节　用电情况分析

一、全社会用电量

2020 年,受新冠肺炎疫情影响,全球经济发展受到严重制约,我国各级政府通过采取严密的防控措施,持续推进复工复产、复商复市,以及全面实施"六稳""六保"政策,国内经济在全球率先实现恢复性增长,全年全社会用电量增速摆脱较低预期,继续保持平稳增长。2020 年全社会用电量 75110 亿千瓦时,同比增长 3.1%,增速同比回落约 2.2 个百分点。

各产业用电量增速稳步回升,第一产业、第二产业、第三产业和城乡居民生活用电量累计增速均实现正增长。其中,第一产业用电量 859 亿千瓦时,同比增长 10.2%,增速提高 5.8 个百分点,占全社会用电总量的 1.1%。第一产业各季度增速分别为 4.0%、11.9%、11.6% 和 12.0%,连续三个季度增速超过 10%。近年来,随着新一轮农网改造升级以及在全面实施乡村电气化等规划的推动下,各级政府加大了对农网的改造升级力度,村村通动力电,乡村用电条件持续改善,促进第一产业用电潜力加速释放。

第二产业用电量 51215 亿千瓦时,同比增长 2.5%,增速回落 0.6 个百分点,占全社会用电总量的 68.2%。各季度增速分别为 –8.8%、3.3%、5.8%、7.6%,随着各地复工复产持续推进,工业企业用电需求拉动各季度增速持续回升,4—12 月第二产业用电有明显的提升。此外,国外疫情逐渐发酵,制造业回流成为趋势。2020 年制造业用电量增长 2.9%,其中,高技术及装备制造业、四大高载能行业、其他制造业行业、消费品制造业用电量增速分别为 4.0%、3.6%、3.3%、–1.8%。三、四季度,高技术及装备制造业用电量增速分别达到了 10.8%、11.9%。

第三产业用电量 12087 亿千瓦时,同比增长 1.9%,增速回落 7.6 个百分点占全社会用电总量的 16.1%。各季度增速分别为 –8.3%、0.5%、5.9%、8.4%,随着各地复商复市工作的持续推进,第三产业用电量增速逐季上升。近年来国内大数据、云计算、物联网等新技术快速推广应用,促进了在线办公、生活服务平台、文化娱乐、在线教育等线上产业的高速增长。2020 年信息传输、软件和信息技术服务业用电量同比增长 23.9%。

城乡居民生活用电量 10949 亿千瓦时,同比增长 6.9%,增速提升 1.2 个百分点, 占全社会用电总量的 14.6%。各季度增速分别为 3.5%、10.6%、5.0%、10.0%,受冬季低温天气影响,各地采暖负荷加重,拉动四季度居民生活用电量再次实现快速增长。2020 年全社会用电量及变化情况见表 7—6,2019—2020 年分产业用电量及同比变化情况见图 7—25,2020 年全社会用电构成情况见图 7—26,2020 年全国各行业分类用电增速排行见图 7—27。

表 7—6　2020 年全社会用电量及变化情况

单位:万吨

	用电量	同比增加	变化幅度(%)
第一产业	859	80	10.3
第二产业	51215	1252	2.5
第三产业	12087	222	1.9
城乡居民生活	10949	704	6.9
总量	75110	2258	3.1

数据来源:中国电力企业联合会

亿千瓦时

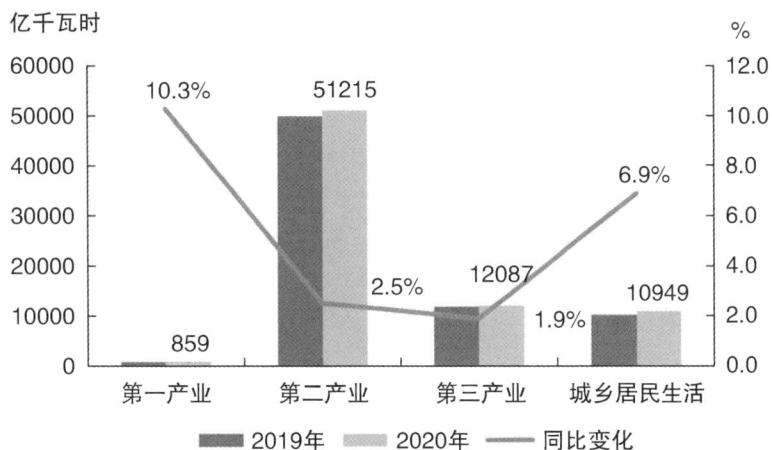

图 7—25　2019—2020 年分产业用电量及同比变化情况

数据来源：中国电力企业联合会

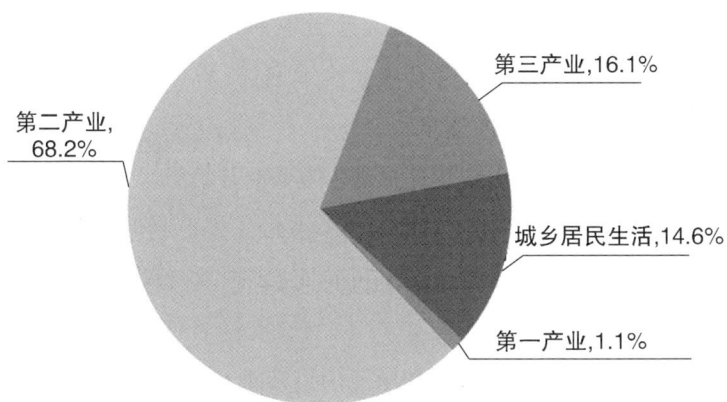

图 7—26　2020 年全社会用电构成情况

数据来源：中国电力企业联合会

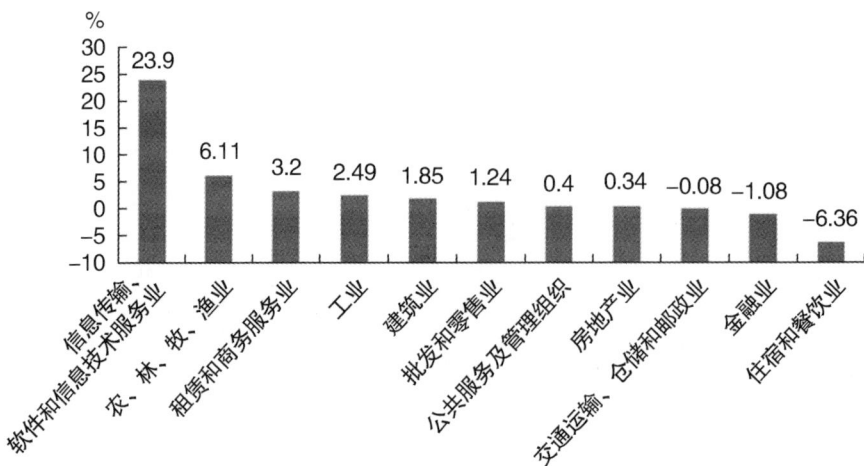

图7—27　2020年全国各行业分类用电增速排行

数据来源：中国电力企业联合会

二、各季度用电情况

2020年全社会用电量同比增速曲线总体呈上升趋势。1—3月份，受传统春节及国内新冠疫情蔓延等因素影响，工业企业停工停产，国民经济增速放缓，电力消费需求明显下降，月度全社会用电量同比均呈下降趋势。一季度累计用电量15698亿千瓦时，同比下降6.5%。进入4月份后，随着疫情得到有效控制，我国经济持续稳定恢复，全社会电力消费增速由负转正，月度用电量呈现出稳步回升的态势，二季度全社会累计用电量17849亿千瓦时，同比增长3.9%。三季度全社会用电量20587亿千瓦时，同比增长5.8%，四季度受工业生产加快、低温寒潮天气等因素影响，全社会能源需求快速增长，用电量同比增速大幅提升，达到11.5%。2020年1—12月全社会用电量及同比变化情况见表7—7，2019—2020年各季度用电量同比变化情况见图7—28。

表 7—7 2020 年 1—12 月全社会用电量及同比变化情况

单位:亿千瓦时

月份	用电量	同比增减	变化幅度(%)	月份	用电量	同比增减	变化幅度(%)
1 月	5805	-367	-5.9	7 月	6672	152	2.3
2 月	4398	-493	-10.1	8 月	6770	524	7.7
3 月	5493	-239	-4.2	9 月	6020	434	7.2
4 月	5572	38	0.7	10 月	5790	382	6.6
5 月	5926	261	4.6	11 月	5912	555	9.4
6 月	6350	364	6.1	12 月	7708	647	8.4

数据来源:国家能源局

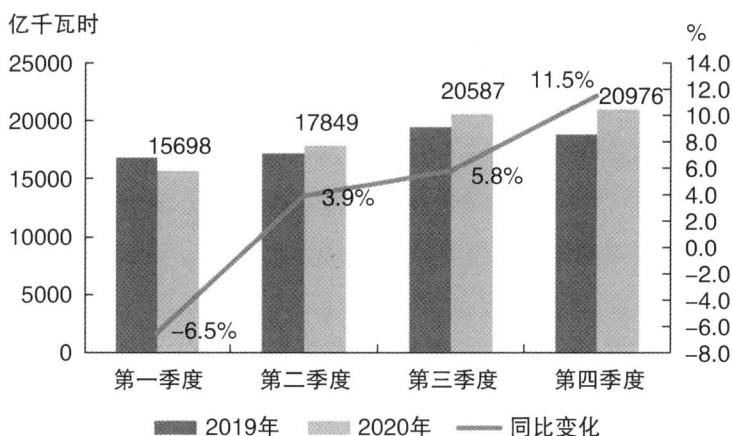

图 7—28 2019—2020 年各季度用电量同比变化情况

数据来源:国家能源局

三、分区域用电情况

2020 年,全国电力供需总体平衡,部分地区有余,局部地区用电高峰时段电力供应偏紧,疫情防控期间电力供应充足可靠,为社会疫情防控和国民经济发展提供坚强电力保障。分区域看,东北、西北区域电力供应能力富余,华北、华东、南方区域电力供需总体平衡,华中区域用电高峰时段电力供应偏紧。分省份看,迎峰度夏期间,湖南、四川等少数电网用电高峰时段采取了有序用电措施;迎峰度冬期间,湖南、江西、广西以及内蒙古西部电网等少数电网用电高峰时段电力供应紧张,采取了有序用电措施。

2020年,东、中、西部和东北地区全社会用电量增速分别为2.1%、2.4%、5.6%、1.6%,西部地区用电增速领先。全国共有27个省份用电量为正增长,其中,云南、四川、甘肃、内蒙古、西藏、广西、江西、安徽等8个省份增速超过5%。宁夏、湖北、北京、天津用电量增速为负,分别为–4.2%、–3.2%、–2.3%和–0.4%。用电量位列全国前5位的省份是山东、广东、江苏、浙江和河北,分别为6940亿千瓦时、6926亿千瓦时、6374亿千瓦时、4830亿千瓦时和3934亿千瓦时(见表7—8)。

表7—8　2020年中国各省份用电量情况

单位:亿千瓦时

省　份	用电量	同比增速(%)	省　份	用电量	同比增速(%)
山　东	6940	11.6	湖　南	1930	3.5
广　东	6926	3.44	陕　西	1742	3.5
江　苏	6374	1.75	江　西	1626	5.9
浙　江	4830	2.63	贵　州	1585	2.9
河　北	3933	2.0	上　海	1576	0.5
内蒙古	3901	6.8	甘　肃	1376	6.8
河　南	3391	0.8	重　庆	1187	2.3
新　疆	3000	4.6	北　京	1140	–2.3
四　川	2865	8.7	宁　夏	1038	–4.2
福　建	2484	3.4	黑龙江	1015	1.9
安　徽	2427	5.5	天　津	875	–0.4
辽　宁	2423	0.9	吉　林	805	3.2

单位:亿千瓦时

省　份	用电量	同比增速(%)	省　份	用电量	同比增速(%)
山　西	2341	3.5	青　海	742	3.6
湖　北	2143	−3.2	海　南	362	2.0
云　南	2026	11.8	西　藏	82	6.3
广　西	2025	6.2	全　国	75110	3.1

数据来源:本书编写组收集整理

四、"十三五"时期全社会用电量变化情况

"十三五"时期,国内宏观经济增速放缓,GDP 增速从 2016 年的 6.8%下降至 2019 年的 6.1%,2020 年受国内外疫情冲击,进一步回落至 2.3%。从全社会用电量数据分析,近年来用电量增速大致呈倒"V"形走势,2016—2020 年全社会用电量年均增速为 5.7%,较"十二五"时期年均增速回落 0.6 个百分点(见图 7—29)。2016—2020 年中国全社会用电量情况见表 7—9,2016—2020 年全社会用电量及同比变化情况见图 7—30。

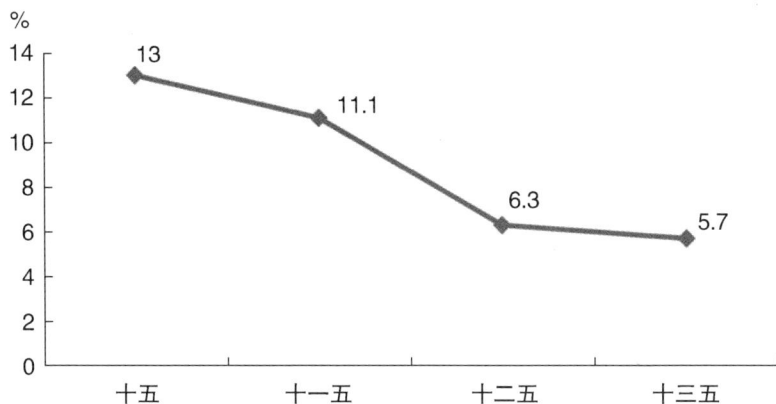

图 7—29　"十五"至"十三五"全社会用电量年均增速变化情况

数据来源:本书编写组收集整理

表 7—9　2016—2020 年中国全社会用电量情况

单位：亿千瓦时

指标	2016 年	2017 年	2018 年	2019 年	2020 年	"十三五"规划目标
全社会用电量	59710	63636	69163	72852	75110	6.8 万—7.2 万亿千瓦时
第一产业用电量	1093	684	747	779	859	
第二产业用电量	42567	44571	47881	49963	51215	
其中：工业	41352	43874	47101	49073	50297	
第三产业用电量	7973	9593	10838	11865	12087	
城乡居民生活用电量	8077	8788	9697	10245	10950	

数据来源：中国电力企业联合会

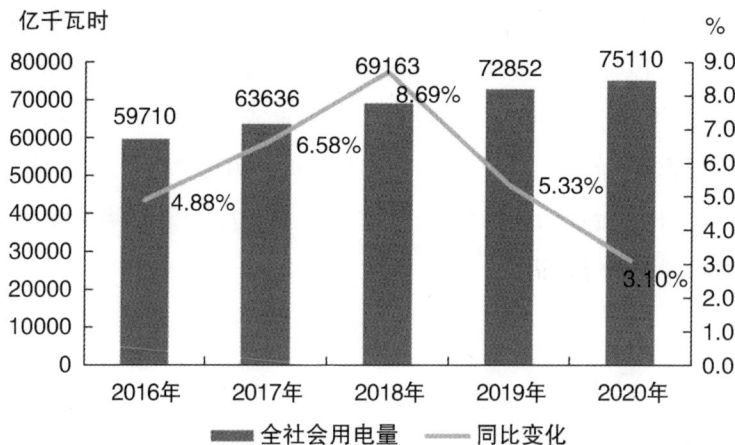

图 7—30　2016—2020 年全社会用电量及同比变化情况

数据来源：中国电力企业联合会

第四节　电力跨区输送及交易情况

一、电力跨区输送情况

2020 年，全国完成跨区送电量 6130 亿千瓦时，同比增长 13.4%，各季度增速分别为 6.8%、11.7%、17.0%、15.3%。全国跨省送电量 15362 亿千瓦时，同比增长 6.4%，各季度增速分别为 -5.2%、5.9%、9.9%、12.3%。

"十三五"期间我国共建成投运跨省跨区重要输电通道 23 条，已形成以东北、西北、西南区域为送端，华北、华东、华中、华南区域为受端，区域间交直流混联的电网格局，电网技术水平和运行效率显著提升。国家电网跨省区输电能力达 2.3 亿千瓦，输送清洁能源电量比例达 43%，南方电网西电东送能力超过 5800 万千瓦，输送清洁能源比例超过 80%。输电能力的提升推进清洁能源消纳整体形势持续向好，可再生能源装机和利用率实现"双升"。

"十四五"是我国加强西电东送、提高清洁能源消纳比例，巩固能源安全保障的重要发展阶段，电网企业肩负投资拉动内需和建设坚强电网、提升西部绿色能源外送能力的重要使命，将大力推进特高压输电通道的核准、建设，特高压设备板块将迎来更强的需求周期。随着"新基建"的开展，特高压建设将加快，国家电网 3 月 1 日发布公司"碳达峰、碳中和行动方案"提出，"十四五"期间，国家电网新增的跨区输电通道将以输送清洁能源为主，将规划建成 7 回特高压直流，新增输电能力 5600 万千瓦。

二、电力交易情况

2020 年，全国各电力交易中心累计组织完成市场交易电量 31663 亿千瓦时，同比增长 11.7%。其中，全国电力市场中长期电力直接交易电量合计为 24760 亿千瓦时，同比增长 13.7%，占全社会用电量比重为 32.9%，同比提高 2.8 个百分点。

"十三五"期间，电力体制改革迈出重大步伐，电力中长期交易和辅助服务市场实现全国范围全覆盖，启动 8 个现货市场建设试点，推进 483 个增量配电网改革试点，售电公司注册超过 4500 家，投资主体更加多元化。辅助服务市场累计促进增发清洁能源超过 2000 亿千瓦时，增加系统调峰能力超过 5000 万千瓦。市场化交易电量累计 10.3 万亿千瓦时，降低企业用电成本近 3000 亿元。

第五节　电力行业发展规划

2020年电力供需总体平衡,电力结构绿色低碳化特征明显。2021年,是"十四五"的开局之年,《国民经济和社会发展第十四个五年规划和2035年远景目标纲要》中提出,要构建现代能源体系,推进能源革命,建设清洁低碳、安全高效的能源体系,提高能源供给保障能力。加快发展非化石能源,坚持集中式和分布式并举,大力提升风电、光伏发电规模,加快发展东中部分布式能源,有序发展海上风电,加快西南水电基地建设,安全稳妥推动沿海核电建设,建设一批多能互补的清洁能源基地,非化石能源占能源消费总量比重提高到20%左右。推动煤炭生产向资源富集地区集中,合理控制煤电建设规模和发展节奏,推进以电代煤。有序放开油气勘探开发市场准入,加快深海、深层和非常规油气资源利用,推动油气增储上产。因地制宜开发利用地热能。提高特高压输电通道利用率。加快电网基础设施智能化改造和智能微电网建设,提高电力系统互补互济和智能调节能力,加强源网荷储衔接,提升清洁能源消纳和存储能力,提升向边远地区输配电能力,推进煤电灵活性改造,加快抽水蓄能电站建设和新型储能技术规模化应用。完善煤炭跨区域运输通道和集疏运体系,加快建设天然气主干管道,完善油气互联互通网络。

2021—2035年,是我国基本实现社会主义现代化时期,电气化进程加速发展。新旧动能转换,传统用电行业增速下降,高技术及装备制造业和现代服务业将成为用电增长的主要推动力量;新型城镇化建设,推动电力需求刚性增长,未来西部地区用电比重将有所提高,东中部地区仍是我国的用电负荷重心。

第八章 2020 年
中国建材行业运行情况分析

2020 年面对新冠肺炎疫情的严重冲击和复杂的国内外社会环境,我国继续加强宏观政策逆周期调节力度,加快"六保""六稳"政策落地,充分发挥超大规模市场优势和内需潜力,构建国内循环为主、国内国际双循环相互促进的新发展格局,多措并举巩固经济复苏向好运行。2020 年,建材行业全年运行总体平稳,质量效益全面提升。水泥及平板玻璃产量均保持小幅增长态势,行业营业收入与利润总额保持平稳增长。

第一节 2020 年建材行业生产概况

一、2020 年水泥产能及供应情况

(一)2020 年水泥行业产能利用情况

2020 年末全国共有 1685 条新型干法熟料生产线,实际熟料产能约在 18.27 亿吨,同比净增加 1924 万吨。全国新点火 26 条水泥熟料生产线,实际产能合计约 3816 万吨,是近五年来单年投产量最高。

2020 年新投产产能分布相对比较集中,其中 60% 为置换项目。从新投产产线局部来看,主要分布在中西南部地区,云南、贵州、福建、广东地区有多条生产线点火。其中云南省有 6 条线点火,产能超过 650 万吨,是连续两年投产产能最高的省份。其次为贵州地区,全年有 3 条线接近 500 万吨的产能投产。

2020 年全国合计退出 29 条新型干法熟料生产线,退出产能合计约 1892 万吨。"十三五"期间,退出产能超过 1 亿吨,退出高峰期出现在 2018 年,当年退出产能超过 3000 万吨,2019—2020 年基本保持了年均退出 1500 万—2000 万吨的

水平。2018年初,水泥行业产能置换政策出台,水泥行业去产能进程逐渐由淘汰落后产能转向以产能置换方式退出,2020年有90%以上的产能通过置换的方式退出。2021年全年预计有29条生产线有望投产,合计产能4879万吨。从区域看主要集中在南方地区,其中广西最多,全省有接近1500万吨熟料产能拟投产。

(二)2020年全国水泥生产情况

2020年,面对新冠肺炎疫情的影响,我国政府采取多项措施进行疫情防控并加快推进复工复产,确保了经济平稳复苏,使全国GDP突破100万亿元,同比增长2.3%,成为全球唯一实现经济正增长的主要经济实体。水泥行业年内尽管受到了疫情和汛情的双重影响,但在各地基础设施建设及房地产投资的拉动下,市场快速恢复,扭转了前期水泥需求同比大幅下降的局面,全国全年累计水泥产量实现正增长,且产量达到近几年的较高水平。有关统计数据显示,2020年全国规模以上企业水泥产量23.77亿吨,同比增长2.0%,其中水泥熟料产量达到15.79亿吨,同比增长3.07%(见图8—1、图8—2)。

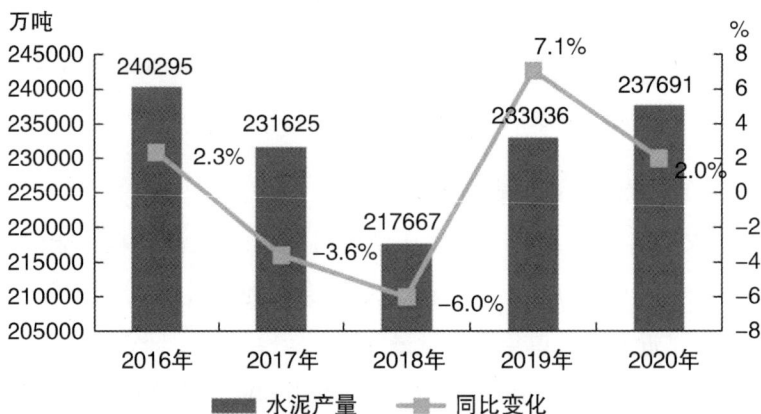

图8—1　2016—2020年全国水泥产量及同比变化情况

数据来源:国家统计局

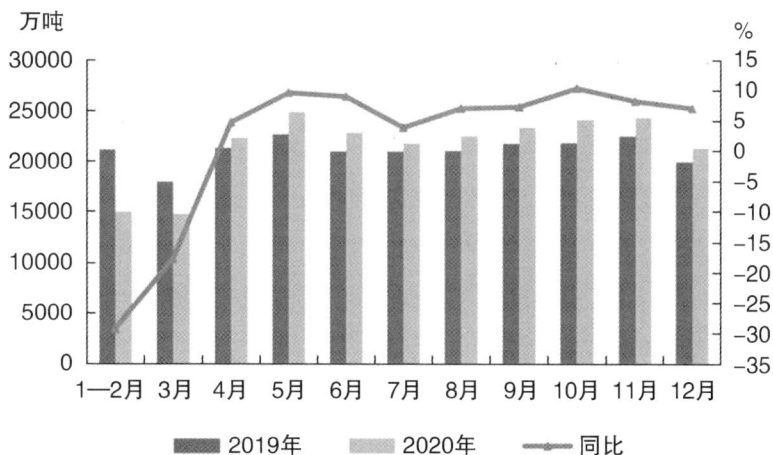

图 8—2　2020 年 1—12 月份全国水泥产量及同比变化情况

数据来源：国家统计局

分区域产量分布情况来看，我国华东地区和中南地区的水泥产量居于全国前列水平，华东地区的基建、房地产等行业对于水泥的需求量较大，推动了当地水泥制造业的发展。2020 年，华东地区水泥产量为 7.84 亿吨，占全国水泥产量的比重为 32.97%；而中南地区和西南地区的水泥产量分别为 6.39 亿吨、4.59 亿吨，占比分别为 26.89% 和 19.29%（见图 8—3）。

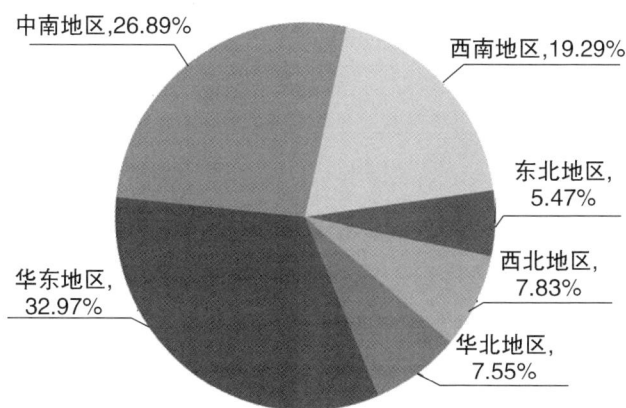

图 8—3　2020 年全国水泥产量分区域分布情况

数据来源：本书编写组收集整理

分省市情况来看,2020 年广东省水泥产量 1.71 亿吨,连续三年位居产量首位;山东省水泥产量超过江苏省,居第二位(见表 8—1)。

表 8—1　2020 年全国各省市水泥产量及同比增速

单位:万吨

地　区	产量	同比增速(%)	地　区	产量	同比增速(%)
广东	17075.63	2.20	重庆	6505.23	-3.70
山东	15768.05	9.80	山西	5387.19	8.10
江苏	15312.85	-4.60	辽宁	5335.09	15.80
四川	14495.77	2.30	甘肃	4651.15	5.50
安徽	14176.24	1.30	新疆	3969.45	3.50
浙江	13236.14	-1.20	内蒙古	3532.36	8.20
云南	12984.71	1.10	黑龙江	2134.99	8.00
广西	12137.06	1.80	吉林	1991.14	10.50
河南	11721.86	12.00	宁夏	1977.54	4.70
河北	11717.45	14.50	海南	1838.85	-8.90
湖南	11034.73	-1.40	青海	1216.29	-9.20
贵州	10797.36	-1.80	西藏	1085.04	0.40
湖北	10108.69	-13.00	天津	551.5	-19.80
江西	9769.74	1.50	上海	389.54	-9.40
福建	9703.81	2.80	北京	286.9	-10.00
陕西	6798.88	2.70	合　计	237691.23	2.0

数据来源:本书编写组收集整理

（三）我国水泥产品进出口情况

近年来，由于国内水泥熟料价格上涨明显，加之越南、泰国等东南亚国家水泥产能严重过剩，需要向外出口，我国进口水泥及水泥熟料总量逐年攀升。2017年以前，全国水泥产品年进口量最多不到 300 万吨，2016 年更是降到了 6.5 万吨。在水泥行业产能严重过剩和环境污染日趋加剧的背景下，2018 年我国政府大力推进供给侧结构性改革，水泥行业通过全面贯彻落实"错峰生产"产业政策、推进行业自律、"停窑限产"等措施，在有效化解产能严重过剩和减少污染排放的同时，大部分区域市场实现了供需动态平衡，水泥价格普遍大幅回升。随着沿江沿海市场水泥熟料局部出现阶段性紧张和价格持续走高，进口水泥产品具有更高的价格优势，2018 年以水泥熟料为主要产品的进口量出现爆发性增长，当年水泥熟料的进口量达到 1267 万吨，比 2005—2017 年期间累计进口量的总和还多。目前，我国已经是世界上最大的水泥需求市场，自 2018 年从水泥净出口国转变为净进口国后，水泥熟料进口总量正逐年快速增长，有关数据显示，2019—2020 年全国水泥熟料进口量分别为 2274 万吨和 3337 万吨，同比增长 79.5%、46.7%（见图 8—4）。

万吨

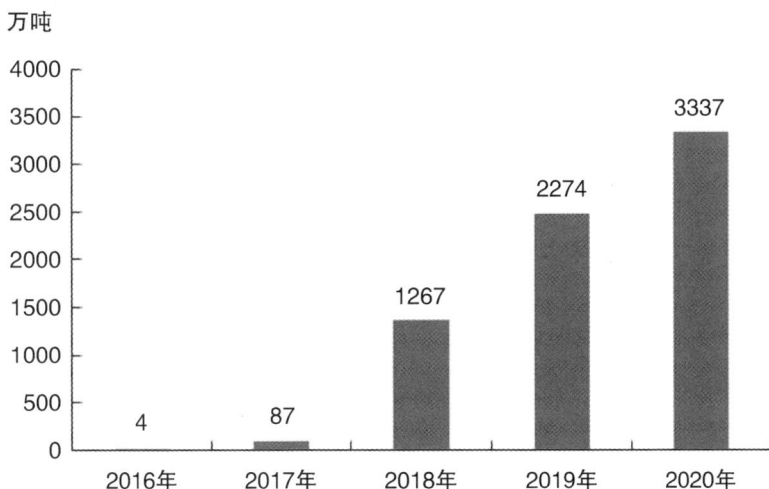

图 8—4　2016—2020 年我国水泥熟料进口量变化情况

数据来源：中国海关总署

近年来,全球经济复苏缓慢,国际建材市场需求疲软,水泥产品需求缺口较前期明显缩小,我国水泥及水泥熟料出口量呈逐年下降趋势。2018年全国水泥产品出口量仅为904万吨,这是自2005年以来首次跌破1000万吨。2020年全国水泥及水泥熟料出口量继续减少,全年累计出口量为313万吨,同比下降43.4%(出口金额2.2亿美元,同比下降36.4%)。其中,1—2月累计出口33万吨;3月出口量达到最高值33万吨;11月出口量23万吨,为年内最低值(见图8—5、图8—6)。

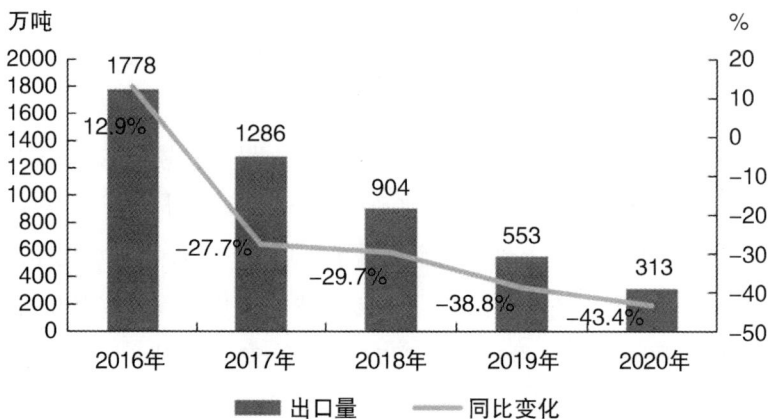

图8—5　2016—2020年全国水泥及水泥熟料出口量及同比变化情况

数据来源:中国海关总署

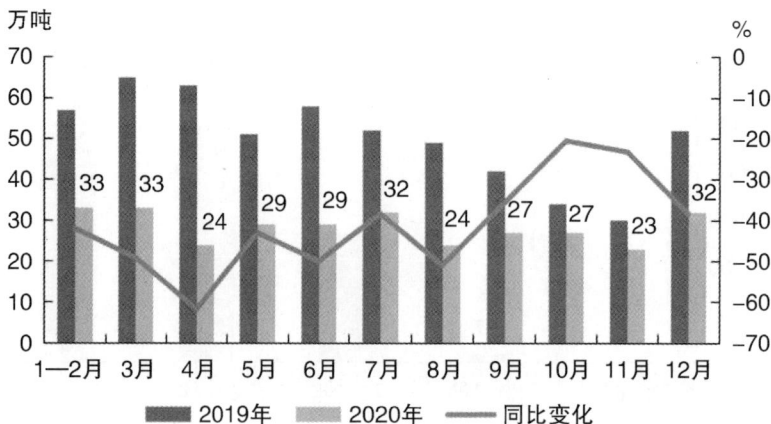

图8—6　2020年1—12月全国水泥及水泥熟料出口量及同比变化情况

数据来源:中国海关总署

二、2020 年平板玻璃行业产能及生产情况

（一）2020 年平板玻璃行业产能变化情况

玻璃主要分为平板玻璃和深加工玻璃。在国内玻璃制造行业中,平板玻璃占据绝对的主导地位。2020 年平板玻璃产能变动呈现先抑后扬的状态,全年净增 11 条生产线,年产能增加 4392 万重箱,其中新建生产线 9 条、增产 3690 万重箱,复产生产线 25 条、增产 10140 万重箱,冷修生产线 23 条、减产 9438 万重箱。从产能变动情况来看,全年平板玻璃产能总体处于净增长状态。

我国平板玻璃产能不同区域间存在较大差异,河北省沙河市曾经是我国玻璃产能最集中的"玻璃城",但由于沙河市地处京津冀地区,位列"2+26"座大气污染治理重点城市之中,近年来大气污染情况日趋严重,邢台市政府因此持续对高能耗高污染企业进行政策施压,沙河地区产能逐年下降。2020 年邢台市政府设置去产能基金加速产能退出,多条生产线停产搬迁,其中海生玻璃两条生产线永久退出沙河市场,造成华北地区产能大幅缩减,日熔量减量达到 6700 吨。而复产以及新建点火产能则分布在华东、华南、西南等地区,其中广西信义北海基地新点火数条生产线。

（二）2020 年平板玻璃行业生产情况

平板玻璃也称白片玻璃或净片玻璃,是主要建材产品之一。2016—2020 年国内平板玻璃产量逐年递增,但在 2018 年之后,增速呈现大幅回落的趋势。数据显示,2020 年全国平板玻璃产量为 94572.3 万重量箱,同比增长 1.3%,增速较上年回落 6.2 个百分点;全国钢化玻璃 53325.6 万平方米、夹层玻璃 11422.4 万平方米、中空玻璃 14575.8 万平方米,同比分别增长 1.4%、21.1%、5.2%（见图 8—7、图 8—8）。

2020 年全国平板玻璃产量前十省市分别是河北省、广东省、湖北省、山东省、四川省、福建省、辽宁省、安徽省、浙江省和湖南省。其中,河北省平板玻璃产量排名第一,全年产量合计 13728.36 万吨（见表 8—2）。

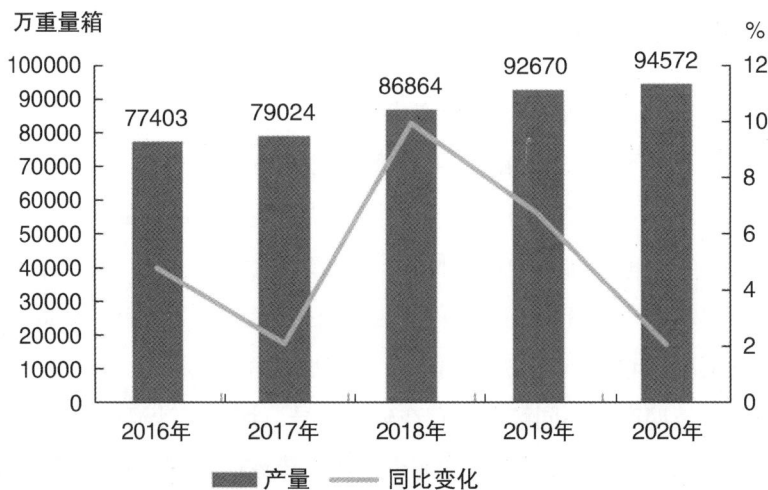

图 8—7　2016—2020 年全国平板玻璃产量及同比变化情况

数据来源：国家统计局

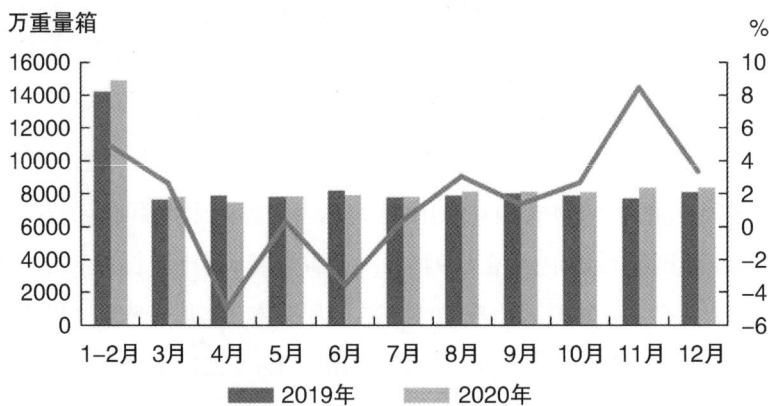

图 8—8　2020 年 1—12 月全国平板玻璃产量及同比变化情况

数据来源：国家统计局

表 8—2 2020 年全国各省市平板玻璃产量及同比增速

单位:万吨

地 区	产量	同比增速(%)	地 区	产量	同比增速(%)
河北	13728	−5.45	河南	1900	−5.05
广东	9964	−14	江苏	1740	−28.42
湖北	9585	−10.63	贵州	1655	−10.67
山东	7782	14.84	重庆	1596	38.31
四川	5886	−1.63	吉林	1199	10.7
福建	5362	14.67	内蒙古	1041	10.73
辽宁	4683	4.16	新疆	829	25.45
安徽	4489	10.08	甘肃	519	−26.83
浙江	4253	2.37	江西	445	6.17
湖南	3821	10.2	海南	425	−2.46
天津	3152	7.01	宁夏	423	0.67
广西	2650	51.45	黑龙江	399	−2.4
云南	2449	20.05	青海	74	−41.34
山西	2252	31.48	北京	48	−16.12
陕西	2223	148.14	合计	94572	0.1

数据来源:本书编写组收集整理

第二节 建材行业市场运行情况

一、水泥行业市场运行情况

2020 年全国水泥行情先跌后涨,大致呈"V"形走势,价格总体在 400 元 / 吨和 500 元 / 吨的区间。以全国 P.O42.5 散装水泥均价为例,全年有两波上涨行情,一是在 4 月中下旬到 5 月末的春季上涨,与往年相比,2020 年的春季涨价期起步较晚,涨幅也相对较低;进入 8 月份,全国水泥价格进入年内第二次上行通道,之后价格持续攀升,一直到11月中下旬后,受环保影响,水泥价格涨势趋缓。

具体来看,1—3月份,水泥价格持续下跌。其中,在春节前后,各地气温较低,工地停工普遍,水泥需求明显减弱,价格持续下调。进入2月中旬后,部分地区水泥企业陆续复工,但受新冠肺炎疫情影响,国内多地建筑施工被迫延期,水泥需求整体依旧居于低位,为促进销售,多地厂家持续下调报价。

进入4月份,水泥企业普遍已经复工,国内建筑施工项目开工情况不断转好,部分地区水泥价格出现了试探性上涨,但水泥整体需求恢复较慢,涨价具有明显的区域性特点。到4月下旬后,在基建项目大面积复工带动下,水泥需求集中释放,企业销售顺畅,库存明显下降,多地价格开启春季上涨行情。5月份,政府出台一系列政策措施,提振国内经济,各地基础设施建设投资明显增加,水泥需求持续向好,价格一直处于上行通道。

6—7月份,受强降雨天气影响,各地施工节奏放缓,水泥需求明显减弱,厂家出货不畅,市场进入淡季行情。之后,随着各地大范围降雨天气减少,基建项目进展速度加快,水泥市场需求持续回暖,叠加熟料价格上涨等因素,水泥厂家普遍上调报价。进入秋冬季后,水泥行业开启错峰生产模式,水泥企业停窑增多,市场供应趋紧,8-11月份,水泥价格呈现持续上涨走势。进入12月份以后,北部地区气温下降,水泥市场进入需求淡季,价格出现小幅下滑;南部部分地区基建项目年底赶工,施工进度加快,水泥需求相对较好,价格窄幅震荡为主(见图8—9)。

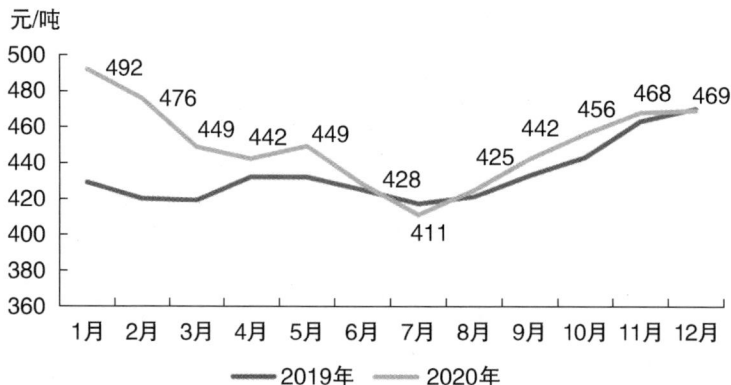

图8—9　2019—2020年全国水泥(P.O42.5散装水泥)均价趋势图

数据来源:数字水泥网

二、平板玻璃行业市场运行情况

平板玻璃主要包括引上法平板玻璃(分有槽和无槽两种)、平拉法平板玻璃和浮法玻璃。其中,浮法玻璃由于其厚度均匀、上下表面平整平行,具有劳动生产率高及利于管理等方面的优势,目前已成为主流的玻璃制造方式。

2020年国内平板玻璃现货价格走势呈现显著的"V"形特征。一季度受疫情影响,全国各主要区域浮法玻璃的需求几乎停滞,物流运输中止,叠加玻璃原片厂生产供应量正常释放,供求关系松动,玻璃价格一路走低,并于4月中下旬触及低点。进入二季度后,随着全国各地工业企业复工复产的全面开启,玻璃原片生产企业库存快速下降,现货价格持续攀升。

具体来看,1—2月份,玻璃市场处于传统消费淡季,受春节假期以及疫情等因素影响,下游加工企业停工放假,生产企业库存有所上涨,但压力不大,价格波动幅度不明显。

3—4月份,国内房地产企业复工复产进程缓慢,对玻璃需求一般,叠加海外疫情大面积爆发,玻璃出口订单受到影响等因素,厂家库存压力偏大,玻璃现货价格承压持续下滑,累计下跌幅度较大。

进入5月份后,随着国内建筑装饰装修市场基本恢复到正常的状态,下游玻璃加工企业市场明显好转,玻璃现货价格以涨为主。6月份,建筑行业全面复工,终端市场需求明显增加,玻璃生产企业库存压力减轻,现货价格延续上涨走势。7—8月份,玻璃行业传统旺季到来,国内房地产建筑装饰装修订单增量明显,外贸出口订单也有所增加。下游贸易商及玻璃加工企业拿货积极性较高,生产企业库存无压,价格持续上行。

9—11月份,玻璃现货市场总体走势稳中有升,生产企业出库压力不大。

12月份,玻璃价格继续上调,南部地区需求增加,玻璃企业库存低位,价格以涨为主,北部地区价格小幅跟涨(见图8—10)。

元/吨

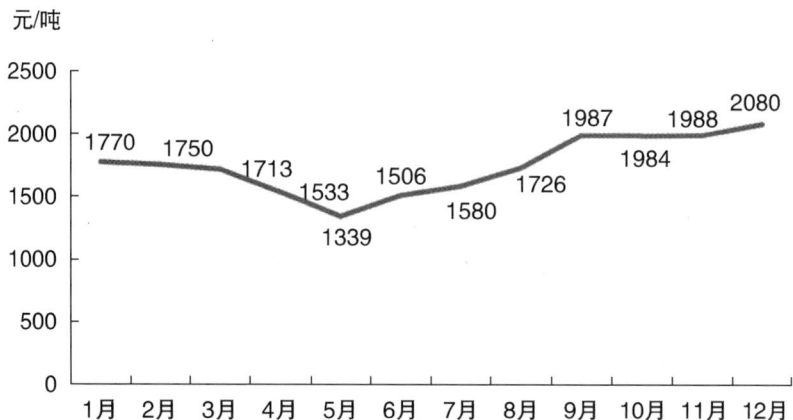

图8—10　2020年1—12月浮法平板玻璃（4.8—5mm）价格趋势图

数据来源：本书编写组收集整理

第三节　2020年建材行业经济运行情况

2020年全年建材行业运行相对平稳，质量效益提升显著。但受国内外新冠肺炎疫情的影响，"V"字形特征比较明显。一季度，由于国内疫情严重，建材行业生产节奏放缓，经济效益大幅下降，建材及非金属矿产品出厂价格涨势趋缓、进出口金额均大幅下降。进入二季度后，建材行业统筹推进疫情防控和复工复产工作取得积极成效，行业投资逐步恢复，经济运行逐渐趋稳向好。三季度，建材行业固定资产投资继续恢复，生产保持平稳，经济效益降幅持续收窄。四季度，建材行业产品产量持续增长，企业效益持续改善，营业收入及行业出口实现恢复性增长。综合全年来看，2020年建材行业经济运行存在以下几个特点：

第一，生产保持增长。全年建材工业增加值同比增长2.8%，与整个工业增速持平，其中12月当月增速7.4%，自9月份由负转正后持续提高。主要建材产品产量保持增长。

第二，价格总体稳定。12月份，建材及非金属矿工业出厂价格指数114.19，环比上涨0.6%，同比下降1.8%，全年平均价格水平同比下降0.3%。其中，12月份水泥出厂价格指数112.51，同比下降8.7%，全年平均出厂价格同比下降4.4%；

平板玻璃出厂价格指数 123.74,同比增长 22.9%,全年平均出厂价格增长 10.0%。

第三,效益稳中有升。全年规模以上建材企业完成营业收入 5.6 万亿元,同比增长 0.1%,利润总额 4871 亿元,同比增长 3.2%。其中,水泥行业营业收入 9960 亿元,同比下降 2.2%,利润总额 1833 亿元,同比下降 2.1%;平板玻璃行业营业收入 926 亿元,同比增长 9.9%,利润总额 130 亿元,同比增长 39%。

第四,投资恢复明显。全年非金属矿采选业固定资产投资同比增长 6.2%,非金属矿制品业固定资产投资同比下降 3.0%,降幅比一季度收窄 30.6 个百分点,恢复明显。分行业看,混凝土与水泥制品、墙体材料、建筑用石等行业的产业结构调整和规模化发展仍然是建材行业投资的主要驱动力。

第五,出口实现增长。全年国内建材产品出口金额 387.5 亿美元,同比增长 4.1%。水泥制品、建筑技术玻璃、卫生陶瓷、黏土和砂石、建筑用石制品、防水建材、轻质建材等多类商品出口金额实现增长(见图 8—11、图 8—12)。

图 8—11　2016—2020 年水泥行业利润及同比变化情况

数据来源:工业和信息化部

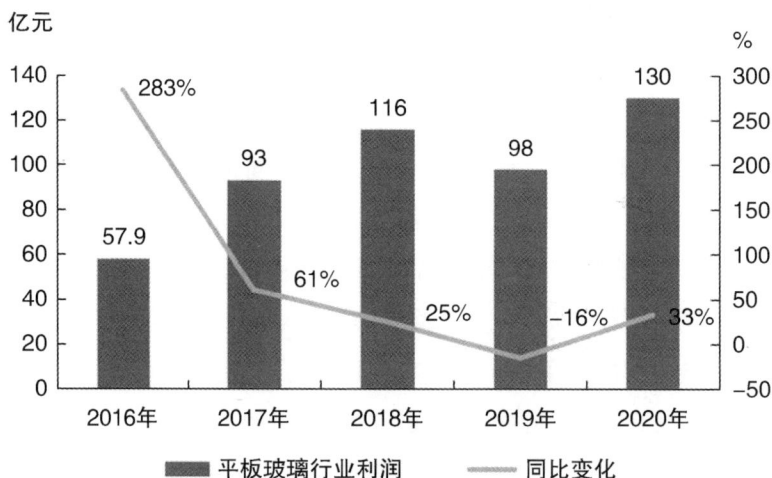

图 8—12 2016—2020 年平板玻璃行业利润及同比变化情况

数据来源：工业和信息化部

第四节 "十三五"时期建材行业相关政策

传统的建材行业存在能耗大、污染严重、产能过剩等问题，2015 年供给侧改革提出后，政策端对行业的引导方向主要体现在淘汰低端产能、提高行业集中度以及控制新增产能增长三个方面（见表 8—3）。

表 8—3 建材行业供给侧改革相关政策

时间	印发部门	文件名称	主要内容
2016.05	国务院	《关于促进建材工业稳增长调结构增效益的指导意见》	到 2020 年，平板玻璃产量排名前 10 家企业的生产集中度达 60% 左右；2020 年底前，严禁备案和新建扩大产能的平板玻璃建设项目，并压减一批平板玻璃产能使产能利用率回到合理区间。
2016.12	国务院	《国务院关于印发"十三五"生态环境保护规划的通知》	玻璃、水泥、钢铁、煤炭等行业实行产能等量置换或减量置换，推进平板玻璃"煤改气""煤改电"。

续表

时间	印发部门	文件名称	主要内容
2017.02	工业和信息化部、安全监管总局	《水泥玻璃行业淘汰落后产能专项督查方案》	组织开展水泥、玻璃行业专项督查,对落后产能进行清理整顿。
2017.12	工业和信息化部	《钢铁水泥玻璃行业产能置换实施办法的通知》《关于严肃产能置换、严禁水泥平板玻璃行业新增产能的通知》	严禁备案和新建扩大产能的平板玻璃项目。确有必要新建的,必须实施减量或等量置换,位于国家规定的环境敏感区的建设项目,需置换淘汰的产能数量按不低于建设项目的1.25倍予以核定,其他地区实施等量置换。
2018.08	工业和信息化部、国家发展改革委	《关于严肃产能置换严禁水泥平板玻璃新增产量的通知》	严格把控平板玻璃建设项目备案源头关口,不得以其他任何名义、任何方式备案新增平板玻璃产能的建设项目。
2020.01	工业和信息化部	《水泥玻璃行业产能置换实施办法操作问答》	可以不用产能置换的情形:依托现有水泥窑和玻璃熔窑实施治污减排、节能降耗等不扩产能的技术改造项目;熔窑能力不超过150吨/天的新建工业用平板玻璃项目。已停产两年或三年内累计生产不超过一年的水泥熟料、平板玻璃生产线不能用于产能置换。
2020.10	工业和信息化部	《水泥玻璃行业产能置换实施办法(修订稿)》	停产两年以上的水泥熟料、平板玻璃生产线不能用于产能置换。产能置换实施办法的相关规定也适用于新建光伏玻璃、汽车玻璃等工业玻璃原片项目。可以不用产能置换的情形:依托现有水泥窑和玻璃熔窑实施治污减排、节能降耗等不扩产能的技术改造项目;熔窑能力不超过150吨/天的新建工业用平板玻璃项目。

时间	印发部门	文件名称	主要内容
2020.12	工业和信息化部	《水泥玻璃行业产能置换实施办法（修订稿）》	停产两年以上的水泥熟料、平板玻璃生产线不能用于产能置换。光伏压延玻璃和汽车玻璃项目可不制定产能置换方案。

水泥行业是我国国民经济的基础和支柱产业，但由于前期行业进行无序扩张，出现了产能过剩、环境污染等问题。近年来，我国针对水泥行业进行供给侧改革，在政策上提出禁止新增产能及进行产能置换，严格控制水泥行业供给，极大地缓和了市场供求关系。针对水泥行业产能严重过剩问题尚未得到根本解决，结构性矛盾依然存在的问题，政府部门进一步作出了指示，鼓励并支持企业之间积极探索多种兼并重组模式，整合资源，充分发挥大企业集团在环境保护、智能制造、智慧物流等方面的领军作用，加快行业转型升级，优化市场布局，提高产业集中度，充分利用产业政策推动行业的供给侧结构性改革。"十四五"规划建议及相关文件显示，基建发展方向已基本明确，交通板块和水利板块是未来基建发展的重点。二者均利好水泥需求增长，为水泥需求动力提供支撑，水泥需求预期将持续释放，水泥行业供需矛盾会进一步缓解。

我国玻璃行业"十三五"前期供给侧结构性问题突出，经济运行效益下滑，因此国家积极推动平板玻璃行业转型升级，发布多项政策严控产能，实施产能置换措施。在产能提高的同时，国家对玻璃工业"节能、环保"问题的关注程度逐渐提高。对平板玻璃行业污染治理提出更高的要求，能耗、硫化物、氮氧化物排放先后被列入生产线强制考核验收指标，国内研究机构和玻璃生产企业加大了对节能减排技术的研发创新。从近五年政府部门出台的相关政策看，收紧普通平板玻璃产能建设、鼓励高端深加工玻璃发展的意图明显。平板玻璃行业作为我国传统产业之一，总量已连续几十年居世界第一。在未来一段时间内，平板玻璃行业还将继续保持增长趋势。依照绿色制造模式构建生态产业体系，将是实现平板玻璃行业转型升级的关键所在。

第九章 2020 年中国动力煤市场分析

2020 年,各级政府积极应对新冠肺炎疫情的冲击,统筹推进疫情防控和全社会复工复产进程,宏观经济增速止跌回升,下游电力、建材、化工等终端耗煤行业生产稳步恢复,全年动力煤生产供应整体较为稳定,受煤炭市场阶段性供需错配及大范围低温寒潮天气等因素影响,年内部分时段动力煤价格波动幅度较大。

第一节 动力煤资源分布及供需情况

一、动力煤资源分布概况

动力煤特指用于动力原料的煤炭,凡是以发电、机车推进、锅炉燃烧等为目的,产生动力和热能而使用的煤炭都属于动力用煤,主要包括褐煤、长焰煤、不粘煤、弱粘煤、贫煤、粘结性较差的气煤以及少量无烟煤。

从地域上看,我国动力煤资源主要集中在华北和西北地区,这两地的动力煤资源储量分别占查明资源储量的 46.09%、39.98%。从各省、市、自治区动力煤资源分布来看,新疆储量最多,占全国动力煤储量的 28.7%,其次是陕西、内蒙古、山西、宁夏,占比分别为 26.5%、22.9%、10.5%、3.8%。

褐煤资源主要分布在内蒙古东部、新疆和云南。其中,内蒙古东部地区褐煤查明储量占国内褐煤总储量的 81.6%;新疆地区褐煤储量约 160.22 亿吨,占比国内褐煤总储量的比重在 7.0%左右;云南地区褐煤储量占全国褐煤总储量的5%。在黑龙江东部、辽宁、山东等地也有少量褐煤分布。

不粘煤主要分布于内蒙古和陕西,两省资源储量合计占该煤种全国储量的50%以上,宁夏、甘肃、新疆不粘煤储量也相对较高。长焰煤主要分布在新疆,占该煤种全国储量的 50%左右,内蒙古、山西、黑龙江、吉林、辽宁、甘肃等地长焰煤储量也较大。贫煤在动力煤资源储量中占比相对较少,主要分布在山西,占该煤种全国储量的60%左右。弱黏煤在动力煤资源中储量占比最少,主要分布在陕西和山西,在全国弱粘煤储量的占比分别为50%、40%,山西大同地区是优质弱粘煤的主要产地。

优质动力煤一般指灰分低(<15%)、硫分低(<1.5%)、发热量高的动力用煤,包括优质长焰煤、不粘煤、弱粘煤和部分气煤,主要分布于内蒙古东胜、万利、准格尔矿区,陕西榆神、神木、彬长矿区以及宁夏宁东煤田,新疆乌鲁木齐、哈密、吐鲁番矿区,山西大同矿区和安徽淮南矿区等。

二、产能变化情况

2016年以来,在国家推动供给侧结构性改革政策措施指导下,主要产煤地区政府和大型煤炭企业主动作为,持续推进去产能进度,煤炭行业整体面貌发生了显著变化,过剩产能得到了有效化解。至2020年底,全国累计退出落后及过剩产能约10.7亿吨,远远超过"十三五"期间煤炭行业去产能8亿吨的目标任务。2020年是"十三五"的收官之年,各产煤区去产能力度继续加大,煤炭供给质量不断提高。据不完全统计,2020年全国主要产煤省区关闭煤矿795座,合计退出煤炭产能1.89亿吨/年。

其中,山西省2020年关闭煤矿32座,退出煤炭产能2074万吨/年;2016—2020年累计化解煤炭过剩产能15685万吨/年,圆满完成"十三五"期间去产能11380万吨/年的目标任务。

陕西省2020年关闭煤矿57座,退出煤炭产能1693万吨/年;2016—2020年累计关闭煤矿155处,退出产能5597万吨/年,较"十三五"期间引导退出关闭101处煤矿,退出产能4725万吨/年的目标任务超额完成872万吨/年,超额18.46%。

内蒙古2020年关闭煤矿10座,退出产能525万吨/年,"十三五"期间累计化解过剩产能6315万吨/年。有关数据显示,截至2020年底全国各类煤矿产能合计54.0亿吨,其中,动力煤产能40.86亿吨(见表9—1)。

表 9—1 2020 年全国煤炭落后产能退出情况

地区	关闭煤矿数量（座）	退出煤炭产能（万吨 / 年）
山西	32	2074
陕西	57	1693
河北	20	783
贵州	133	2292
河南	11	486
山东	37	2621
云南	145	3204
贵州	133	2292
四川	74	939
福建	8	135
安徽	1	210
江苏	1	45
江西	46	285
新疆	6	60
甘肃	10	156
广西	4	180
青海	1	15
宁夏	1	45
黑龙江	35	735
辽宁	2	114

续表

地区	关闭煤矿数量（座）	退出煤炭产能（万吨／年）
吉林	1	15
湖南	26	183
北京	1	100
内蒙古	10	525

数据来源：本书编写组收集整理

　　2020 年系统性去产能、结构性优产能措施持续推进，在推动退出资源枯竭、安全风险高、生产成本高、开采难度大及扭亏无望的落后产能的同时，各产煤省有序发展优质产能。据统计，国家发展改革委、国家能源局、国家煤矿安全监察局等部门全年共批复 24 座煤矿，涉及产能 4860 万吨；扩建 3 座煤矿，涉及产能 1000 万吨。新增产能主要分布在新疆、陕西、内蒙古、山西及甘肃等地区。其中，新疆地区新增煤炭产能 3320 万吨，陕西地区新增产能 900 万吨，内蒙古地区新增产能 800 万吨，山西地区新增产能 600 万吨，甘肃地区新增产能 240 万吨，煤炭生产中心加快向资源禀赋好、开采条件好的地区集中。

　　"十三五"期间，各地持续推进煤炭市场供给侧改革，加快退出无效低质产能，培育发展优质产能，过剩产能得到有效化解，煤炭生产结构不断优化，全国煤矿机械化水平大幅提高，大型煤炭企业采煤机械化程度达到 98.86%。2015 年底，全国共有煤矿 1.2 万多处，其中大型矿井 1000 处左右、产量 23 亿吨左右。通过关闭退出落后产能和小煤矿，煤矿数量大幅减少，截至 2020 年底，全国煤矿数量减少至约 4700 处，其中年产 120 万吨及以上的大型现代化煤矿 1200 多处，产量占全国的 80% 左右，大型现代化煤矿已成为全国煤炭生产主体，据中国煤炭工业协会初步统计，2020 年全国原煤产量前十名煤矿核定产能合计约 2.8 亿吨／年，年内原煤产量实际完成 2.3 亿吨，占全国原煤总产量的 5.9% 左右。10 座煤矿全部位于全国前两大产煤省（自治区）。其中，位于内蒙古 6 座，位于山西省 4 座（见表 9—2）。

表 9—2　2020 年全国前十大煤矿产量情况

单位:万吨

序号	煤矿名称	产量
1	神华准能集团有限公司黑岱沟露天矿	2828
2	中国神华能源股份有限公司补连塔煤矿	2646
3	同煤大唐塔山煤矿有限公司	2495
4	神华准能集团有限公司哈尔乌素露天矿	2440
5	华能伊敏煤电有限责任公司露天矿	2383
6	神华宝日希勒能源有限公司露天煤矿	2144
7	神华北电胜利能源有限公司胜利一号露天煤矿	2107
8	中煤平朔集团有限公司安太堡露天矿	1995
9	中煤平朔集团有限公司安家岭露天矿	1993
10	中煤能源股份有限公司平朔东露天煤矿	1991

数据来源:中国煤炭工业协会

三、产量分析

2016 年煤炭行业供给侧改革开始实施,受煤炭主产地去产能政策及 276 工作日制度影响,国内动力煤产量明显缩减,之后,随着结构性去产能工作的持续推进,各产煤区优质产能稳步释放,动力煤产量出现明显回升。2020 年,国内安检、环保检查常态化,主产地煤矿生产受限,叠加内蒙古地区煤炭倒查二十年涉煤反腐及煤管票严格管控等因素, 全国煤炭产量增速放缓。全年累计原煤产量 39.0 亿吨,同比增长 1.4%,其中动力煤产量 31.52 亿吨,《2020 年国民经济和社会发展统计公报》显示,同比增长 2.0%(见图 9—1)。

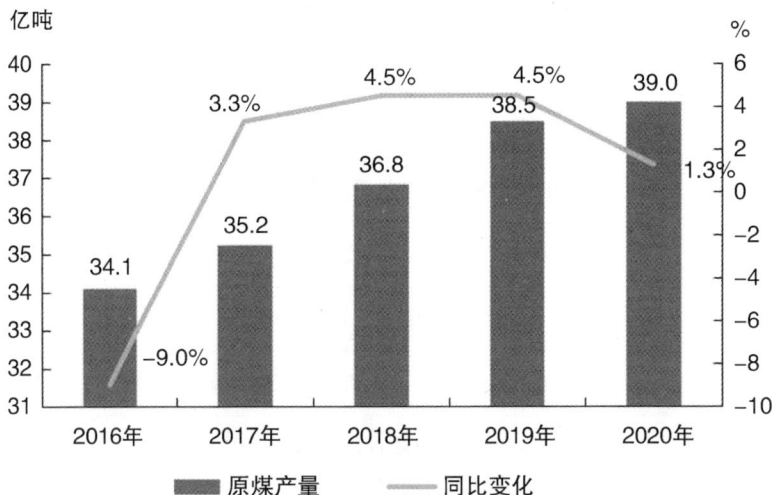

图 9—1　2016—2020 年全国原煤产量及同比变化情况

数据来源：国家统计局

"十三五"期间，随着各地结构性去产能工作的全面推进，煤炭行业集中度明显提升，河南、河北等省份煤炭资源逐步枯竭，开采条件较差，西南地区小矿井偏多、瓦斯含量高，而山西、陕西、内蒙古省份煤炭资源储量丰富且开采条件较好，煤炭产量占比大幅增长。2020 年山西、陕西、内蒙古三省区原煤产量合计约 27.9 亿吨，占全国煤炭总量的 71.5%。全国煤炭净调出省（区）只有山西、陕西、内蒙古、新疆 4 个省（区），其中山西、陕西、内蒙古合计调出煤炭 17.3 亿吨左右。

四、动力煤行业消费情况

我国动力煤消费领域主要有电力、建材、化工以及民用等其他行业。近年来，国内宏观经济整体稳中向好运行，电力、建材、化工等行业耗煤量同比保持增长趋势，其他耗煤如小锅炉和民用散煤等，因国家环保治理等因素影响，耗煤量呈下行趋势。2020 年，受新冠肺炎疫情影响，下游耗煤企业复工延迟，工业企业生产经营活动一度暂停，全社会用电需求明显下滑。之后，尽管随着疫情防控工作统筹推进，各地企业有序复工复产，基建项目加速启动，主要经济指标止跌回升，全年经济实现了正增长，但增速放缓明显。受此影响，动力煤消费增速也呈回落趋势。2020 年我国动力煤消费总量约 34.9 亿吨,同比增加 0.67%,增速进一步放缓,占全国煤炭消费总量的 83.7%(见图 9—2)。其中,电力行业全年耗煤量约 22.1 亿吨,同比增加 1.11%,占动力煤总消费量的 63.2%;建材行业耗煤约 5.40 亿吨,同比增长 1.12%,占动力煤总消费量的 15.5%;化工行业耗煤 2.96 亿吨,同比增加 1.29%,占动力煤总消费量的 8.5%;民用及其他行业耗煤 4.50 亿吨,同比下降 2.36%,占动力煤总消费量的 12.9%(见图 9—3、表 9—3)。

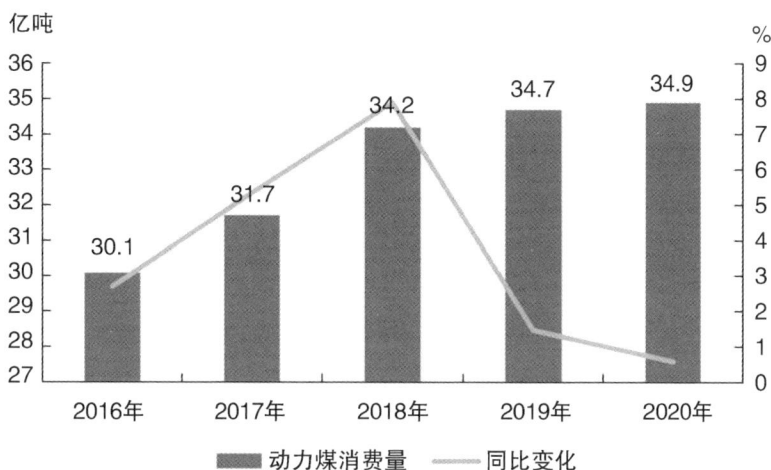

图 9—2 2016—2020 年全国动力煤消费量及同比变化情况

数据来源:中国煤炭运销协会

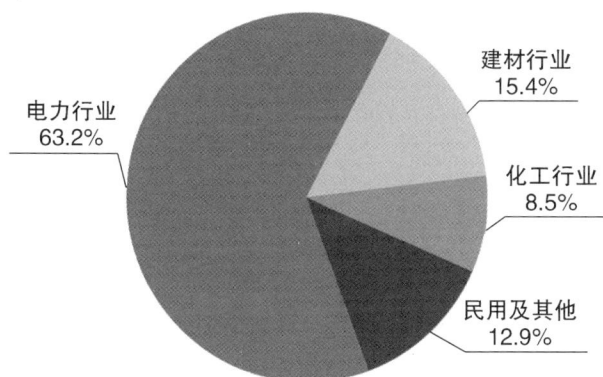

图 9—3 2020 年动力煤消费结构

数据来源:中国煤炭运销协会

表 9—3   2020 年各省份动力煤消费情况

单位：万吨

地区	消费量	同比变化(%)	地区	消费量	同比变化(%)
山东	31097.8	−5.1	四川	8262.2	0.9
内蒙古	28051.6	4.1	江西	8001.5	2.2
江苏	25825.7	−4.1	广西	7686.2	5.4
山西	24903.4	1.3	宁夏	7365.8	5.2
广东	20506.2	2.5	云南	7243.5	8.7
河南	19507.4	−1.2	甘肃	5884.8	7.4
河北	18915.3	0.4	黑龙江	5707.1	2.6
新疆	17643.9	8.9	重庆	5269.0	−3.1
陕西	14622.2	6.2	吉林	4511.7	5.6
浙江	14109.0	0.3	上海	4103.0	0.2
安徽	13252.9	2.4	天津	3597.1	0.5
湖北	10651.2	−12.9	海南	1989.4	1.9
辽宁	10009.0	3.4	北京	961.8	−4.0
贵州	9939.6	−3.4	青海	958.2	−5.3
福建	9911.8	6.5	西藏	268.5	−1.5
湖南	8490.5	−5.0	全国	349247.2	0.7

数据来源：中国煤炭运销协会

（一）电力行业耗煤情况

"十三五"期间,我国煤炭清洁高效利用步伐加快,清洁能源与可再生能源快速发展,对火电替代作用增强。截至 2020 年底,全国燃煤电厂完成超低排放和节能改造 9.5 亿千瓦,占全国燃煤电厂总装机的 76% 左右;散煤综合治理和煤炭减量替代成效显著,"十三五"期间散煤用量消减超过 2 亿吨。整体来看,2016—2020 年电力行业耗煤量同比增速呈现倒"V"形走势(见图 9—4、表 9—4)。

亿吨

图 9—4　2016—2020 年中国电力行业耗煤情况

数据来源：中国煤炭运销协会

表 9—4　2020 年分省份电力行业耗煤情况

单位：万吨

地区	消费量	同比变化（%）	地区	消费量	同比变化（%）
内蒙古	22454.3	3.9	江西	4979.5	3.4
山东	20101.5	−3.6	湖南	4532.5	−7.4
江苏	18409.7	−3.7	黑龙江	4055.9	2.4
广东	15428.3	3.0	甘肃	4011.8	8.2
新疆	13305.8	10.5	广西	3841.4	10.2
山西	12735.4	−1.0	上海	3593.2	1.0
河北	11163.2	−0.3	吉林	3326.1	5.3
河南	10662.0	−3.6	天津	3048.8	1.7
浙江	10132.5	1.2	重庆	2490.4	−3.9
陕西	8410.9	8.3	四川	2398.6	1.0
安徽	7312.7	3.3	云南	1978.1	35.8
福建	6648.6	8.7	海南	1012.7	7.7

地区	消费量	同比变化(%)	地区	消费量	同比变化(%)
辽宁	6603.6	2.9	北京	852.1	−3.2
宁夏	5770.0	5.5	青海	376.9	−2.8
贵州	5742.0	−5.0	西藏	13.5	12.7
湖北	5294.0	−17.2	全国	220685.9	1.11

数据来源：中国煤炭运销协会

(二)2020年建材行业耗煤情况

"十三五"时期，建材行业耗煤量由降转增，趋势线整体呈现"V"形走势。2016年开始，为应对环境污染日趋严重、建材行业产能过剩、行业经济效益持续下滑的不利局面，各地政府大力推行环保督查、错峰生产、异地产能置换等政策措施，水泥、平板玻璃产能逐年下降，合计关停水泥产能3亿吨/年，平板玻璃1.5亿重量箱/年，建材行业整体耗煤水平也呈现同比下滑趋势。2019—2020年，全国基建投资增速增大，建材行业产能置换项目陆续投产，建材产品产量明显增长，带动行业耗煤量稳步回升，2020年全国建材行业耗煤量约5.4亿吨，同比增长1.9%(见图9—5、表9—5)。

图9—5　2016—2020年中国建材行业耗煤情况

数据来源：中国煤炭运销协会

表 9—5　2020 年分省份建材行业耗煤情况

单位:万吨

地区	消费量	同比变化(%)	地区	消费量	同比变化(%)
广东	3863.7	1.5	重庆	1482.6	-4.7
山东	3548.1	8.0	山西	1210.7	6.5
江苏	3471.1	-4.7	辽宁	1200.8	16.0
四川	3310.9	1.7	甘肃	1056.1	4.8
安徽	3234.8	0.8	新疆	893.5	2.1
浙江	3018.7	-2.1	内蒙古	801.9	6.2
云南	2954.2	-0.1	黑龙江	482.8	6.8
广西	2773.2	-0.5	宁夏	446.8	3.4
河南	2671.9	10.0	吉林	445.0	12.7
河北	2653.7	13.6	海南	417.2	-8.9
湖南	2511.2	-1.4	青海	276.2	-10.1
贵州	2462.1	-1.5	西藏	242.8	-2.0
湖北	2270.8	-14.3	天津	122.2	-21.5
江西	2218.7	0.5	上海	88.2	-11.4
福建	2217.7	2.2	北京	64.7	-11.9
陕西	1557.4	2.3	全国	53969.5	1.9

数据来源:中国煤炭运销协会

五、进出口情况分析

2020 年国家继续实施进口煤平控政策,全年累计进口广义动力煤 22382 万吨,同比增长 2.6%,占全国煤炭进口总量的 73.6%。其中褐煤、其他煤、其他烟煤进口量分别为 9927 万吨、3720 万吨、8728 万吨,同比变化幅度依次为 -3.3%、4.3%、9.5%(见表 9—6)。

表 9—6　2020 年全国动力煤分煤种进口情况

单位：万吨

指标	进口量	同比		占全国进口煤炭市场份额(%)
		增减	幅度(%)	
褐煤	9927	−334	−3.3	32.7
其他煤	3720	152	4.3	12.2
其他烟煤	8735	760	9.5	28.7
总计	22382	578	2.6	73.6

数据来源：中国海关总署

　　从各月进口情况来看，1—4 月由于进口煤价差优势明显，沿海地区终端耗煤企业对进口煤需求良好，部分 2019 年度未能通关的煤源陆续进入国内市场，动力煤进口量同比大幅增加，累计增幅达到 33.4%。5 月份，国内进口煤政策明显收紧，多地海关发布禁止异地报关的措施，进口煤通关难度加大，当月动力煤进口量 1684 万吨，同比下降 18.6%，环比下降 29.8%。之后，动力煤进口量一直保持同比下降趋势。进入四季度后，国内煤炭市场供需持续偏紧，尤其是进入 12 月份后，国外疫情紧张，大量工业订单回流至国内，工业用电需求稳定增长。此外，由于拉尼娜现象，各地超级寒潮天气增多，居民取暖用电需求剧增，我国多个地区冬季电网负荷首次超过夏季用电高峰。国内煤矿端在保安全生产的前提下，产能释放受限，动力煤市场供应偏紧，行情持续走高。为稳定国内动力煤价格，缓解持续紧张的供需关系，国家有序放开进口，当月国内进口量大幅增长（见图 9—6）。

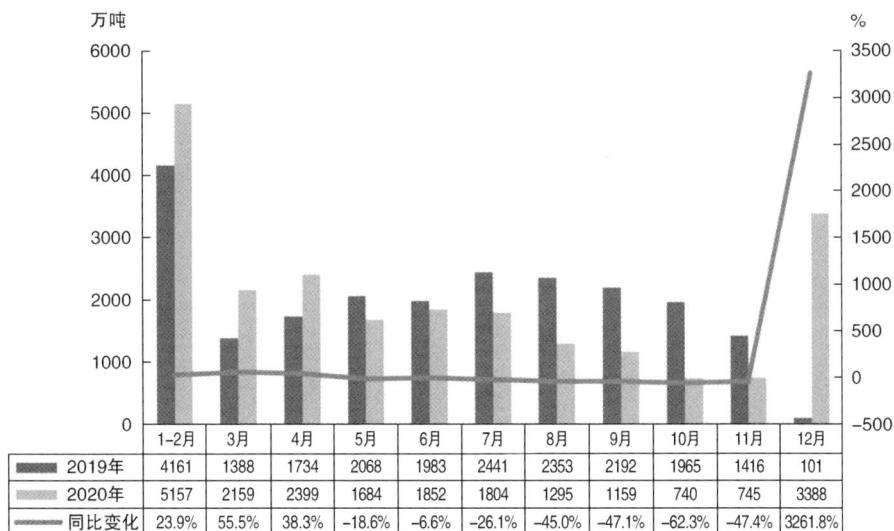

图 9—6　2019—2020 年 1—12 月全国动力煤进口量及同比变化情况

数据来源：中国海关总署

2020 年我国动力煤主要进口来源国分别是印度尼西亚、澳大利亚、俄罗斯、菲律宾、蒙古。印度尼西亚煤炭资源由于埋藏较浅、开采难度低，且具有价格较低、距我国沿海城市运输距离较短等优势，对国内东南沿海用户来说，总体用煤成本相对较低，近年来一直是我国第一大动力煤进口国，2020 年进口自印度尼西亚的动力煤量占国内动力煤进口总量的 63%（见图 9—7）。

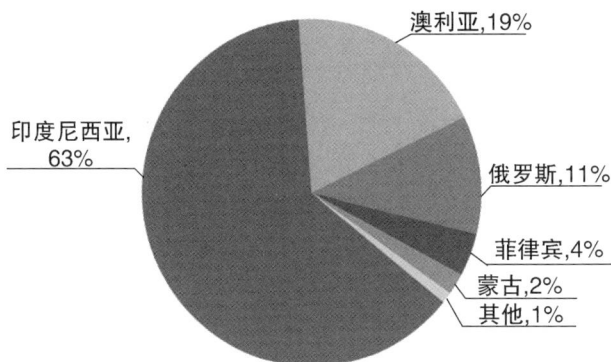

图 9—7　2020 年动力煤分国别进口量占比情况

数据来源：中国海关总署

出口方面,2020 年全球经济增速受新冠肺炎疫情影响明显放缓,部分地区部分时段,工业企业大面积停工停产,对动力煤需求量持续转弱,多重因素影响下,全国动力煤出口量减少至 90.15 万吨,同比下降 64.09%。受价格及运输成本制约,我国动力煤的出口国主要是日本、韩国、中国台湾地区等邻近地区。

第二节　动力煤市场运行情况

2020 年国内动力煤市场波动运行,全年涨跌幅度相对较大。1 月份,传统春节临近,下游耗煤企业停工普遍,部分地方煤矿停产放假,市场供需平衡,价格走势比较平稳。2 月份,受新冠肺炎疫情影响,国内煤矿复产缓慢,叠加运输通道阻断等因素,动力煤市场供给趋于紧张,价格出现短暂上涨。之后,政府疫情防控工作统筹推进,煤炭市场保供政策措施陆续出台,动力煤市场供给趋于恢复,但下游部分用户及工业企业复工复产进度缓慢,市场需求有限,煤炭价格出现下跌。

5 月份以后,国内经济稳步复苏,工业企业开始全面复工复产,全社会用电需求快速增长,叠加主产地煤矿安检、环保督查力度趋严,大秦线春季集中检修、港口库存回落,进口煤煤质管控升级等因素,产地及港口库存消耗加快,累库速度放缓,部分优质煤种资源供应偏紧,支撑煤炭市场行情持续震荡走高。进入 7 月中下旬后,国内大部分地区雨水天气频繁,下游基建项目施工受限,叠加水电发力增强等因素,动力煤市场下游需求回落,价格波动下行。

进入 9 月份以后,北方地区陆续启动冬储备货工作,部分区域开始供暖季提前采购,叠加部分地区建材、化工等耗煤企业采购需求稳定释放等因素,动力煤市场需求增强,价格持续回升。国庆节以后,各地安检、环保检查力度加码,部分地区煤矿生产受限,建材、化工等下游终端用户拉运需求持续释放,主产地供需形势整体偏紧,港口库存低位,价格整体大幅上行。进入 12 月份后,受强冷空气影响,多地气温异常偏低,全社会取暖用电需求激增,下游电厂拉运需求大幅增长,叠加国内经济复苏,建材、化工行业采购需求增强等因素,动力煤市场供应偏紧,价格持续大幅上扬(见图 9—8、图 9—9、图 9—10)。

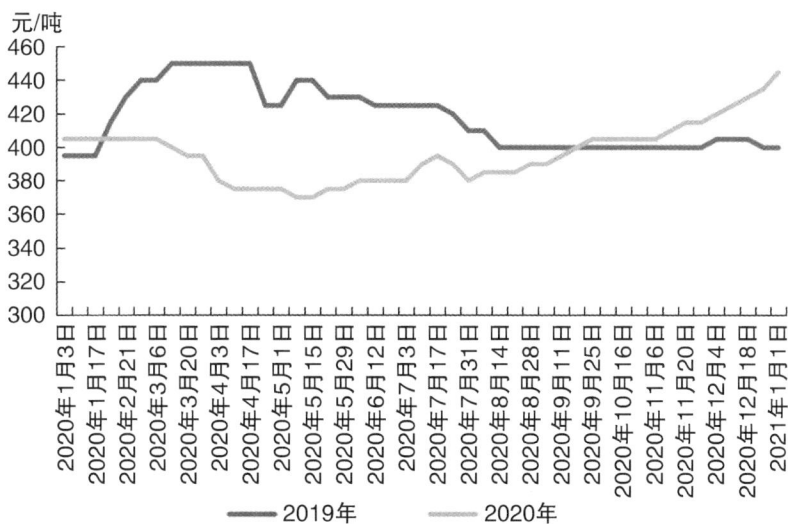

图 9—8　2019—2020 年山西地区 Q5500 弱粘煤车板价格情况

数据来源：中国太原煤炭交易中心有限公司

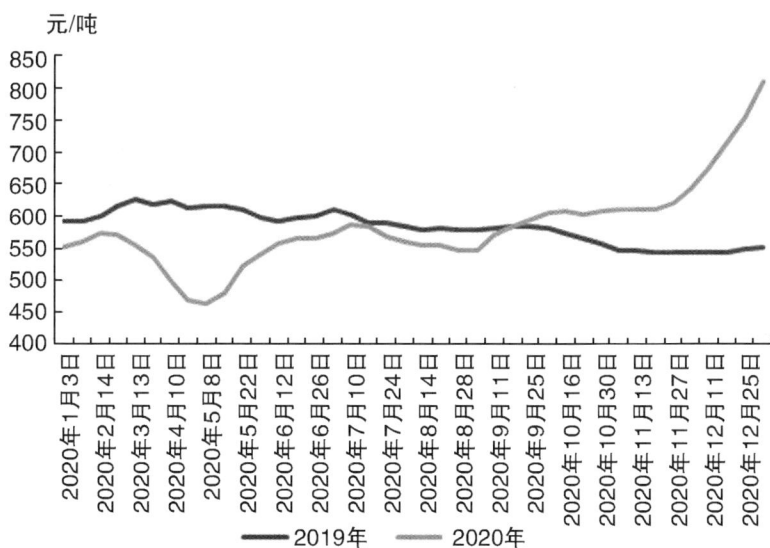

图 9—9　2019—2020 年北方港口动力煤 Q5500 平仓价格

数据来源：找煤网

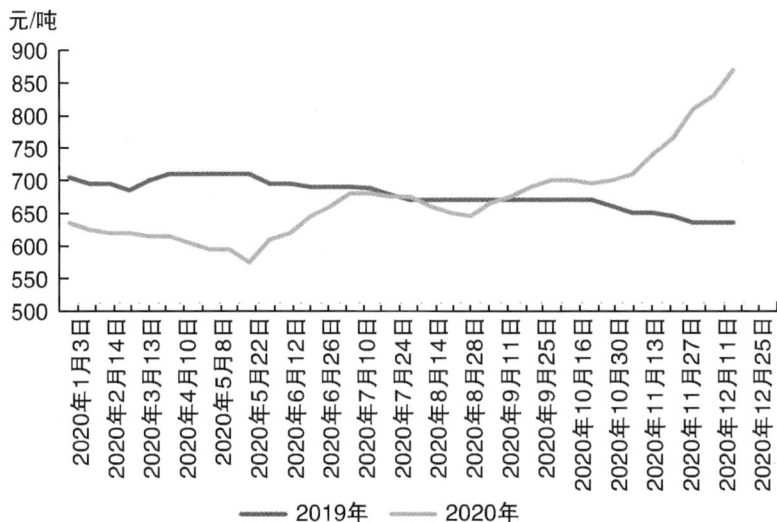

图 9—10　2019—2020 年广州港动力煤 Q5500 平仓价情况

数据来源：卓创资讯

一、煤炭企业库存

2020 年全国煤炭企业存煤水平变化趋势较为明显，全年波动范围在 4900 万—7200 万吨之间。除 9 月末、11 月末、12 月末库存水平同比下降外，其余大部分时间段库存量高于上年同期。2 月末库存量 4942.5 万吨，是年内最低值，同比增加 22 万吨，增长 0.45%；7 月末库存量 7106 万吨，是年内最高值，同比增加 1445.2 万吨，增幅达到 25.5%。12 月份库存量环比大幅下降，月末库存水平环比下降 1200 万吨，降幅达到 18.5%；同比下降 80 万吨，降幅 1.5%（见图 9—11）。

二、港口库存情况

2020 年国内原煤产量增速放缓，主产区煤矿产能及产量释放受限，叠加进口煤配额管控严格等因素，全年港口库存量震荡变化，中下游市场呈现资源供应偏紧，部分时段优质煤种严重短缺的局面。从全年库存数据来看，环渤海港口库存大致呈现前高后低走势，除 4 月份外，全年库存量整体低于上年同期水平；广州港口，1—11 月中旬库存大致呈波动下降趋势；11 月下旬开始，下游用户北上拉煤积极性较高,国内煤炭市场供需形势趋严,部分口岸进口煤配额增加,外贸资源有所增多,带动库存逐步回升(见图 9—12、图 9—13)。

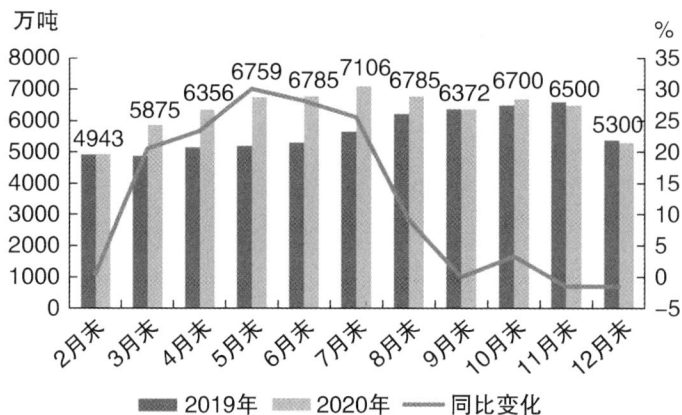

图 9—11　2019—2020 年全国煤炭企业月末库存情况

数据来源:本书编写组收集整理

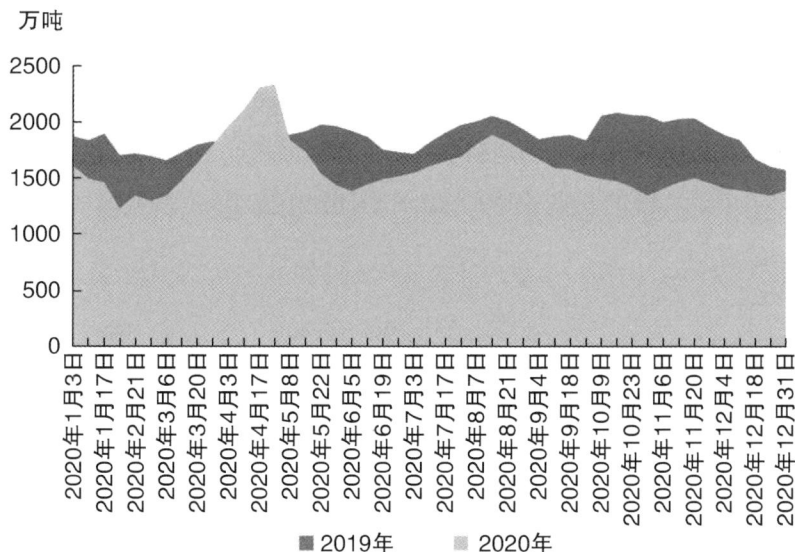

图 9—12　2019—2020 年北方港口库存变化情况

注:北方港口包括秦皇岛港、黄骅港、京唐港、国投曹妃甸港。

数据来源:卓创资讯

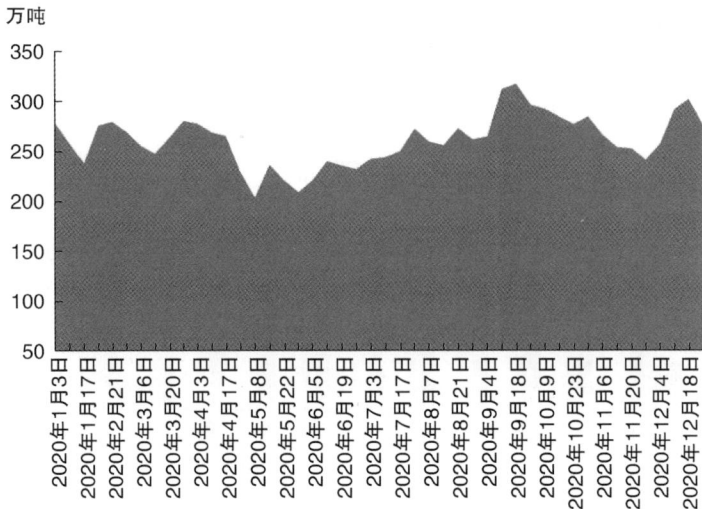

图9—13　2020年广州港库存变化情况

数据来源：卓创资讯

三、长协煤价格

2020年北方港口长协价格大致呈斜"V"形走势，全年波动区间在529—558元／吨，5月份、12月份价格分别达到年内最低点和最高点。1—10月份，长协价均低于上年同期水平，11月份同比持平，12月份同比上涨12元／吨（见图9—14）。

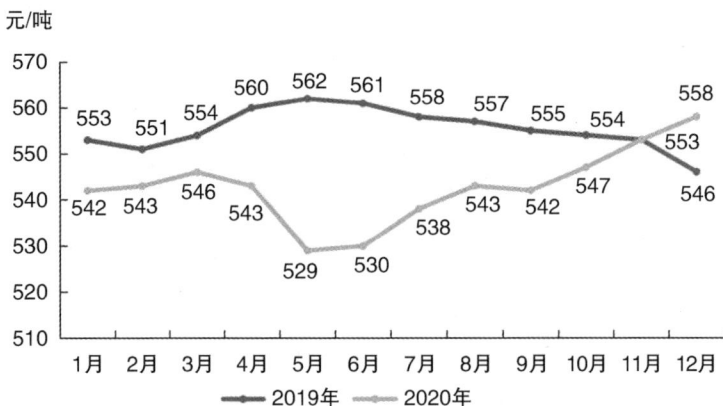

图9—14　2019—2020年1—12月北方港口年度长协价格趋势

数据来源：中国煤炭运销协会

四、期现货价格趋势

以北方港口山西 5500 大卡动力煤现货价格为例,全年价格区间在 464—810 元/吨,最高点与最低点价差 346 元/吨。1—9 月上旬,价格水平整体低于上年同期,5 月上旬价格跌至年内最低点,同比价差(-150)元/吨,跌幅达 24.6%。9 月下旬—12 月底,价格水平整体高于上年同期,年底价格创近年来新高,同比价差 257 元/吨,达到下半年价差峰值,同比涨幅 46.5%。从动力煤期货主力连续合约价格来看,价格波动区间 476.4—777.2 元/吨,呈现前期短暂上涨,中期震荡下跌,后期持续波动上行的走势。整体而言,全年动力煤期现价格波动幅度巨大,期现共振效应较为明显(见图 9—15)。

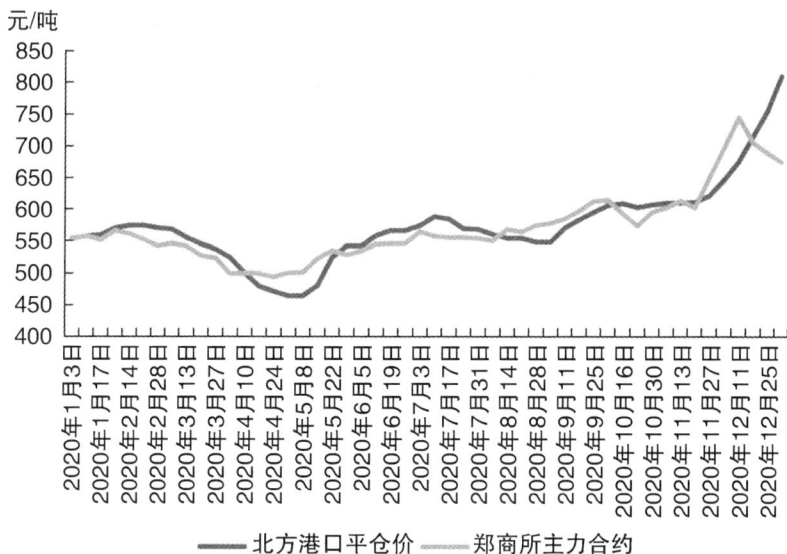

图 9—15 2020 年动力煤 Q5500 期现货价格趋势

数据来源:新浪财经、找煤网

第三节 市场走势预测

近几年,虽然政策正逐步向清洁能源发电倾斜,但短期来看火电依然是发电系统的主要支撑力量。2021 年是"十四五"规划的开局之年,国内宏观经济大概率会继续稳中向好运行，且增速有望进一步加快。在基建、房地产以及制造业投资持续修复的背景下，必然带动全社会的用电需求和煤炭消费需求。

从供给面来看，经过前五年煤炭市场供给侧改革，落后产能逐步退出，煤炭市场供应逐步稳定，主产区分布更加向西部地区集中。2021年预计部分新增先进产能将陆续释放，但主要产煤省涉煤反腐工作将继续推进，在碳达峰、碳中和等目标要求的影响下，国内安检、环保形势趋严，各地加速出台碳排放限制政策。尽管，我国"富煤贫油少气"的资源现状，决定了在相当长时间内，煤炭是我国主体能源、支柱能源这一现状不会改变。但在碳减排趋势下，煤炭企业生产活动或会受到不同程度的影响，预计2021年全年煤炭产量增幅有限。受国外疫情及煤质检测标准升级等因素制约，进口煤政策仍存收紧预期，但不排除年内用煤高峰期阶段性放开的可能性，全年动力煤进口总量同比不会出现较大增幅。

预计全年动力煤市场维持供需紧平衡的局面，长协煤市场相对稳定，部分时段市场煤价格波动幅度或会有所加大。

第四部分

冶金煤

　　2020 年,对黑色系产品来说是波澜跌宕的一年。一季度,受新冠肺炎疫情影响,全国加强出行管控,企业开工率下降,工程施工被迫延后,炼焦煤、焦炭、钢材的生产和需求都受到一定抑制,黑色系产品价格均出现下跌,企业预期较为悲观;进入二季度,随着各地疫情逐渐被控制,叠加国家出台系列经济振兴政策,国民经济恢复企稳,拉动了钢材、焦炭产品需求增加,产品价格也逐渐回升。下半年,企业开工率迅速恢复,经济进一步回暖,对黑色系产品需求提升更快,叠加焦炭去产能政策实施,焦炭供应偏紧,价格出现十连涨,进入四季度以来,受进口煤限制政策影响,炼焦煤供应也出现局部偏紧局面,价格出现上扬,而钢材价格受成本和需求双重影响,价格也一路走高。

第十章 2020年中国钢铁市场分析

2020年,受新冠肺炎疫情影响,我国钢铁产量先低后高,全年实现同比正增长,钢材价格先抑后扬,在四季度达到近年来价格高位;国外疫情蔓延,钢材需求受到抑制,而国内良好地控制住疫情,经济恢复拉动钢材需求增加,在2020年我国钢材进口量大幅增加,而出口量减少至2012年以来新低。

第一节 我国钢铁生产情况

2020年我国大力推进京津冀一体化、粤港澳大湾区等项目建设,强劲的终端需求刺激了国内钢铁的生产与供给,尤其是二季度开始,需求进入爆发期,国内钢铁产量快速回升,全年粗钢产量同比增长5.2%,连续五年创下新高,建筑钢材产量也达到近四年最高值。

一、分月钢铁产量

2020年我国钢铁产量实现稳步增长,其中生铁产量8.88亿吨,同比增长4.3%;粗钢产量10.53亿吨,同比增长5.2%;钢材产量13.25亿吨,同比增长7.7%。

从月度数据来看,生铁产量单月同比均出现了增长,其中增量最多的是10月份,当月生铁产量同比高出1059万吨。粗钢产量除3月、4月份外,单月同比均有增长,其中10月份生铁产量同比高出1068万吨,为增量最多月份。钢材单月产量也有大幅增长,下半年各月产量同比增量均超过1000万吨,12月同比增量达到1600万吨(见表10—1、图10—1)。

表 10—1   2020 年我国钢铁分月产量

单位：万吨

月份	生铁	粗钢	钢材
1—2 月	13234	15470	16713
3 月	6697	7898	9888
4 月	7202	8503	10701
5 月	7732	9227	11453
6 月	7664	9158	11585
7 月	7818	9336	11689
8 月	7855	9485	11913
9 月	7578	9256	11806
10 月	7617	9220	11848
11 月	7201	8766	11734
12 月	7422	9125	12034

注：因统计时数据四舍五入，分月数加计数与全年合计数有误差。

数据来源：国家统计局

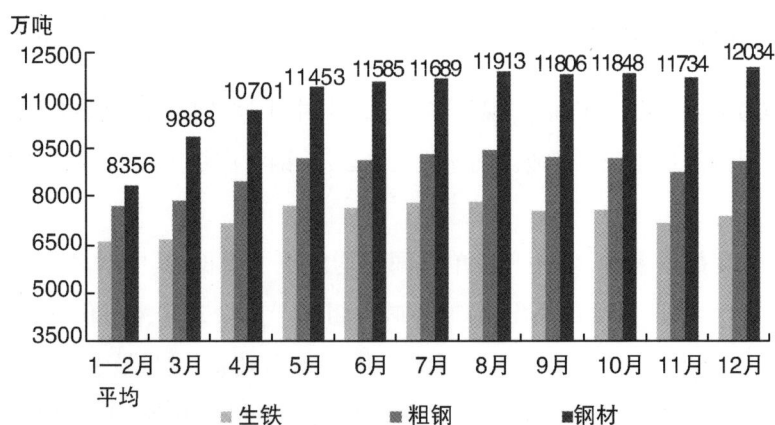

图 10—1   2020 年我国钢铁分月产量

数据来源：国家统计局

二、分省份粗钢产量

2020 年在我国粗钢产量进一步向优势省份集中，排名前 10 位的生产省份中，除湖北省外，其余省份粗钢产量同比均呈正增长。其中，河北省、江苏省、辽宁省、湖北省粗钢产量占全国总产量比重有所下降，降幅最大的为江苏省。山东省、山西省、安徽省、内蒙古粗钢产量占全国总产量比重有所增加，其中增幅最大的为山东省(见表 10—2)。

表 10—2 2020 年我国主产省市粗钢产量

单位:万吨

省市	粗钢产量	同比(%)	占全国总量比重(%)	占全国总量比重同比变化情况(%)
河北	24977	3.4	23.7	−0.5
江苏	12108	0.8	11.5	−0.6
山东	7994	25.7	7.6	1.2
辽宁	7609	3.4	7.2	−0.2
山西	6638	9.9	6.3	0.2
安徽	3697	14.7	3.5	0.3
湖北	3557	−1.5	3.4	−0.2
河南	3530	7.0	3.4	0.0
广东	3382	4.7	3.2	0.0
内蒙古	3120	17.6	3.0	0.3

数据来源:国家统计局

三、分品种钢铁产量

2020 年在我国前五大钢材产品中，钢筋产量为 26639.1 万吨，同比增长 5.1%;中厚宽钢带产量为 17046.1 万吨，同比增长 12.2%;线材(盘条)产量为 16655.6 吨，同比增长 6.4%;焊接钢管产量为 6166.6 万吨，同比增长 5.6%;冷轧薄板产量为 3912.3 万吨，同比增长 3.9%(见图 10—2)。

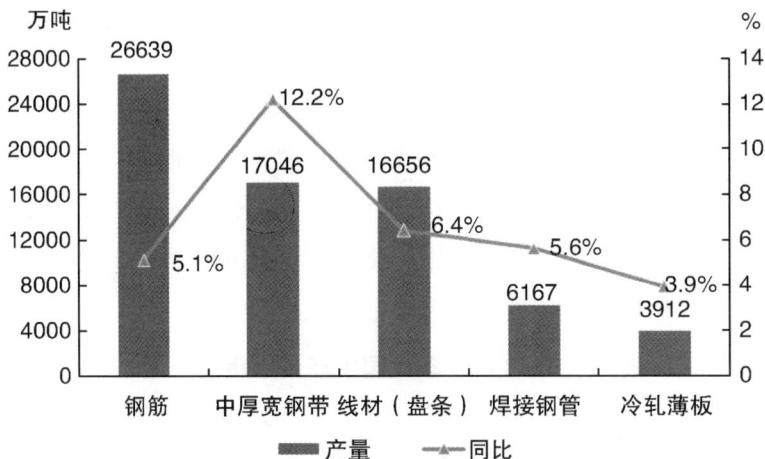

图 10—2　2020 年我国主要品种钢铁产量

数据来源：工业和信息化部

第二节　我国钢铁进出口情况

2020 年，我国良好地控制住新冠肺炎疫情发展，同时在国家政策支持下，国民经济实现了正增长，而国外受新冠肺炎疫情影响，主要经济体经济均出现不同程度下滑。受国内需求带动以及国外需求疲软影响，2020 年我国进口钢材出现大幅增长，创 2006 年以来的新高，钢材出口出现明显回落，达到 2012 年以来的新低；2020 年，我国钢材进口结构发生了一定变化，板材进口比例下降，棒线材进口比例增加，全年钢材出口平均价格首次超过进口价格；进口国家/地区发生了较大变化，日本、韩国、中国台湾进口比例下降，印度、马来西亚、印尼的进口比例增加。

一、分月钢材进出口情况

2020 年我国钢材进口量大幅增长，全年累计进口钢材 2023 万吨，同比增长 64.4%。钢材出口量明显回落，全年累计出口钢材 5367 万吨，同比下降 16.5%。

（一）分月钢材进口量

2020 年我国钢材进口量为 2023 万吨，同比增长 64.4%。钢材进口量从第二季度开始逐渐增多，在第三季度达到峰值，随后呈递减态势。7 月至 9 月份的钢材单月进口量均超过 200 万吨,9 月份钢材进口量全年最多,达到 289 万吨(见图 10—3)。

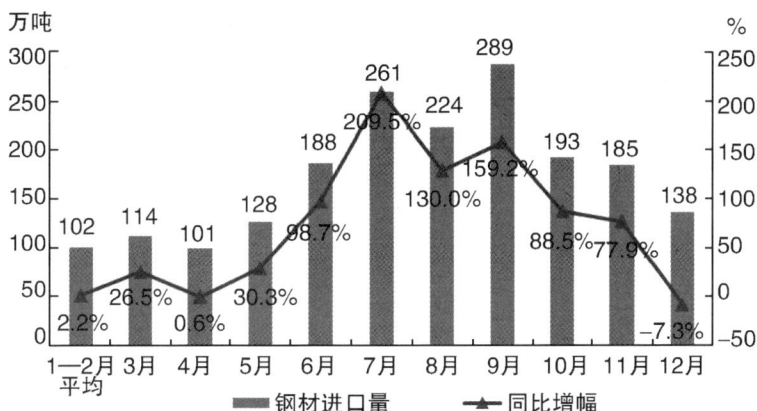

图 10—3 2020 年我国钢材分月进口量

数据来源:中国海关总署

(二)分月钢材进口金额

根据月度数据测算,2020 年我国钢材进口金额为 168.31 亿美元,折合 1165.5 亿元人民币。钢材进口平均价格为 831.6 美元 / 吨,同比降低 27.5%,钢材出口平均价格高出进口平均价格 15.6 美元 / 吨。钢材进口金额与进口量趋势较为相似,6 月至 11 月份的钢材单月进口金额均超过 100 亿元,其中 9 月份金额最高,达到 138 亿元(见图 10—4)。

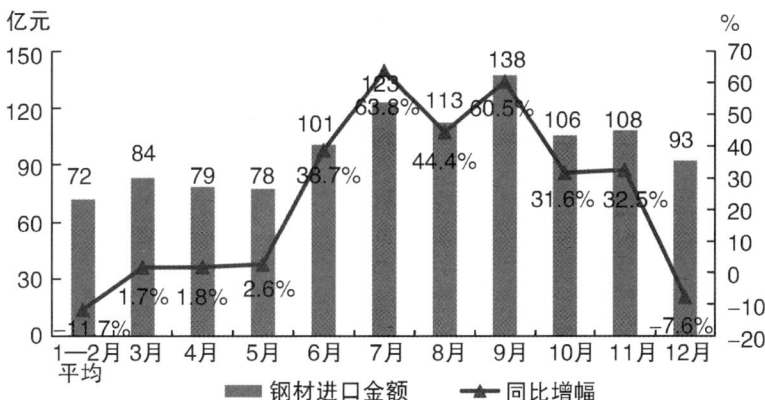

图 10—4 2020 年我国钢材分月进口金额

数据来源:中国海关总署

（三）分月钢材出口量

2020 年我国钢材出口总体呈现前高后低走势，3 月份、4 月份，受新冠肺炎疫情影响，国内钢材需求锐减，钢材出口保持在较高水平，单月出口量均在 600 万吨以上，4 月份以后，随着国内疫情逐渐控制，经济企稳回升，而国外疫情加速蔓延，需求减少，钢材出口量出现明显下滑，单月出口量保持在 300 万到 400 万吨水平。2020 年全国钢材累计出口 5367 万吨，同比降低 16.5%（见图 10—5）。

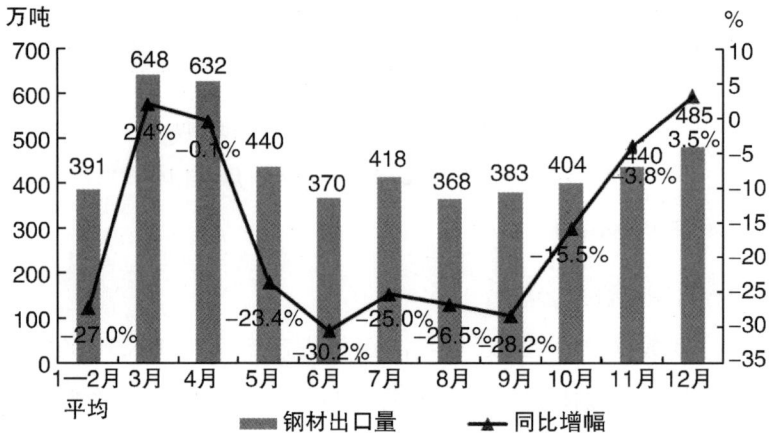

图 10—5　2020 年我国钢材分月出口量

数据来源：中国海关总署

（四）分月钢材出口金额

根据月度数据测算，2020 年我国钢材出口金额为 454.90 亿美元，折合 3152.6 亿元人民币。钢材出口平均价格为 847.2 美元／吨，同比增加 11 美元／吨，钢材出口平均价格高出进口平均价格 15.6 美元／吨。钢材出口金额与出口量趋势较为相似，总体呈现前高后低走势，3 月和 4 月的出口金额达到全年最高水平，其余月份的出口金额保持在 200 亿元至 300 亿元左右（见图 10—6）。

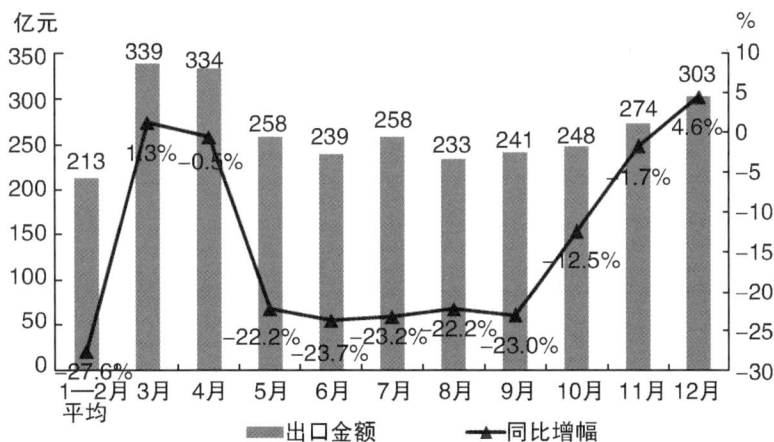

图 10—6 2020 年我国钢材分月出口金额

数据来源:中国海关总署

二、分国别钢材进出口情况

（一）进口情况

2020 年我国进口钢材出现大幅增长,创 2006 年以来的新高。分国别来看,我国钢材进口的主要来源国有韩国、日本、中国台湾、印度、马来西亚等,前五大进口国累计进口量占到钢材总进口量的比重为 79.3%(见表 10—3、图 10—7)。

表 10—3 2020 年我国钢材分国别及地区进口情况

单位:万吨

主要国家	进口量	占总进口量比重(%)
韩国	507.5	25.1
日本	479.6	23.7
中国台湾	217.6	10.8
印度	208.7	10.3
马来西亚	189.5	9.4
印度尼西亚	99.3	4.9
德国	53.3	2.6

主要国家	进口量	占总进口量比重(%)
越南	33.4	1.7
哈萨克斯坦	32.2	1.6
俄罗斯联邦	31.2	1.5
乌克兰	25.7	1.3

数据来源：中国海关总署

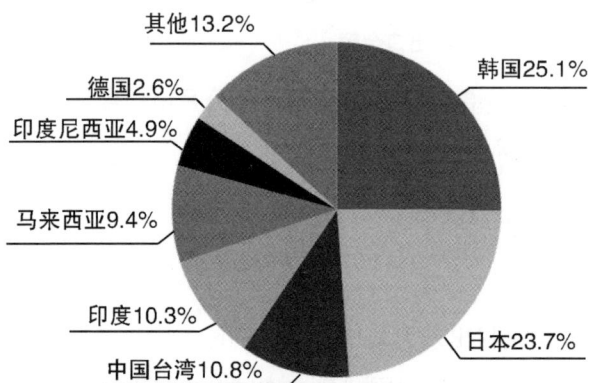

图 10—7　2020 年我国钢材分国别及地区进口占比

数据来源：中国海关总署

（二）出口情况

2020 年我国向世界几大洲均有钢材出口，其中，亚洲是我国钢材出口最大地区，占总出口量的 67.7%，出口量排在前六位的国家分别是韩国、越南、泰国、菲律宾、印度尼西亚、缅甸；在其他地区中，向非洲地区出口占总出口量的 11.8%，向欧盟地区出口占总出口量的 3.8%，向南美三国占总出口量的 5.9%，向北美地区出口占总出口量的 2.7%（见表 10—4、图 10—8）。

表 10—4 2020 年我国钢材分国别出口情况

单位:万吨

主要国家	出口量	占总出口量比重(%)
韩国	557.4	10.4
越南	445.8	8.3
泰国	364.8	6.8
菲律宾	299.3	5.6
印度尼西亚	217	4.0
缅甸	161.8	3.0
沙特阿拉伯	157.4	2.9
阿拉伯联合酋长国	140.9	2.6
巴基斯坦	121.9	2.3
印度	121.2	2.3
秘鲁	117	2.2
马来西亚	112.5	2.1
智利	103	1.9
巴西	94.4	1.8

数据来源:中国海关总署

三、分品种钢材进出口情况

(一)进口情况

在 2020 年我国钢材进口品类中,板材进口量最大,占钢材进口总量的 79.5%,棒线材、管材和角型钢进口分别占总进口量的 15.8%、1.9%和 1.6%。2020 年钢材进口结构发生些许变化,与 2019 年相比,2020 年板材进口比例降低 4.4 个百分点,棒线材进口比例增加 6.27 个百分点。在主要进口钢材品种中,热轧薄宽钢带进口量最大,为 557.4 万吨,冷轧薄宽带、中板、镀层板(带)的全年进口量均超过 200 万吨(见表 10—5、图 10—9)。

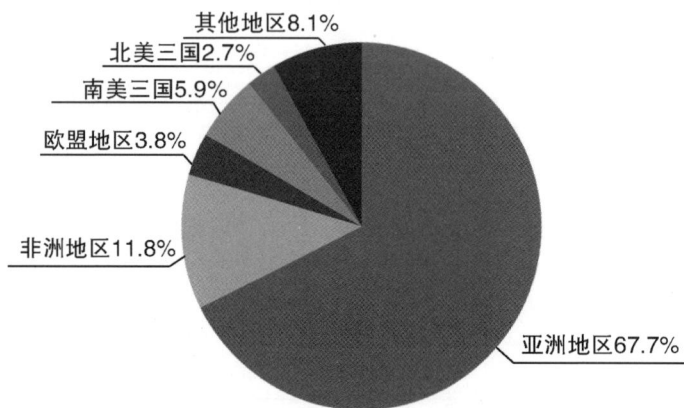

图 10—8　2020 年我国钢材分国别出口占比

数据来源：中国海关总署

表 10—5　2020 年我国主要钢材品种进口量

单位：万吨

主要品种	进口量
热轧薄宽钢带	557.4
冷轧薄宽带	231.7
中板	212.1
镀层板（带）	206.2
中厚宽钢带	180.2
钢筋	137.3
线材	127.3
冷轧薄板	70.8
厚钢板	65.6
棒材	55.9

主要品种	进口量
电工钢板(带)	43
大型型钢	30.4
焊管	22.5
冷轧窄钢带	17
无缝管	15.1
彩涂板(带)	10.4

数据来源:中国海关总署

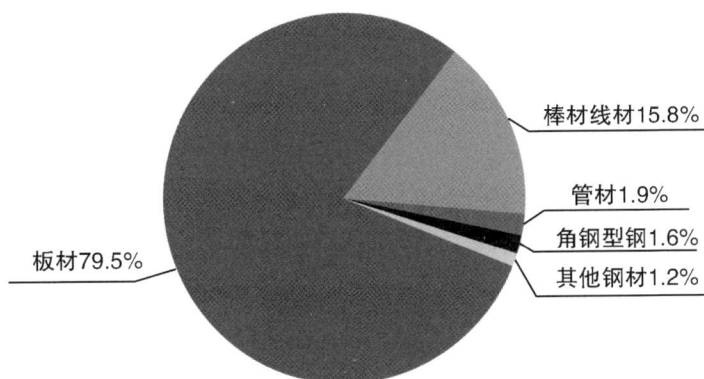

图 10—9　2020 年我国分品种钢材进口占比

数据来源:中国海关总署

(二)出口情况

在 2020 年我国钢材出口品类中,板材出口量最大,为 3272.5 万吨,占钢材出口总量的 61.0%;管材出口量为 734.6 万吨,占钢材出口总量的 13.7%;棒线材出口量为 689.7 万吨,占钢材出口总量的 12.9%;角钢及型钢出口量为 261.9 万吨,占钢材出口总量的 4.9%。在出口品种中,镀层板(带)出口量最大,全年出口量为 1109.5 万吨,彩涂板(带)、中厚宽钢带全年出口量超过 600 万吨,焊管、棒材、中板、无缝管全年出口量超过 300 万吨(见表 10—6、图 10—10)。

表 10—6 2020 年我国主要钢材品种出口量

单位:万吨

主要品种	出口量
镀层板(带)	1109.5
彩涂板(带)	657.9
中厚宽钢带	651.2
焊管	361.1
棒材	359
中板	356.9
无缝管	327.1
线材	288
冷轧薄宽带	192.8
冷轧薄板	177.2
中小型型钢	159.4
大型型钢	102.5
电工钢板(带)	52.3
钢筋	42.7
铁道用材	37.2
冷轧窄钢带	29.8
热轧窄钢带	26.7

数据来源:中国海关总署

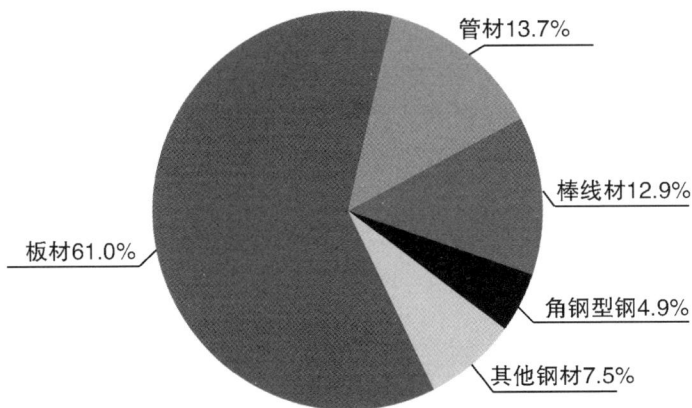

图 10—10　2020 年我国分品种钢材出口占比

数据来源：中国海关总署

第三节　我国钢材消费情况

2020 年在积极的财政政策和稳健的货币政策作用下，国家大力推进京津冀一体化、粤港澳大湾区等项目建设，叠加"两新一重"建设发力，拉动下游建筑、机械、能源等行业领域的钢材需求，国内钢材消费在全球需求下滑的背景下实现逆势增长。据冶金工业规划研究院测算，我国全年钢材消费量预计达到 9.81 亿吨，同比增长 9.6%。

一、钢材消费量

2020 年，测算我国钢材表观消费量约为 12.91 亿吨，同比增长 12.0%。扣除重复材后，我国钢材消费量（未考虑库存变化）约为 9.81 亿吨，同比增长 9.6%（见表 10—7）。

表 10—7　2020 年我国钢材供应及消费量

单位：亿吨

项目	2020 年	2019 年	同比变化（%）
钢材生产量	13.25	12.05	10.0
钢材进口量	0.20	0.12	64.4
钢材出口量	0.54	0.64	−16.5
钢材表观消费量	12.91	11.53	12.0
钢材实际消费量	9.81	8.95	9.6

注：钢材实际消费量为预估值，未考虑库存变化。

数据来源：国家统计局、中国海关总署、冶金工业规划研究院

二、下游行业发展及耗钢情况

据冶金工业规划研究院测算，2020 年我国钢材消费量预计为 9.81 亿吨，同比增长 9.6%。其中，建筑行业钢材消费量约 5.74 亿吨，增幅为 13.4%，占总消费量的 58.5%；机械行业钢材消费量约 1.58 亿吨，同比增幅为 2.1%，占总消费量的 16.1%；汽车制造业钢材消费量约 0.53 亿吨，同比下降 0.9%，占总消费量的 5.4%；能源行业钢材消费量约 0.38 亿吨，同比增幅为 4.2%，占总消费量的 3.8%；造船、家电、铁道、集装箱领域钢材消费量合计约 0.35 亿吨，同比增幅分别为 −5.6%、−2.1%、−7.4%、−13.0%，合计占总消费量的 3.5%；五金制品、钢木家具、自行车摩托车领域钢材消费量合计约 0.47 亿吨，占总消费量的 4.8%（见图 10—11）。

（一）建筑行业

建筑行业是钢材消费的主要领域，分为房屋建设、铁路、公路和港口、矿山、城市基础设施等。2020 年我国建筑行业消费钢材预计约 5.74 亿吨，同比增加 6800 万吨，同比增幅 13.4%。

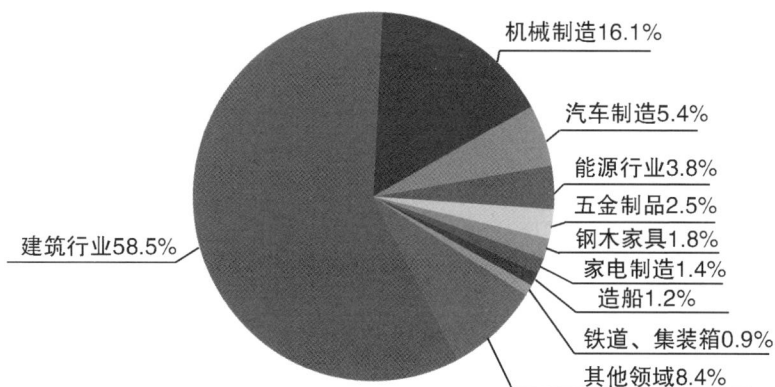

图 10—11　2020 年我国主要行业钢材消费占比

数据来源：冶金工业规划研究院

1.房屋建设

房屋建设主要分为两个部分，即房地产市场以及铁路、公路、工业等领域中建设的房屋，后者不纳入房地产市场。2020 年我国房地产行业依旧是钢材消费主力，国家围绕"房住不炒"的基调进行宏观调控，全年房地产开发投资 141443 亿元，同比增长 7.0%；房屋施工面积为 926759 万平方米，同比增长 3.7%。

2.铁路建设

铁路固定资产投资主要用于新线路建设、复线铺轨、对既有铁路进行电气化改造、运输设备更新改造和购置铁路机车车辆等运输装备。其中线路建设和改造等基础建设投资是主要方面。2020 年，我国铁路完成固定资产投资 7819 亿元，总体投资水平保持平稳；新增 20 个项目，多条线路顺利开通运营，累计投产里程达 4933 公里；"四纵四横"高铁网提前建成，"八纵八横"高铁网加密成型。

3.城市基础设施建设

城市基础设施建设包括城市供水和节水、燃气、供热、轨道交通、道路桥梁、排水和污水处理、园林绿化等。2020 年我国基础设施投资（不含电力、热力、燃气及水生产和供应业）同比增长 0.9%，其中铁路运输业投资下降 2.2%，水利管理业投资增长 4.5%，公共设施管理业投资下降 1.4%。

（二）机械行业

机械制造是钢材消费的主要行业之一,钢材消费量仅次于建筑行业,且机械行业用钢具有品种多、规格范围大的特点。2020 年我国机械工业增加值同比增长 6%,累计实现营业收入 23.01 万亿元,同比增长 4.2%;利润总额 1.45 万亿元,同比增长 8.6%。2020 年我国机械行业钢材消费量预计约 1.58 亿吨,同比增幅为 2.1%,占总消费量的 16.1%。

（三）汽车行业

2020 年我国汽车行业累计产销分别完成 2522.5 万辆和 2531.1 万辆,同比分别下降 2%和 1.9%。4 月份以来,汽车市场逐渐复苏,连续 9 个月维持增长态势,销量继续蝉联全球第一。汽车行业超预期复苏对冷轧板需求起到了强力支撑作用。2020 年我国汽车制造业钢材消费量预计约 0.53 亿吨,同比下降 0.9%,占总消费量的 5.4%。

（四）主要能源行业

能源行业耗钢较多的是电力电工行业和石油天然气行业,2020 年以上两类能源行业钢材消费量预计约 0.38 亿吨,同比增幅为 4.2%,占总消费量的 3.8%。

第四节　钢铁产能变化情况

一、去产能政策

"十三五"以来,我国供给侧改革不断推进,钢铁行业产能过剩局面有所缓解。2016 年国务院发布《关于钢铁行业化解过剩产能实现脱困发展的意见》,提出用 5 年时间再压减粗钢产能 1 亿吨至 1.5 亿吨,两年时间我国炼铁和炼钢产能退出超过 2 亿吨,钢铁行业去产能目标提前完成。为继续深化钢铁行业供给侧结构性改革,2017 年工业和信息化部印发《钢铁行业产能置换实施办法》,首次提出严禁钢铁行业新增产能、减量置换等重要举措。由于 2018 年以来钢材消费逐年增加、钢铁产量持续增长,钢铁行业产能置换项目未能按时推进,部分地区出现新旧产能同时运行。因此,2020 年 6 月份,发改委发布《关于做好 2020 年重点领域化解过剩产能工作的通知》,其中《2020 年钢铁化解过剩产能工作要点》

中提出,严禁新增产能,鼓励企业实施战略性兼并重组。12 月 16 日,工业和信息化部发布《钢铁行业产能置换实施办法(征求意见稿)》,对 2017 年版本部分内容进行修改、新增。主要体现在产能置换范围扩大、置换比例提升、产能置换公示公告更细化,新增内容集中在大气污染防治重点区域的钢铁总产能严禁新增、完成兼并重组的合规产能置换比例相应下调、第三方机构评估以及不得置换的产能。

二、近年产能压减特点

(一)产能置换由"等量置换"转为"减量置换"

2018 年以前各省市钢铁企业公告均为等量置换、本省置换。2017 年 12 月 31 日工业和信息化部印发《钢铁行业产能置换实施办法》,自此之后,钢铁行业形成减量置换、跨省置换的特点。

(二)产能区域转移,由内陆向沿海、由北向南移

河北、江苏、天津、云南、上海和山西是净压减产能主要区域,福建、两广、江西和内蒙古是净新增产能主要区域。北方部分产能向华东及南方地区转移,炼铁产能置换转移占全国产能置换比例为 8.5%,炼钢产能置换转移占比 8.2%。

(三)转炉置换成电炉

电炉炼钢具有节能环保的优势,在废钢资源供应得到保障的前提下,未来我国电炉炼钢有提升空间,"十三五"以来,我国电炉产能置换约 6000 万吨左右,几座小型转炉置换成大型电炉。

三、"十四五"去产能内容

"十四五"期间,我国炼铁和炼钢计划产能置换均超过 1 亿吨。计划退出炼铁产能 11612 万吨,产能置换新建炼铁产能 12037 万吨;退出炼钢产能 10805 万吨,产能置换新建炼钢产能 11611 万吨(包括 2019 年以来的关停和投产时间不确定产能)。

去产能主要集中在 2021 年和 2022 年。受疫情影响,部分 2020 年退出产能以及产能置换的新建产能出现推迟落地情况,导致 2021 年去产能情况相对集中。2021 年计划退出与产能置换新建的炼铁产能均接近 5000 万吨,计划退出与产能置换新建的炼钢产能均不到 4500 万吨,其中电炉产能置换的量在 300

多万吨。2022 年产能置换量略小于 2021 年。

　　"十四五"期间将执行最新的《钢铁行业产能置换实施办法（征求意见稿）》，这将对钢铁行业产能起到持续压减的作用，较符合钢铁行业发展规划。当前我国在 1000 立方米以下的小容积高炉占比约 48.5%，钢铁行业集中度依旧较低，在产能减量置换之后，未来钢铁行业重点将转向企业兼并重组、优化产能结构、产品高质量发展，钢铁行业集中度也将大大提升（见图 10—12）。

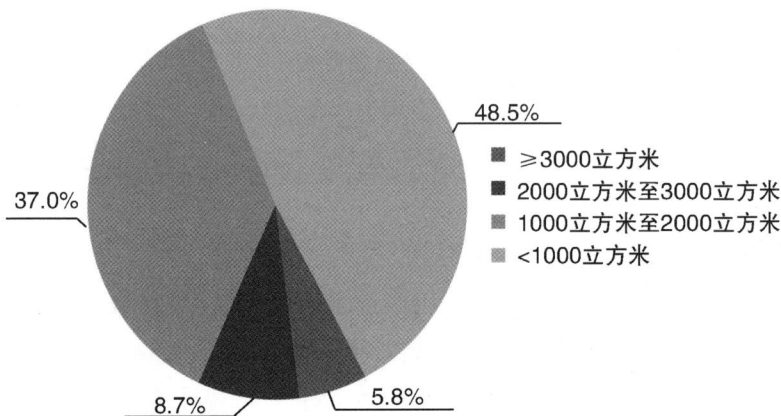

图 10—12　2020 年我国不同容积高炉占比

数据来源：我的钢铁网

第五节　钢铁库存及价格情况

一、钢材库存

　　2020 年春节过后，受疫情影响，多数工程项目复工被迫延期，钢材需求出现短期停滞，钢铁企业钢材库存高企，以螺纹线材、热轧板卷、冷轧板卷、中厚板为例，以上四大品种库存量第一季度处于全年最高水平。进入 3 月份，下游项目陆续复工，终端需求逐步启动，钢材库存进入去化通道，降速可观。第二季度开始，国内钢材市场总体呈现供需两旺的格局，钢材市场供需错配，成交显著回暖，但由于库存基数偏高，降库经历时间相对较长。随后进入传统淡季，由于经济稳步复苏，市场用户心态相对乐观,钢材成交表现良好,库存维持在近年偏高水平。"金九银十"开始,受房地产行业及基建项目落地提振,带动钢材需求提升,叠加冷冬未至,建筑行业集中赶工,钢材市场再次供需错配,螺纹钢和热轧板卷基本面利好,库存加速去化,直至年底钢材库存水平基本恢复至正常区间范围内(见图10—13)。

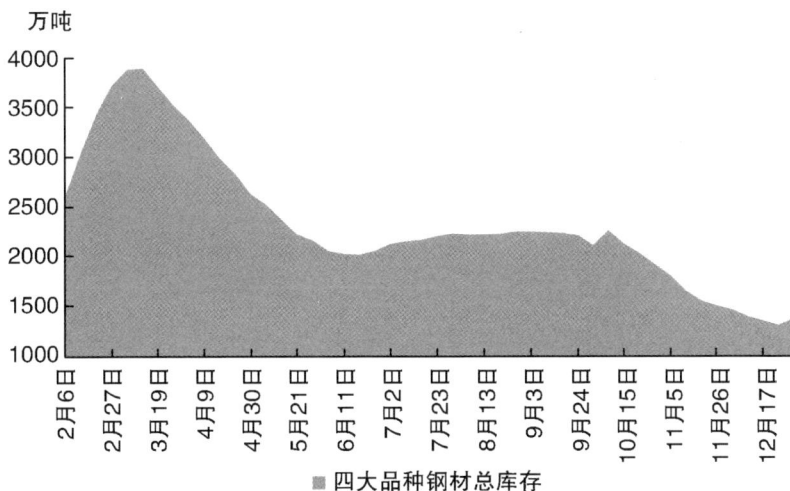

图 10—13 2020 年我国主要品种钢材库存

注:样本为螺纹线材、热轧板卷、冷轧板卷、中厚板周度数据。

数据来源:我的钢铁网

二、钢铁产品价格

2020 年宽松的货币信用政策提振房地产和制造业需求回升,钢坯及钢材现货行情总体呈稳步上行态势。上半年钢材价格上涨的核心在于北方地区的螺纹钢,从年中开始驱动逐渐转向了热轧板卷和中板。

以唐山方坯价格为例, 疫情期间由于下游需求停滞, 钢坯价格多次触底 3000 元/吨。企业复工生产后,需求逐渐复苏,钢坯价格开始稳步走高。8 月、9 月,在天津地区去产能政策和金融属性刺激下,钢坯价格冲高回落。12 月在铁矿石、焦炭等原材料强行情的助推下,唐山钢坯价格达到 4020 元/吨的年内高点。

上海螺纹钢价格一季度大幅下挫,几乎跌至钢厂成本线附近。二季度开始,在积极的财政政策推动下,终端需求逐渐好转,市场供需错配,带动钢材价格缓慢上行。三季度钢材供应持续攀升，价格涨幅放缓、振荡调整。四季度供需错配使库存去化优于往年，上海螺纹钢价格达到年内最高值 4660 元／吨。

　　热轧板卷全年基本维持供需紧平衡态势，行情略强于螺纹钢。上半年先抑后扬，触底反弹，三季度开始下游需求向好，对价格形成有力支撑，热轧板卷行情冲高至 2008 年以来的最高点。12 月 25 日，热轧板卷全国均价报收 4771 元／吨，较 2019 年同期高 904 元／吨。2020 年全年均价 3829 元／吨，较 2019 年低 15 元／吨（见图 10—14）。

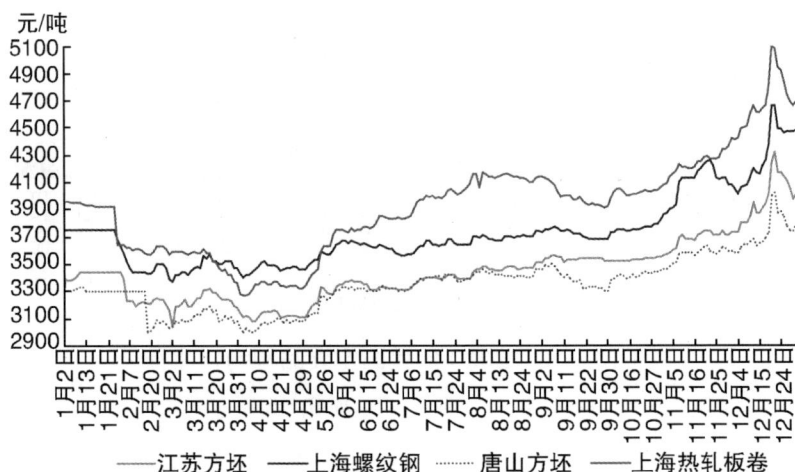

图 10—14　2020 年主要钢铁产品价格

注：螺纹钢规格为 HRB400 20MM，方坯规格为 Q235，热轧板卷规格为 3.0。

数据来源：我的钢铁网

第十一章 2020 年中国焦炭市场分析

2020 年是焦化行业不寻常的一年,年初受到新冠肺炎疫情影响,国内焦炭产量减少、库存增加,焦炭价格承压下跌,并在 3 月下旬跌到全年最低点,焦企处于亏损边缘;4 月份后,随着国内疫情得到控制,基建投资增加,拉动钢材、焦炭需求增加,焦炭库存下降,价格企稳回升;7 月份以后,经济进一步回升,叠加全国焦炭去产能政策执行,焦炭供需出现紧平衡,价格逐级上扬,到年底出现 11 连涨走势,全国焦化企业平均吨焦利润超过了 700 元 / 吨的历史较高水平。

第一节 我国焦炭生产情况

2020 年我国焦炭供给总体偏弱, 主要是由于焦化行业严格执行去产能政策,而新增焦化产能相对滞后、释放缓慢,导致焦炭供应端持续偏紧,同时下游钢铁市场表现强势,在焦化企业维持高开工率的情况下,焦炭供不应求的局面依旧难以扭转。

一、分月焦炭产量

2020 年我国焦炭产量为 47116 万吨,同比基本持平。从月度数据来看,第二季度开始焦炭产量逐渐回升,8 月份产量全年最多, 为 4128 万吨, 同比增长 2.9%,单月产量超过 4000 万吨的还有 6 月、9 月、10 月、11 月(见图 11—1)。

2020 年, 我国钢铁联合企业焦化厂焦炭产量为 10665.3 万吨, 同比增长 1.23%,占总产量的比重为 22.64%。钢铁联合焦化企业焦炭生产相对稳定,全年月均产量约 932 万吨(见图 11—2)。

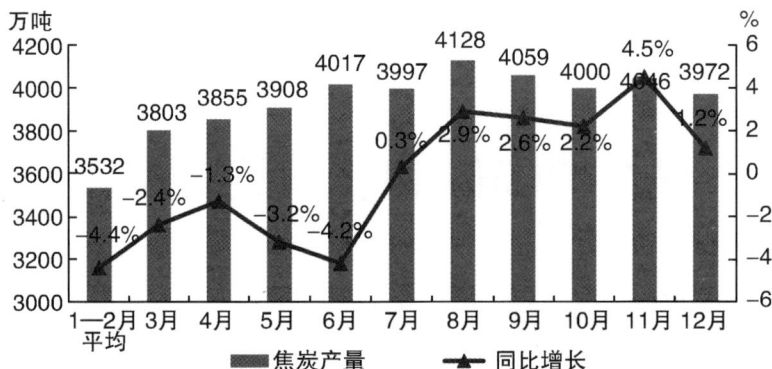

图 11—1 2020 年我国焦炭分月产量

数据来源：国家统计局

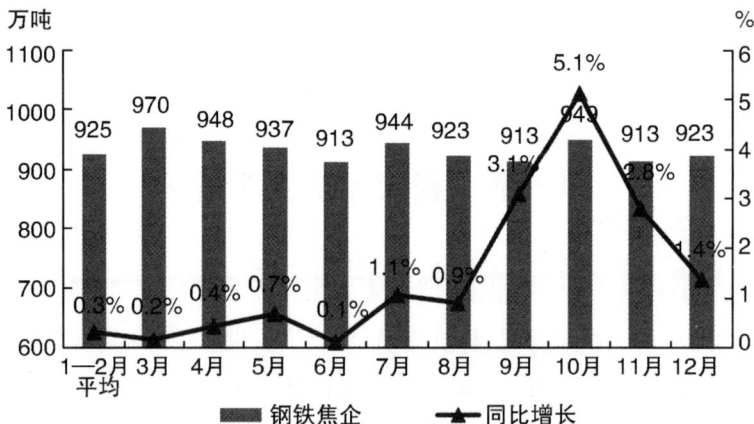

图 11—2 2020 年我国钢铁联合企业焦化厂分月产量

数据来源：国家统计局

2020 年，我国其他焦化企业焦炭产量为 36450.8 万吨，同比下降 0.31%，占总产量的比重为 77.36%。其他焦化企业的焦炭生产受疫情影响较大，上半年产量呈递增态势，下半年产量相对平稳，全年月均产量约 3005 万吨（见图 11—3）。

二、分省市焦炭产量

我国焦炭产区主要集中在山西省、河北省、山东省等地，其中山西省的焦炭产量大幅高于其他省份。2020 年，在我国 28 个焦炭生产省市中，有 8 个省市（河北省、山东省、河南省、江苏省、黑龙江省、湖北省、上海市、青海省）的年产量同比增幅出现下降,其中降幅最大的是山东省,降幅达 32%,其余 22 个省市中产量同比增加较大有甘肃省、内蒙古、宁夏、广西、福建省、天津市,增幅均超过 10%(见表 11—1)。

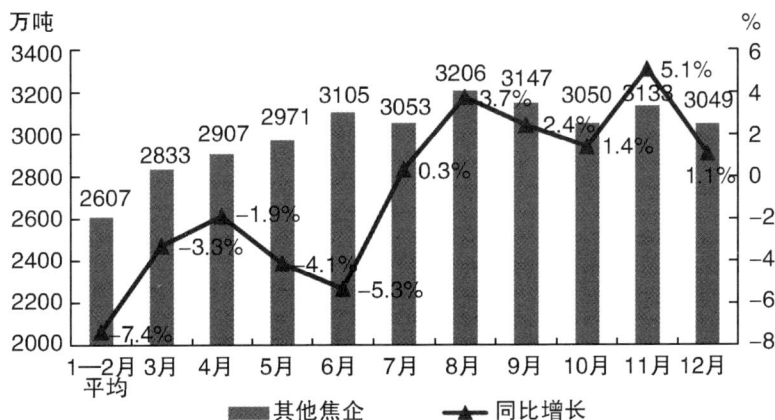

图 11—3　2020 年我国其他焦企分月产量

数据来源:国家统计局

表 11—1　2020 年我国主产省市焦炭产量

单位:万吨

省市	焦炭产量	同比增幅(%)	占全国总量比重(%)	占全国总量比重同比变化情况(%)
山西	10493.7	5.60	22.27	1.69
河北	4825.5	−4.40	10.24	−0.33
山东	3162.6	−32.00	6.71	−3.73
陕西	4896.5	3.50	10.39	0.45
内蒙古	4222.5	13.00	8.96	1.16
辽宁	2297.1	0.70	4.88	0.03
河南	1847.8	−9.00	3.92	−0.38
新疆	2246.9	9.10	4.77	0.55
江苏	1312.9	−1.90%	2.79%	−0.63%
安徽	1228.4	5.20%	2.61%	0.13%
黑龙江	1062.7	−1.20%	2.26%	−0.03%
四川	1074.2	0.80%	2.28%	0.02%

数据来源:国家统计局

第二节　我国焦炭进出口情况

受全球新冠肺炎疫情影响,2020年我国焦炭及半焦进出口结构有所改变,往年进口量极少,主要以出口为主,新冠肺炎疫情使得海外钢厂关停,而国内焦炭价格高位运行,导致海外焦炭资源流入中国,进口量大幅增加,出口量大幅减少。

一、焦炭出口情况

2020年,受疫情影响,国外钢厂减产现象增多,焦炭需求不足,叠加国内出口焦炭没有价格优势,我国焦炭出口量创近八年来新低,全年累计出口焦炭348.91万吨,同比下降46.53%,焦炭出口平均价格为221.51美元/吨,同比下降19.70%(见图11—4)。

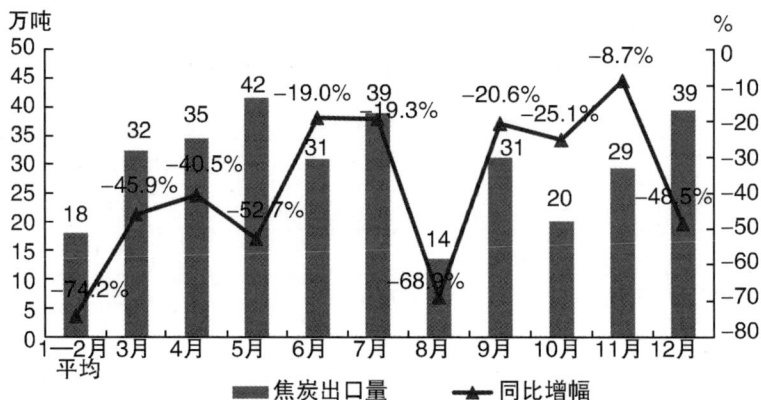

图 11—4　2020 年我国焦炭分月出口量

数据来源:中国海关总署

分国别来看,我国焦炭出口流向最多的国家是印度尼西亚,出口量为82.99万吨,同比减少8.5%,占出口总量的比重由2019年的8.6%大幅上升至23.8%。出口量排名第二位的是马来西亚,出口量为77.72万吨,同比减少42.0%,占出口总量的比重由2019年的20.6%小幅上升至22.3%。排名第三位的是印度,出口量为39.30万吨,同比减少56.8%,占出口总量的比重由2019年的13.9%小幅下降至 11.3%。2020 年我国向以上三国的焦炭出口量之和占出口总量的比重为 57.32%(见图 11—5)。

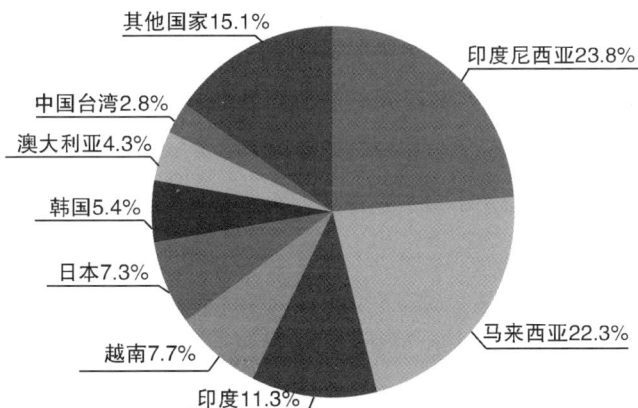

图 11—5　2020 年我国焦炭分国别及地区出口占比

数据来源:中国海关总署

分省市来看,2020 年天津市焦炭出口量仍居第一位, 全年累计出口焦炭 68.93 万吨,同比减少 51.5%,占全国出口总量的比重由 2019 年的 21.8%小幅减少至 19.8%。北京市焦炭出口量全年累计 41.26 万吨,同比减少 54.7%,占全国出口总量的比重由 2019 年的 14%降至 11.8%(见图 11—6)。

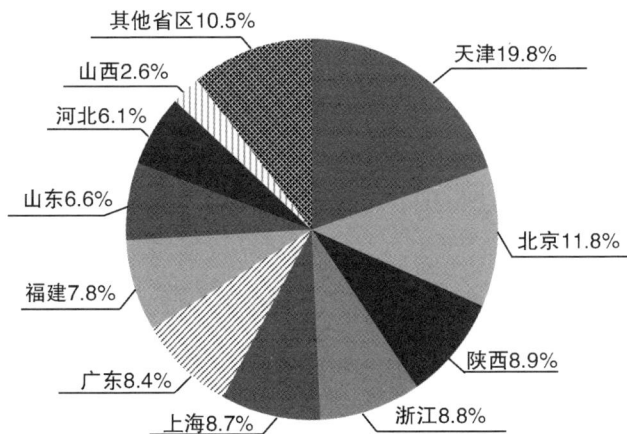

图 11—6　2020 年我国焦炭主要省市出口占比

数据来源:中国海关总署

二、焦炭进口情况

受焦化行业去产能、新增产能释放不足等因素影响,2020 年后半年国内焦炭价格一路攀升,国内市场对性价比高的进口焦炭需求大幅增加,全年焦炭进口量累计 297.98 万吨,同比增长 469.64%,进口焦炭平均价格为 231.88 美元 / 吨,同比增长 1.18%。焦炭进口量虽然大幅增加, 但占国内焦炭市场的份额微乎其微,对国内焦炭供需格局几乎没有影响(见图 11—7)。

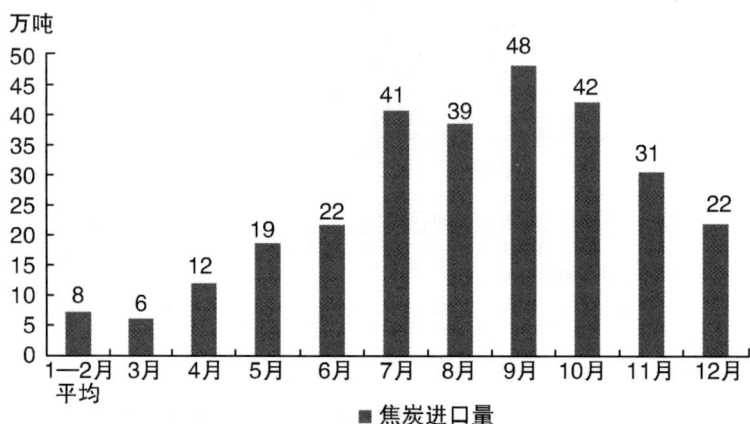

图 11—7 2020 年我国焦炭分月进口量

数据来源:中国海关总署

分国别来看,2020 年我国进口焦炭最多的国家是日本, 全年进口量为 123.02 万吨,同比大幅增长 488.6%,占进口总量的比重为 41.3%。波兰、俄罗斯是 2020 年新增的两个主要焦炭进口国,进口波兰焦炭 51.99 万吨,占进口总量的比重为 17.4%。进口俄罗斯焦炭 30.85 万吨,占进口总量的 10.4%(见图 11—8)。

分省市来看,2020 年福建省焦炭进口量居第一位,全年累计 143.97 万吨,占进口总量的 48.3%;山东省焦炭进口量为 30.79 万吨,占进口总量的 10.3%;北京市进口焦炭 29.06 万吨,占进口总量的 9.8%(见图 11—9)。

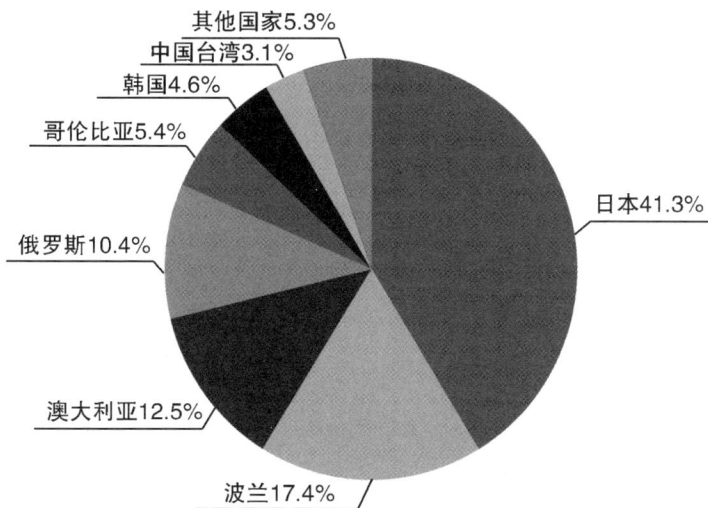

图 11—8 2020 年我国焦炭分国别及地区进口占比

数据来源：中国海关总署

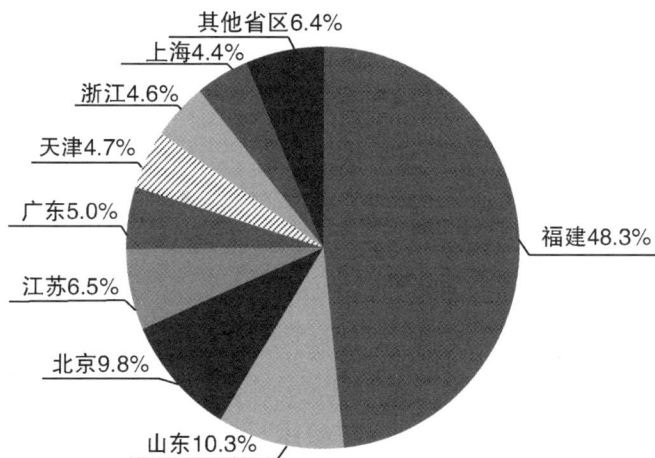

图 11—9 2020 年我国焦炭主要省市进口占比

数据来源：中国海关总署

第三节 我国焦炭市场供需分析

2020 年在政策支持下,国内经济恢复良好,基建投资大幅增加,钢材和焦炭需求不降反增,超出市场预期,但在焦化行业去产能背景下,焦炭供应端有所收紧,若从生铁产量倒推测算,全年焦炭消费量略少于市场供应量,存在一定供需差。

2020 年我国焦炭产量为 47116 万吨,进口量为 298 万吨,出口量为 349 万吨,以此测算焦炭国内供应量为 47414 万吨,焦炭表观消费量为 47065 万吨。

若从生铁产量倒推测算,2020 年我国生铁产量为 88752 万吨,以生产 1 吨生铁需要 0.55 吨焦炭的比例进行计算,全年我国焦炭实际消费量约为 48814 万吨,加上出口部分,焦炭总消费量为 49163 万吨,国内焦炭市场供需差约为 1749 万吨(见表 11—2)。

表 11—2 2020 年我国焦炭供应及需求情况

单位:万吨

项目	2020 年
焦炭产量	47116
焦炭进口量	298
焦炭出口量	349
焦炭表观消费量	47065
生铁产量	88752
焦炭实际消费量	48814
焦炭总供应量	47414
焦炭总消费量	49163
供需差	1749

数据来源:国家统计局、中国海关总署

第四节 我国焦炭产能变化情况

2020 年是"十三五规划"和"打赢蓝天保卫战三年行动计划"的收官之年,随着行业转型升级工作的持续深入,焦化落后产能退出进入关键期,各地紧锣密鼓大力推进,落后焦化产能得到进一步压减,焦化产能结构也得到一定程度优化。

一、我国焦化产能结构

2019 年以来,随着焦化行业去产能政策的推进,我国焦化产能结构发生了较大变化。进入 2020 年,焦化去产能侧重于退出 4.3 米焦化炉,大型焦炉占比上升,钢厂产能占比上升。全年累计淘汰焦化产能 6154.6 万吨,新增 3637.5 万吨,净淘汰 2517.1 万吨。

据我的钢铁网调研统计,截至 2021 年 2 月底,我国冶金焦在产产能约 52499 万吨,其中碳化室高度 4.3 米及以下的焦炭产能约 14856 万吨,5.5 米及以上的焦炭产能约 37643 万吨,具体分布情况见表 11—3。

表 11—3 全国冶金焦产能分布及结构

单位:万吨

省份	碳化室高度	产能	产能合计
山西	4.3 米及以下	5434	12047
	5.5 米及以上	6613	
河北	4.3 米及以下	388	7541
	5.5 米及以上	7153	
山东	4.3 米及以下	190	4630
	5.5 米及以上	4440	
河南	4.3 米及以下	590	2150
	5.5 米及以上	1560	
其他	4.3 米及以下	8254	26189
	5.5 米及以上	17935	
总计	4.3 米及以下	14856	52557
	5.5 米及以上	37701	

数据来源:我的钢铁网

二、各地焦化去产能情况

2020 年山东省、江苏省、山西省、河北省、河南省等地区均出台了焦化行业去产能方案并推进落实。其中，山东省、江苏省完成情况良好，上半年已基本结束去产能任务，两省累计压减焦炭产能 1390 万吨，且大部分是在产产能。山西省、河北省、河南省的焦炭去产能任务完成情况略显不足，部分计划退出的焦炉未能如期停产。

（一）山东省焦炭去产能情况

山东省焦化行业去产能方案明确要求 2019 年压减焦化产能 1031 万吨，2020 年压减 655 万吨，两年共压减 1686 万吨焦化产能，目前该工作已基本完成。执行去产能之前，山东省焦化产能约 5680 万吨，其中独立焦化产能 4080 万吨，钢厂焦化产能 1600 万吨，4.3 米及以下的落后焦炉产能约为 1635 万吨。截至 2020 年底，山东省焦化企业户数 30 家，产能 4605 万吨，单厂区焦化产能 200 万吨 / 年以上企业达到 7 家，炭化室高度 5.5 米及以上焦炉产能比重达到 90% 以上。

（二）江苏省焦炭去产能情况

江苏省要求 2018 年底前沿江地区和环太湖地区独立焦化企业全部关停，其他地区的独立炼焦企业需在 2020 年前全部退出。徐州市是江苏省焦炭产能退出的重点区域，截至 2020 年 6 月底，徐州市焦炭去产能已执行到位，共计关停焦炭产能 680 万吨。截止 2020 年底，徐州市在产焦炭产能为 599 万吨。

（三）山西省焦炭去产能情况

2020 年 3 月 12 日，山西省发布《山西省打赢蓝天保卫战 2020 年决战计划》，提出要"完成焦化产能压减年度任务，太原、临汾、长治等市按照已批准的压减方案退出炭化室高度 4.3 米及以下焦炉，晋中、吕梁、运城、忻州、阳泉属于'1+30'区域的县（市、区）力争全部退出炭化室高度 4.3 米及以下焦炉。2020 年采暖季前，全省关停淘汰压减焦化产能 2000 万吨以上。"10 月 21 日，山西省晋焦压减组办发布《关于进一步做好焦化行业压减过剩产能各项工作的通知》，再次强调压减过剩焦化产能已进入攻坚阶段，要确保按期完成压减任务。

太原市是山西省焦炭产能退出的重点区域之一，截至 2020 年底，太原市已关停 10 家企业的 4.3 米焦炉，涉及产能共计 900 万吨左右；吕梁市退出涉及 9 家企业焦炭产能约 640 万吨；长治市退出涉及 8 家企业焦炭产能约 480 万吨；临汾市退出涉及 6 家企业焦炭产能约 420 万吨；晋中市、运城市分别退出焦炭产能 200 万吨左右；阳泉市、晋城市合计退出焦炭产能约 100 万吨。

（四）河北省焦炭去产能情况

2018 年《打赢蓝天保卫战三年行动计划》中明确，"京津冀及周边地区实施'以钢定焦'，力争 2020 年炼焦产能与钢铁产能比达到 0.4 左右"。同年《河北省重点行业去产能工作方案（2018—2020 年）》明确，到 2020 年底全省钢铁产能控制在 2 亿吨以内。据此推算，河北省焦炭产能需保留约 8000 万吨。随后下发的《关于促进焦化行业结构调整高质量发展的若干政策措施》文件中规定，针对炭化室高度 4.3 米的焦炉，2019 年底前相关企业要提出改造升级或压减方案，2020 年底前全部关停全省所有炭化室高度 4.3 米的焦炉。

目前河北省在产焦化产能 8100 万吨左右，基本符合规划要求，其中政府公布的 4.3 米焦炉在产产能为 1332 万吨，需进行升级改造或产能置换，在焦化产能相关置换文件中，共涉及关停焦化产能 2787.3 万吨（与 4.3 米焦炉产能有重合）。

（五）河南省焦炭去产能情况

河南省要求 2020 年退出焦化产能 1150 万吨，涉及焦化企业 13 家。截至 2020 年底，河南省共退出 39 座 4.3 米焦炉，另有 5 座焦炉用于新建焦炉烘炉延迟退出。18 家 10 万吨 / 年以下的独立铝用炭素、14 套 30 万吨 / 年以下的合成氨、4 条日产 2000 吨及以下通用水泥熟料生产线、9 座直径 3 米及以下水泥粉磨站等落后产能和设备均如期停产。

第五节　焦炭库存及价格情况

2020 年我国焦炭市场基本面运行良好，供需两侧双重利好，上半年受疫情影响焦炭价格回落，下半年在大力去产能的同时新增产能释放不及预期，焦炭供应缺口难以填补，市场库存持续去化，焦炭价格强势反弹，企业吨焦盈利达到历史较高水平。

一、焦炭库存情况

2020 年我国焦化企业以及下游港口的焦炭库存总体上均处在较低水平，而钢厂对焦炭库存的控制相对平稳。一方面受去产能影响，焦炭产量有所下降，焦化企业长期处于低库存状态，焦炭供应缺口逐步显现。另一方面，钢厂生产积极，对焦炭消耗持续高位，对焦炭需求支撑力度较大。

（一）独立焦化厂库存情况

2020 年一季度，受疫情影响，煤矿复工延期、公路运输受阻、炼焦煤到货困难，多数焦化企业被迫限产，延长出焦时间，另一方面，运输受限使焦化企业出货节奏放缓，焦炭库存有所累积。3 月份以后，煤矿逐步复产，炼焦煤供应恢复至正常水平，焦化企业开工率稳步回升。在 2020 年下半年，产地环保要求相对宽松，叠加高额利润刺激，焦化企业普遍处于满产状态，开工率持续高位。到第四季度，山西等地相继开始集中执行焦化去产能措施，淘汰关停 4.3 米焦炉，焦炭产量明显下降，供应缺口逐步显现，焦化企业长期处于低库存状态。以全国 230 家独立焦化企业为样本调研统计，厂内焦炭库存全年最高点为 3 月 20 日 194.19 万吨，最低点为 12 月 31 日 44.85 万吨（见图 11—10）。

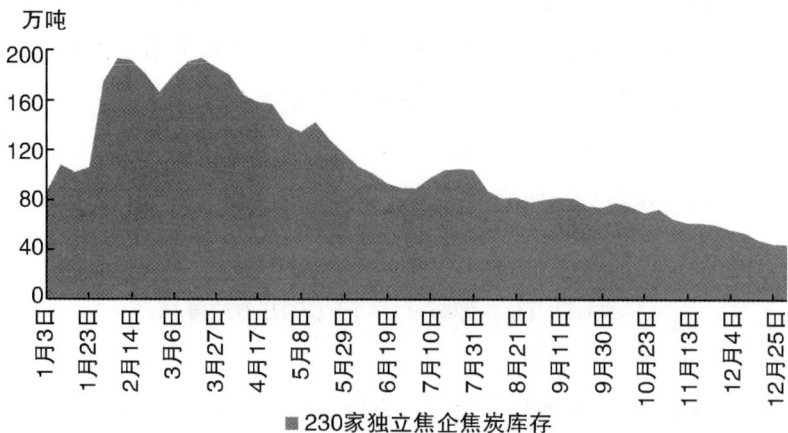

图 11—10　2020 年焦企焦炭库存

数据来源：我的钢铁网

（二）钢厂及港口库存情况

2020 年国内钢厂对焦炭需求旺盛,库存控制相对平稳,总体维持在 440 万吨至 510 万吨左右。以全国 110 家钢厂为样本调研统计,厂内焦炭库存全年最高点为 1 月 23 日 511.93 万吨,最低点为 12 月 31 日 438.99 万吨。

2020 年国内港口焦炭库存总体处于相对低位水平,尤其是下半年,焦炭供应缺口显现,集港量明显减少。以天津港、青岛港、日照港、连云港焦炭库存为样本调研统计,港口焦炭库存全年最高点为 1 月 3 日 371.1 万吨,最低点为 10 月 30 日 231 万吨(见图 11—11)。

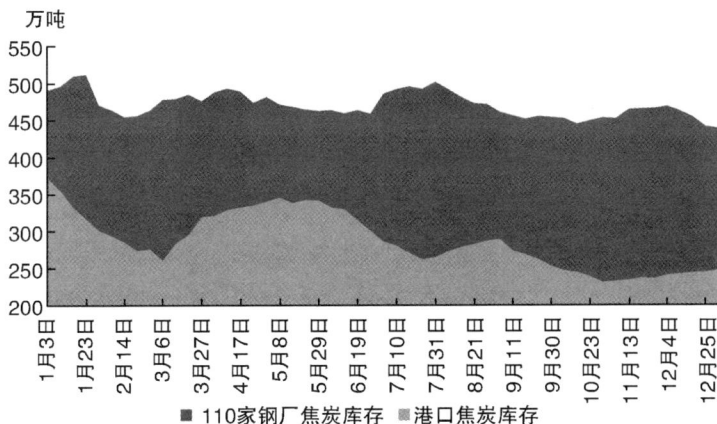

图 11—11　2020 年下游焦炭库存

注:港口样本为天津港、青岛港、日照港、连云港

数据来源:我的钢铁网

二、焦炭价格及吨焦盈利情况

（一）焦炭价格

2020 年,全国焦炭价格呈现前半年探底回升、后半年加速上涨的态势,尤其在 8 月下旬至年底,焦炭价格经过 11 轮提涨,涨幅累计达 600 元 / 吨。从山西焦炭价格指数看,山西公路准一级冶金焦加权平均价最低出现在 4 月底 5 月初,价格为 1568.33 元 / 吨,最高价出现在 12 月低,价格为 2133.75 元 / 吨(见图 11—12)。港口准一级焦现汇出库含税价格全年最高点为 12 月 31 日 2650 元 / 吨,最低点为 4 月 30 日 1690 元 / 吨(见图 11—13)。

元/吨

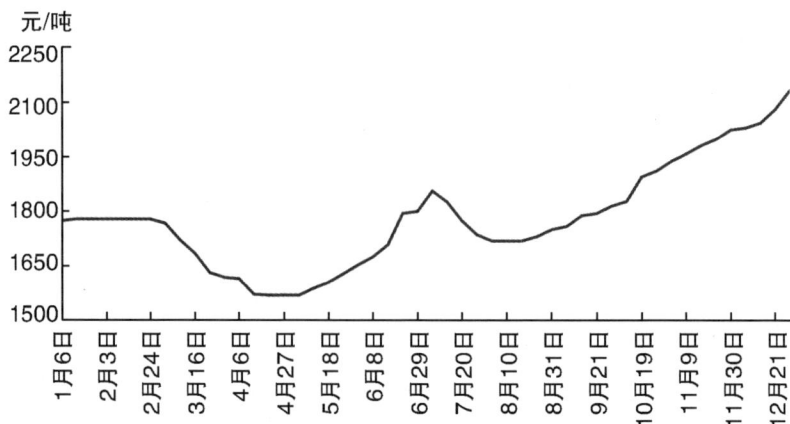

图 11—12　2020 年山西公路准一级冶金焦加权平均价

数据来源：山西焦炭价格指数

元/吨

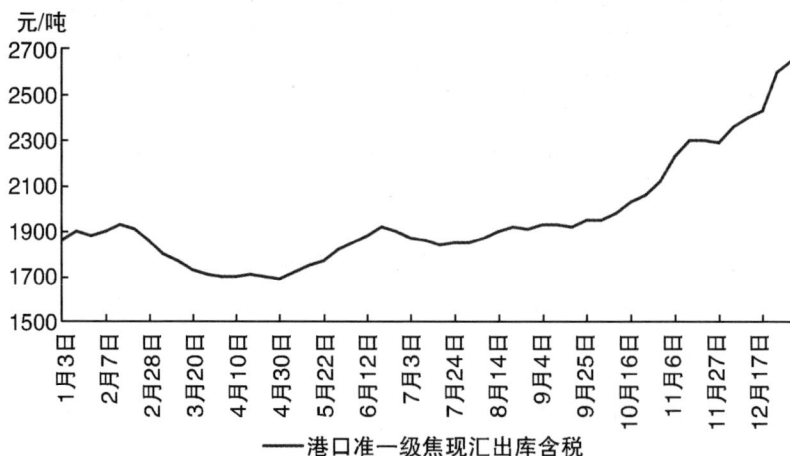

——港口准一级焦现汇出库含税

图 11—13　2020 年港口准一级冶金焦价格

数据来源：我的钢铁网

（二）吨焦盈利

2020 年国内生铁产量同比大幅增加，钢厂对焦炭需求较为旺盛。但受去产能影响，焦炭产量下降，供不应求，紧张的供应局势导致焦炭现货价格一路攀升，8 月下旬至年底，焦炭价格经过 11 轮提涨，涨幅累计达 600 元／吨，全国焦化企业平均吨焦利润超过了700元/吨的历史较高水平。

以山西准一级焦平均吨焦盈利分析,全年仅有短暂时间出现亏损情况,盈利最低点为4月2日的–7.16元/吨,其余时间吨焦盈利均保持在100元以上水平,盈利最高点出现在年末的758.21元/吨(见图11—14)。

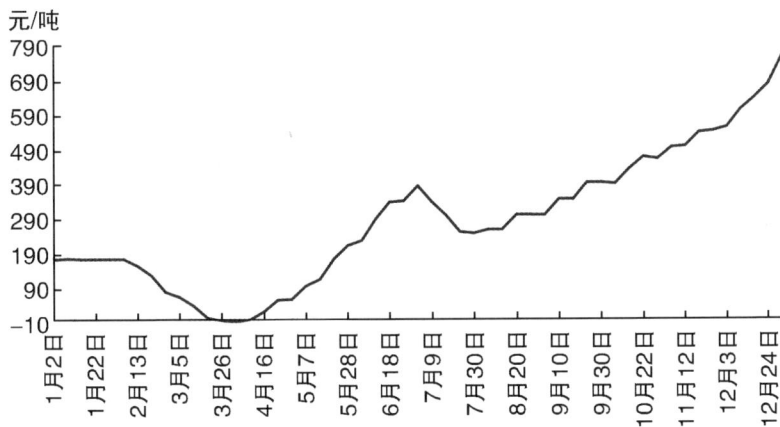

图 11—14　2020 年山西准一级冶金焦平均吨焦盈利

数据来源:我的钢铁网

第十二章　2020 年中国炼焦煤市场分析

2020 年我国炼焦煤生产及供应总体保持平稳,市场供需呈小幅波动,炼焦煤行情呈先抑后扬态势。由于政策收紧,我国优质炼焦煤进口量同比出现明显减少,同时在焦化行业优化产能背景下,新建焦炉趋向大型化发展,入炉原料主焦煤使用占比提升,使优质主焦煤的供应缺口愈发凸显,炼焦煤品种间结构性供给不平衡现象依旧存在。

第一节　我国炼焦煤供需分析

一、炼焦煤生产及供应情况

（一）炼焦煤供应情况

2020 年我国炼焦煤产量小幅增长, 炼焦原煤产量 12.14 亿吨, 同比增幅4.3%;炼焦精煤产量 4.85 亿吨,同比增幅 3.1%,加上进口煤的补充,2020 年我国炼焦煤市场有效供应量达到 5.58 亿吨,同比增幅 2.3%(见表 12—1)。

表 12—1　2020 年我国炼焦煤供应情况

单位:万吨

	炼焦煤原煤产量	炼焦煤精煤产量	炼焦煤进口量	炼焦煤有效供应
2020 年	121402	48510	7257	55767
2019 年	116426	47046	7469	54515
同比(%)	4.3	3.1	−2.8	2.3

数据来源:中国海关总署、中国煤炭资源网

　　若依据国家统计局公布的分省原煤产量及国家煤炭安全监察局煤矿信息测算,2020 年我国炼焦原煤产量约占全国煤炭总产量的 30%。从主产省生产情况来看,2020 年山西省炼焦原煤产量约 6.0 亿吨, 占全国炼焦原煤总产量的 49.2%;安徽省炼焦原煤产量约 1.1 亿吨,占全国炼焦原煤总产量的 9.3%;山东省炼焦原煤产量约 1.0 亿吨,占全国炼焦原煤总产量的 8.6%(见图 12—1)。

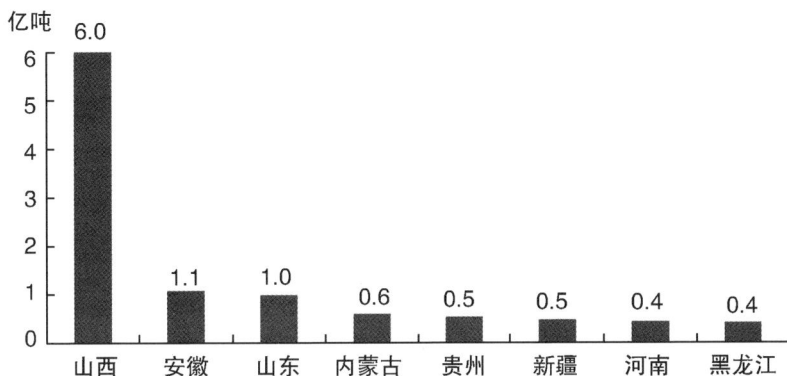

图 12—1　2020 年我国炼焦原煤主产省产量

注:北京、天津、上海、浙江、广东、海南、西藏产量为 0。

数据来源:本书编写组收集整理

(二)分煤种炼焦煤产量

　　依据国家统计局公布的分省原煤产量及国家煤炭安全监察局煤矿信息测算,2020 年我国生产炼焦煤品种中气煤产量最多,全年累计生产约 3.5 亿吨,占炼焦原煤总产量的 29.3%;焦煤产量约 3.1 亿吨, 占炼焦原煤总产量的 25.3%;1/3 焦煤产量约 1.6 亿吨,占炼焦原煤总产量的 13.5%。肥煤、贫瘦煤、瘦煤、气肥煤产量合计约 3.9 亿吨, 占炼焦原煤总产量的比重分别为 9.3%、9.1%、7.0%、6.5%(见图 12—2)。炼焦煤品种间供应结构性不平衡现象难有改善,需求较大的主焦煤供应缺口依旧存在。

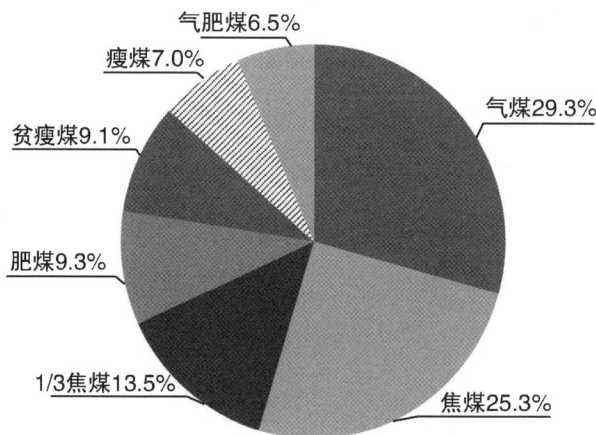

图 12—2　2020 年全国分煤种炼焦原煤产量占比

注：北京、天津、上海、浙江、广东、海南、西藏产量为 0。

数据来源：本书编写组收集整理

（三）山西省炼焦煤产量

山西省是全国最大的炼焦煤生产基地，炼焦煤品种齐全、品质优良，炼焦煤产量占到全省原煤产量一半以上。但是，其中一些品种因硫分、灰分高等原因，被用做动力煤使用，其中北部地区气煤绝大部分是作为动力煤使用。

依据国家统计局公布的分省原煤产量及国家煤炭安全监察局煤矿信息测算，2020 年山西省炼焦原煤产量约 6.0 亿吨，占全国炼焦原煤总产量的 49.2%。山西省焦煤产量最多，全年累计生产约 2.0 亿吨，占全省炼焦原煤总产量的32.6%；气煤产量约 1.8 亿吨，占全省炼焦原煤总产量的 29.6%；贫瘦煤产量约0.7 亿吨，占全省炼焦原煤总产量的 11.4%；肥煤、瘦煤、1/3 焦煤、气肥煤产量合计约 1.6 亿吨，占全省炼焦原煤总产量的比重分别为 7.9%、7.7%、6.9%、3.9%（见图 12—3）。

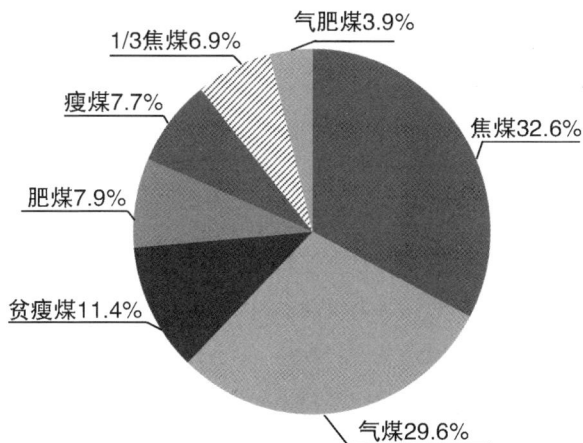

图 12—3 2020 年山西省分煤种炼焦原煤产量占比

数据来源:本书编写组收集整理

二、炼焦煤消费情况

2020 年我国炼焦煤国内市场消费量约为 5.58 亿吨,同比增幅 2.0%,加上出口需求的 87 万吨,炼焦煤总消费量合计 5.59 亿吨,同比增幅 1.9%(见表 12—2)。

表 12—2 2020 年我国炼焦煤消费情况

单位:万吨

	焦炭产量	炼焦煤消费量	炼焦煤出口量	炼焦煤总消费量
2020 年	46849	55771	87	55859
2019 年	46796	54666	141	54807
同比(%)	0.1	2.0	−38.3	1.9

注:焦炭产量为官方分月数据求和测算

数据来源:国家统计局、中国海关总署

第二节　炼焦煤进出口分析

一、炼焦煤进口情况

2020 年我国煤炭进口政策有所收紧，从 5 月份开始严格限制通关。受限制进口煤政策影响，2020 年进口焦煤总量呈现明显下降态势。按分月数据求和测算，2020 年我国炼焦煤进口量为 7256.94 万吨，同比下降 2.80%（见图 12—4），平均价格为 116.14 美元 / 吨，同比下降 15.91%，全年进口炼焦煤占国内总消费量的 13%。炼焦煤进口总量虽然不大，但作为对国内炼焦煤市场的有益补充，发挥着不可忽视的作用。

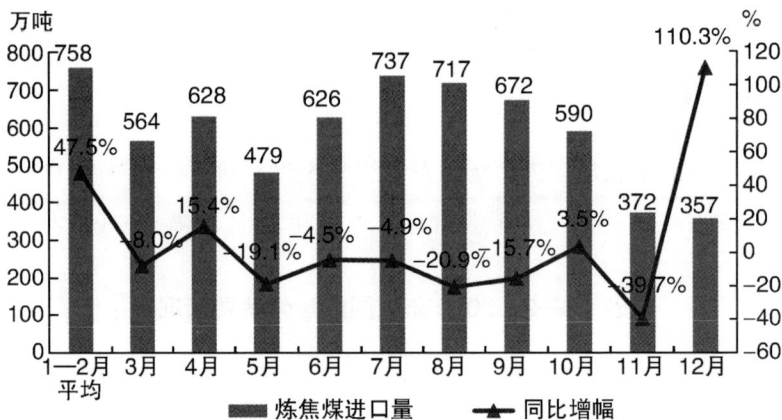

图 12—4　2020 年炼焦煤分月进口量

数据来源：中国海关总署

2019 年向我国出口炼焦煤的主要有 6 个国家，2020 年增加到了 9 个国家，其中出现了非洲的国家，进口渠道不断拓宽。2020 年我国炼焦煤进口前三名的国家分别是澳大利亚、蒙古和俄罗斯，进口量分别是 3536.81 万吨、2376.6 万吨和 672.53 万吨，占进口总量的 90.75%（见图 12—5）。

因疫情及政策原因，2020 年的炼焦煤进口市场经历了较大波动。澳大利亚炼焦煤进口在上半年因配额宽松及价格优势情况下，进口量同比大增；下半年因配额减少以及因澳方举措带来的双方关系紧张,澳煤进关被限制。蒙古炼焦煤进口主要受疫情影响,因陆路进口主要依靠公路运输,核酸检查等因素造成运力不足,全年蒙古炼焦煤进口量同比明显减少。

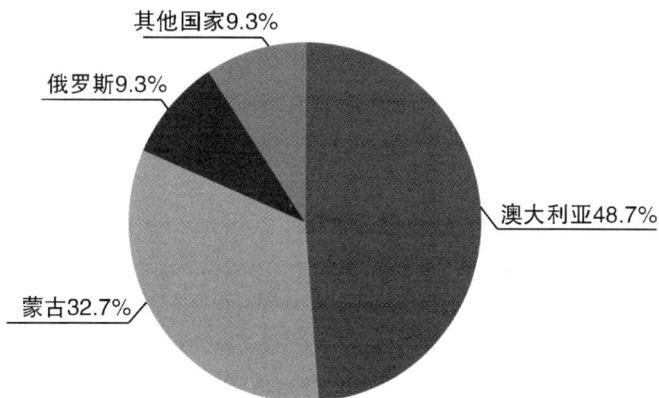

图 12—5 2020 年我国分国别炼焦煤进口

数据来源:中国海关总署

二、炼焦煤出口情况

受公共卫生事件影响,2020 年我国炼焦煤出口量较去年有明显下降, 累计出口 87 万吨,同比降幅为 37.4%。在国际炼焦煤市场上,与澳大利亚的炼焦煤相比,我国炼焦煤出口价格不占优势,且国内优质炼焦煤资源供不应求,因此炼焦煤出口量难有提升。

韩国是我国炼焦煤的主要出口国,2020 年我国向韩国出口炼焦煤 61.83 万吨,同比下降 18.96%。北京、河北、山西、山东等地区是我国炼焦煤出口的主要省市,通过北京出口的焦煤数量最多达到 32.43 万吨,其次是山东省,通过山东出口的炼焦煤总量为 28.5 万吨,其他地区出口量微乎其微。

第三节 炼焦煤库存及价格分析

一、炼焦煤库存

(一)独立焦化厂库存情况

2020年我国独立焦化企业的炼焦煤库存总体呈增多态势。1月份,焦化企业炼焦煤库存增量主要是为春节期间做储备。2月份,受疫情影响,钢厂复产相对缓慢,焦化企业对原料煤补库积极性不高,主要以消耗节前库存为主,炼焦煤库存迅速降至年内最低水平。2月中旬起直至年底,焦化企业的炼焦煤库存逐步增多,尤其是下半年,焦炭价格连涨11轮,在高利润刺激下焦化企业对原料煤需求旺盛,囤货情绪高涨,叠加政策限制国际炼焦煤进口,愈发刺激了下游企业对炼焦煤的采购积极性。以230家独立焦化厂样本为例,炼焦煤库存量全年最低值为2月21日1138.70万吨,最高值为12月31日1795.52万吨(见图12—6)。

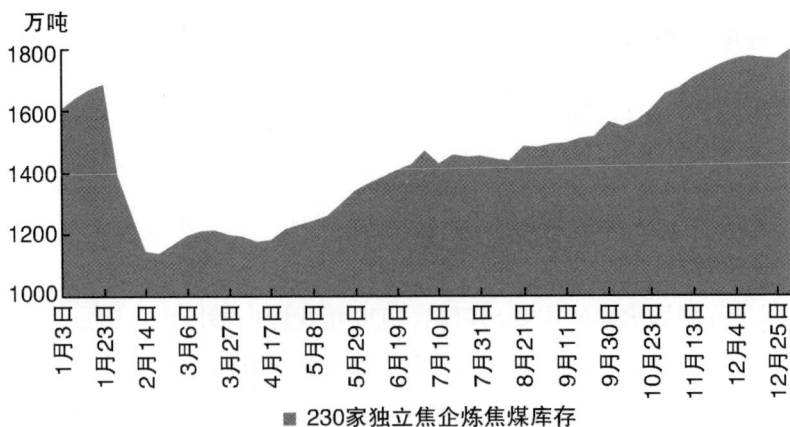

图 12—6 2020 年下游焦企炼焦煤库存

数据来源:我的钢铁网

(二)钢厂及港口库存情况

2020年我国钢厂炼焦煤库存量整体处在相对稳定的水平区间内,大约维持在700万吨至900万吨之间。以全国110家钢厂为样本调研统计,厂内焦炭库存全年最高点为 1 月 23 日 908.29 万吨，最低点为 8 月 14 日 736.64 万吨（见图 12—7）。

2020 年国内港口进口炼焦煤库存总体呈"前多后少"局面。上半年因配额宽松及价格优势较大,炼焦煤大量涌入国内。下半年我国进口政策收紧,进口炼焦煤集港量明显减少。以京唐港、湛江港、青岛港、日照港、连云港为样本调研统计,港口进口炼焦煤库存全年最高点为 3 月 6 日 634 万吨,最低点为 12 月 17 日 270 万吨(见图 12—7)。

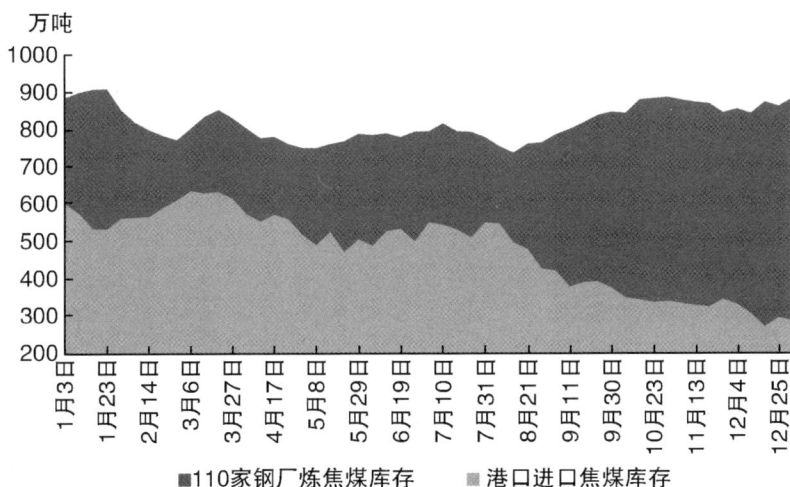

图 12—7 2020 年钢厂、港口炼焦煤库存

注:港口样本为京唐港、湛江港、青岛港、日照港、连云港

数据来源:我的钢铁网

二、炼焦煤价格

2020 年我国炼焦煤行情先抑后扬,总体呈现 V 形走势。年初疫情之后,国家鼓励煤矿率先复产,炼焦煤供应恢复的同时进口煤大量涌入国内,造成国内炼焦煤市场供应过剩,价格承压下行。下半年焦化企业利润高企,开工率持续维持高位,叠加炼焦煤进口受限,优质主焦煤品种供应紧缺,从 9 月开始至年底,下游钢厂、焦化厂对炼焦煤采购需求旺盛,炼焦煤价格逐渐止跌企稳并持续走高。

以山西安泽低硫主焦煤价格为例，年初价格为 1465 元 / 吨，年中低点为 1305 元 / 吨,年末高点为 1595 元 / 吨,全年价格波动幅度为 290 元 / 吨。山西吕梁地区低硫主焦煤价格由年初的 1510 元 / 吨降至 8 月底的 1370 元 / 吨,累计下调 140 元 / 吨,降幅为 9.27%。从 9 月份开始至 12 月份,价格涨势明显,涨幅较大,累计上涨 250 元 / 吨至 1620 元 / 吨,涨幅为 18.25%(见图 12—8)。

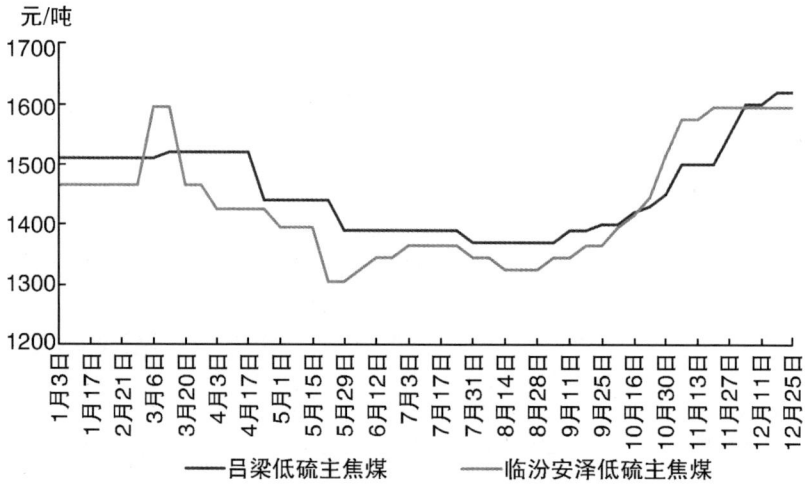

图 12—8　2020 年山西主焦煤市场价格

数据来源:中国太原煤炭交易中心有限公司

第十三章　2020 年中国喷吹煤市场分析

　　喷吹煤是在高炉冶炼生铁时,以煤粉替代焦炭,使高炉炼铁焦比降低,从而减少企业生产成本。喷吹烟煤与喷吹无烟煤都是从风口喷入高炉,但烟煤挥发分高,有自燃及易爆的特性,在制粉、输粉、喷吹等系统都需要有严密的气氛保护,必须有温度控制及灭火和防爆装置,从而确保生产安全性,而无烟喷吹煤则无须气氛保护,温度控制和防爆装置也相对简化,因此烟煤喷吹设施比无烟煤喷吹设施投资成本高。

　　由于烟煤中含挥发分较高,单位质量的煤完全燃烧所需补偿热与氧气更多,同等条件下允许最大喷煤量比无烟煤少。烟煤的结焦性比无烟煤强,对喷吹支管防止积煤的要求更加严格,在炉况不顺、风口不活跃时,不能像无烟煤可以大量强制喷煤,否则风口会出现结焦现象。随着国内钢铁产能的不断优化,高炉煤粉喷吹技术愈发进步和完善,同时由于国内优质炼焦煤资源匮乏,喷吹煤的市场需求逐渐增加,在钢铁冶炼工艺环节中有着不可或缺的地位。

　　本章主要介绍的是国内无烟喷吹煤市场的供给及需求情况。2020 年我国无烟喷吹煤市场供应量与需求量均出现小幅增长,一方面是由于下游生铁产量有较大提升,为满足生产的刚性需求钢厂增加了喷吹煤采购;另一方面是在焦化行业去产能背景影响下,焦炭供应端收紧,间接使钢厂对喷吹煤的需求支撑力度更强。

第一节　我国喷吹煤供需情况分析

一、产地喷吹煤生产情况

　　2020 年国内无烟喷吹煤整体供需偏向宽松,产地主流煤矿及大部分地方煤矿开工及生产情况相对稳定,无烟喷吹煤市场供应较为充足。

3月底主产地煤矿产能复产率达到95%以上，复产煤矿数量、产能利用率和日产量恢复到正常水平。4月中旬行业协会倡议无烟煤企业减产10%保价，但产地主流煤矿未能落实，4月煤矿开工率不降反升，多数煤矿维持满产开工。5月份、9月份山西晋城地区陆续有煤矿工作面搬迁，当月煤矿产量减少，供应端微幅收紧。国庆节假期间产地煤矿整体开工变化不大，多数维持正常开工负荷。临近年底产地煤矿安全生产形势严峻，部分煤矿或减负荷生产，叠加进口煤炭补充不足，无烟喷吹煤供应量微幅收紧。

二、下游钢厂开工情况

2020年国内生铁产量同比大幅增加，钢厂高炉开工维持在较高水平，对原料喷吹煤需求支撑力较强。另一方面，受去产能影响，焦炭供应端收紧，价格大幅攀升，间接导致钢厂提高了对喷吹煤的采购积极性。第一季度，受疫情及终端需求低迷影响，钢厂开工情况未及八成。从第二季度开始，下游工地项目对钢材需求明显释放，钢厂开工出现大幅提升。5月下旬至9月中旬，钢厂开工率处于全年最高水平，总体维持在90%以上。以全国247家钢厂为样本统计，高炉开工率全年最低值为2月21日71.43%，同比降低6.16%，最高值为8月14日91.93%，同比升高4.43%（见图13—1）。

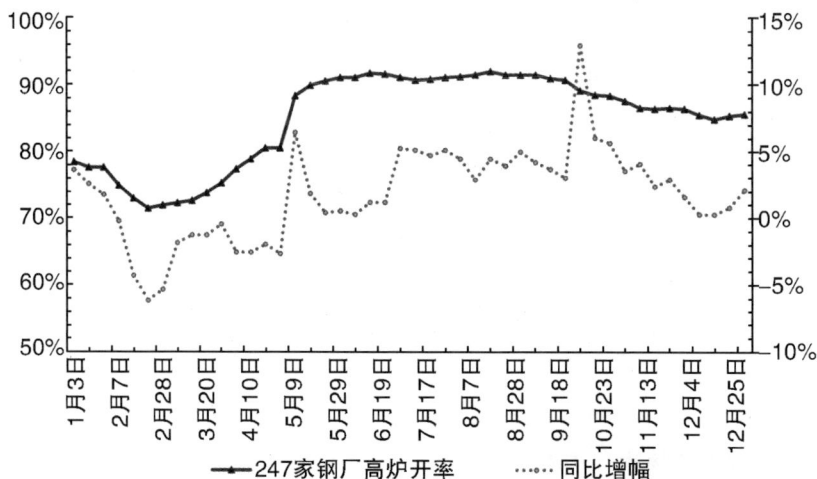

图13—1　2020年247家钢厂高炉开工情况

数据来源：我的钢铁网

三、喷吹煤供需对比

2020 年我国喷吹煤产量及市场供应量均出现小幅增长。无烟及贫煤喷吹煤产量全年累计 7031 万吨,同比增幅 4.5%,增速较 2019 年提升 3.2 个百分点。喷吹煤进口量为 259 万吨,同比增加 7.9%,据此测算 2020 年无烟及贫煤喷吹煤有效供应量约为 7247 万吨,同比增幅为 4.0%(见表 13—1)。

表 13—1 2020 年我国喷吹煤供应情况

单位:万吨

	无烟及贫煤喷吹产量	喷吹煤进口量	无烟及贫煤喷吹有效供应量
2020 年	7031	259	7247
2019 年	6729	240	6968
同比(%)	4.5	7.9	4.0

数据来源:中国煤炭资源网

2020 年全国生铁产量为 88752 万吨,若按照生产 1 吨生铁需要 0.14 吨喷吹煤粉进行测算,喷吹煤需求量约为 12425.28 万吨,较 2019 年增加 1097.6 万吨,同比增幅为 9.69%(见表 13—2)。

表 13—2 2020 年我国喷吹煤需求情况

单位:万吨

年度	生铁产量	喷吹煤需求量
2020 年	88752	12425.28
2019 年	80912	11327.68

数据来源:国家统计局

第二节 喷吹煤库存及价格分析

一、下游钢厂喷吹煤库存情况

2020 年下游钢厂喷吹煤库存量波动相对较大,主要有两方面影响因素,一是年初受疫情影响,下游钢厂复工时间早于煤矿端,叠加公路运输受限,钢厂补库困难,只能消耗春节前的储备资源,原料煤库存量呈直线下降态势。第二个影响因素是第四季度由于焦化去产能,焦炭供不应求,间接导致钢厂增加喷吹煤使用比例,喷吹煤库存量持续增多,这一波补库现象不同于往年。以全国110家钢厂样本进行调研统计,周度喷吹煤库存量平均值为337.9万吨。年内库存高点为12月31日377.35万吨,低点为2月21日308.40万吨(见图13—2)。

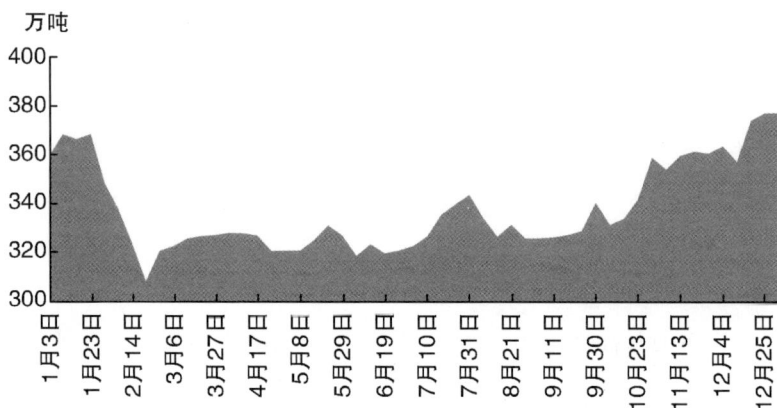

图13—2　2020年110家钢厂喷吹煤库存

数据来源:我的钢铁网

二、产地喷吹煤价格

2020年国内喷吹煤行情总体呈现先抑后扬态势,喷吹煤价格主要有两次相对明显的波动行情,一次是上半年的4月至5月,一次是下半年10月至11月。

年后产地煤矿逐渐恢复生产,喷吹煤市场供应面相对宽松,下游钢厂对喷吹煤补库基本以满足刚需为主,价格没有利好支撑,主流煤企普遍积极挺价,部分地方煤企、贸易商、洗煤厂等市场行情承压下跌。4月份开始国内喷吹煤价格开始普遍下跌,下游钢厂对煤炭企业持续施压,继3月市场煤行情下调后,产地主流煤企开始陆续下调喷吹煤价格,月初主流煤企率先调降喷吹煤价格50元至130元/吨,中旬开始周边河北、河南、宁夏等地区的无烟喷吹煤价格也陆续跟进下调,降幅30—90元/吨不等。6月至8月产地主流煤企喷吹煤价格相对平稳,市场行情小幅涨跌。9月份开始,喷吹煤供应端有收紧趋势,市场行情逐渐走强。

10 月,喷吹煤价格强势上行,产地主流煤矿月初上调 30 元 / 吨,国庆节后地方煤矿及市场喷吹煤价格也跟进上调,上涨范围不断扩大。随后北方地区开始集中供暖,用煤需求明显增加,叠加临近年底煤矿生产以保安全为主,主流煤矿保电煤、长协合同发运,喷吹煤供应紧张,价格持续走高。直至年底,产地连续多次上调价格, 主流煤矿上调 100 元 / 吨, 地方煤矿月初及中旬经历两轮上调, 累计上涨 100—150 元 / 吨不等。

以长治喷吹煤市场价格为例,年初价格为 690 元 / 吨,年末价格为 900 元 / 吨,全年低价区间处于 8 月至 9 月之间,价格为 635 元 / 吨。永城喷吹煤年初价格为 990 元 / 吨, 年末为 1105 元 / 吨, 全年低价区间处于 6 月至 9 月之间, 价格为 925 元 / 吨(见图 13—3)。

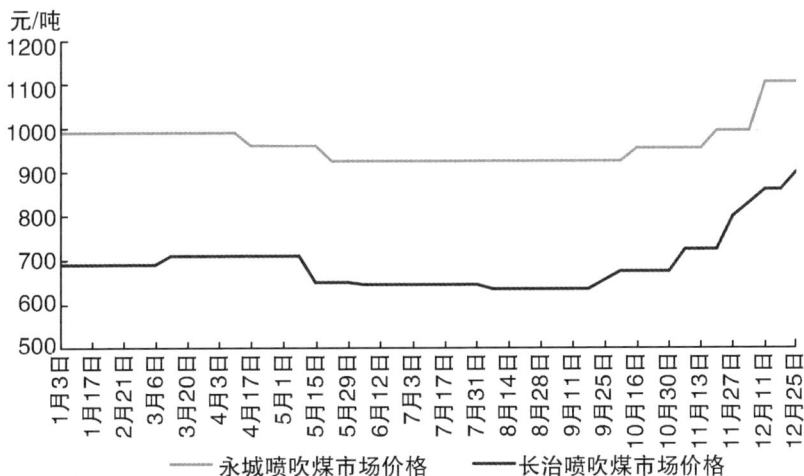

图 13—3　2020 年我国主产地喷吹煤价格

数据来源:中国太原煤炭交易中心有限公司

三、下游钢厂喷吹煤采购价格

受疫情影响,2020 年春节后项目工地复工时间较晚, 钢材终端需求释放延后,钢厂出货困难、资金压力较大,有意将成本压力转嫁至上游原料端。4 月至 5 月,钢厂利润情况依旧欠佳,控制原料煤补库节奏,多数钢厂喷吹煤采购价格下调 20 元至 60 元/吨。6 月至 7 月，随着建材市场需求释放，钢厂对原料煤采购需求缓慢增加，但喷吹煤供应端偏向宽松，钢厂根据库存情况灵活调整喷吹煤采购价格，其中河北钢厂采购价格相对强势。8 月开始由于焦炭、铁矿石等入炉原料成本高企，钢厂利润收窄，多地钢厂小幅下调喷吹煤采购价格。9 月产地煤矿端运行向好，受动力煤、无烟块煤上涨行情支撑，个别钢厂喷吹煤采购价格也出现小幅上调。国庆节后钢厂积极补库，喷吹煤库存控制在高位运行，采购价格也节节攀升，个别钢厂月内累计调涨 75 元/吨。11 月直至年底在钢材、焦炭强势行情带动下，叠加年底备煤补库需求、供应端偏紧等因素支撑，钢厂对原料煤采购积极性提高，接连上调喷吹煤采购价格。以首钢为例，年初喷吹煤采购价格为全年最高点 1070 元/吨，5 月下旬降至年内最低点 695 元/吨，随后缓慢回升，年末价格为 900 元/吨（见图 13—4）。

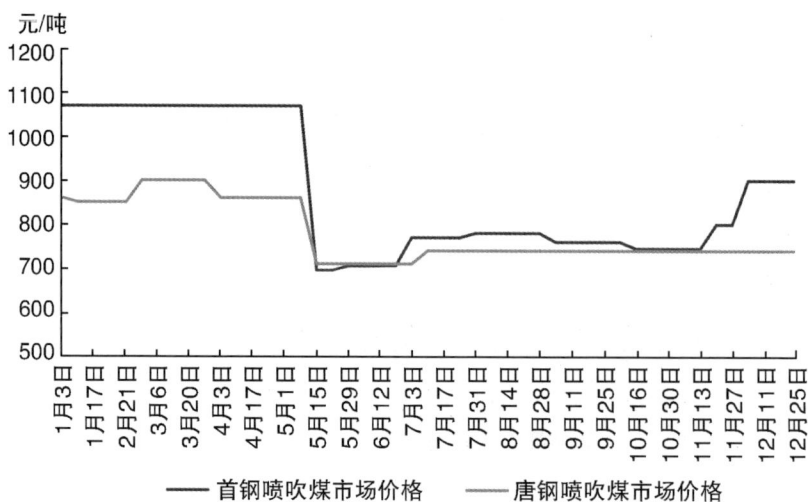

图 13—4　2020 年钢厂喷吹煤到厂含税价格

数据来源：我的钢铁网

第五部分

化工煤

　　煤炭是我国的主体能源和重要原料。煤化工是指以煤为原料，经过一系列的化学加工，使煤转化为气体、液体和固体燃料以及其他化学产品的生产过程。煤化工的加工过程主要有煤的气化、液化、干馏以及焦油加工和电石乙炔加工等。根据产业发展成熟程度的不同，煤化工可以分为传统煤化工和新型煤化工两类。传统煤化工主要包括煤焦化和煤气化合成氨等传统工艺，产业链有"煤—焦炭""煤—电石—PVC""煤—合成氨—尿素"三条。新型煤化工主要包括煤制气和煤制油等新型煤炭深加工工艺，主要包括煤制甲醇、煤制烯烃、煤制乙二醇、煤制二甲醚、煤制醋酸及其衍生物、煤间接液化制油品、煤直接液化制油品等。

　　我国煤炭资源丰富，目前和今后较长一段时间，煤炭都将在我国能源体系中发挥重要的支撑作用；我国石油和天然气资源不足，2020 年我国原油产量 1.9 亿吨，进口量 5.4 亿吨，对外依存度高达 73.6%；天然气产量 1888.0 亿立方米，进口量 1402.9 亿立方米，进口依存度达 42.6%。因此，发展新型煤化工，降低对石油和天然气等资源的进口依赖，对增强我国能源战略安全保障能力具有重要意义。我国《能源发展"十三五"规划》中要求有序发展煤炭深加工，稳妥推进煤制燃料、煤制烯烃等。加强煤化工领域的研究，进一步推进煤炭资源的高效、清洁利用，进而保障我国的能源安全。

　　化工煤篇首先重点介绍了煤制甲醇、煤—合成氨—尿素国内两大重要的煤化工市场运行情况；随后简单介绍了煤制气、煤制油等新型行业的发展概况；最后对煤化工的重要原料无烟煤做了具体市场分析。

第十四章　2020 年中国甲醇市场分析

第一节　我国甲醇生产情况

一、甲醇产业链概况

甲醇是无色、有酒精气味、易挥发的透明液体,是基础有机原料、重要有机溶剂和优质清洁燃料。甲醇行业及其下游产品工业对一个国家的化工生产起到至关重要的作用,直接影响到一个国家的经济发展水平,同时也关系到我国综合国力的发展,是我国推动技术革新、调整资源结构、发展绿色化工的关键环节。国家发改委颁发的《石化和化学工业发展规划(2016—2020 年)》中要求"在化工新材料、精细化学品、现代煤化工等重点领域建成国家和行业创新平台",把甲醇制芳烃、甲醇合成成套技术装备等列入技术创新重点领域及方向。并要求适度发展甲醇制烯烃等基础产品强化保障工程。且要求扩大国际合作:"深入推进实施'一带一路'战略,支持国内企业参与海外资源的勘探与开发,重点推进油气资源开发、北美页岩气制甲醇和乙烯及下游衍生物、钾肥和轮胎生产基地建设,在有条件的地区实现就地加工转化,形成上下游一体化的战略合作产业链。"

我国甲醇产业链上游生产原料主要有煤、焦炉气和天然气等。其中煤是我国制备甲醇的重要原料之一。2020 年我国煤制甲醇产能 7212.5 万吨,占全年总产能的 76.4%;焦炉气制甲醇产能 1160.5 万吨,占比 12.3%;天然气制甲醇产能 1038.5 万吨,占比 11.0%(见图 14—1)。另外,还有以矿热炉尾气和二氧化碳等为原料的甲醇生产工艺。我国现阶段在运行的矿热炉尾气制甲醇生产工艺的公司有两家,鄂尔多斯电力冶金集团(年产 10 万吨)和乌兰察布旭峰合源(年产 15 万吨),在建的有一家内蒙古瑞志(年产 17 万吨),预计将于 2021 年第四季度投产。2020 年 7 月,安阳顺利环保科技有限公司年产 11 万吨的利用二氧化碳制绿色低碳甲醇项目顺利开工,目前仍在建设中,该项目建成后将是我国首套二氧化碳制甲醇项目,也是目前世界上规模最大的二氧化碳加氢制甲醇生产装置。

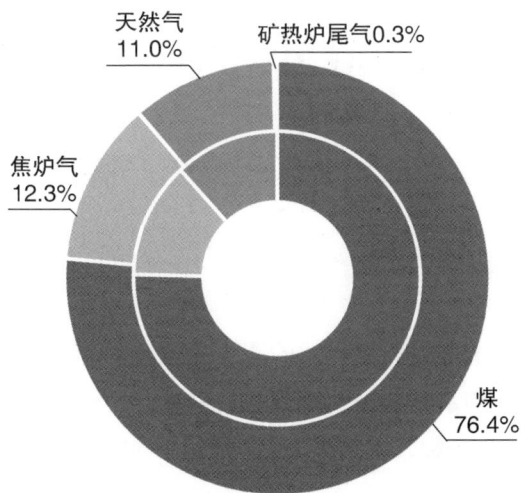

图 14—1　2020/2019 年国内甲醇原料占比情况

（外环 2020 年占比、内环 2019 年占比）

数据来源：本书编写组收集整理

甲醇产业链下游应用广泛,主要用于生产甲醛、醋酸、二甲醚、烯烃、甲基叔丁基醚等多种有机化工中间体,用于制备醛基树脂、聚氨酯、聚烯烃、乙酸酯类、制冷剂以及燃料等化工产品,广泛用于染料、涂料、医药、农药、家电行业以及汽车行业等领域。

二、甲醇产能、产量现状

近几年, 国家有序组织和推广甲醇汽油的使用, 甲醇下游消费领域不断扩展,我国甲醇产能和产量逐年增长。2020 年我国甲醇产能约 9436.5 万吨,同比增长约 7.4%,全年产量约 6357 万吨,同比增长 8.5%（见图 14—2）。

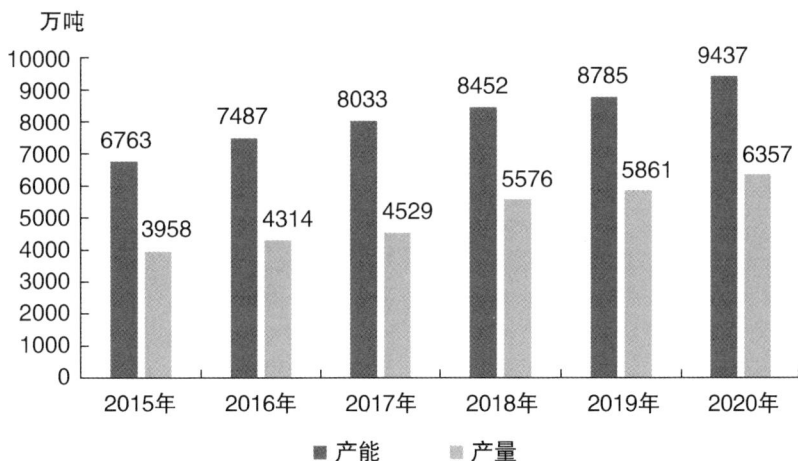

图 14—2 2015—2020 年我国甲醇产能产量情况

数据来源：本书编写组收集整理

近年来，国家大力发展煤化工产业链，因在制定发展政策时规定了必须要配备相应的下游煤化工装置，煤化工产业集中度越来越高。从产能分布情况来看，目前我国甲醇产能主要集中在西北、华东及华北地区，其中西北地区甲醇产能占比 52.4%，华东地区占比 19.3%、华北地区占比 10.1%（见图 14—3）。

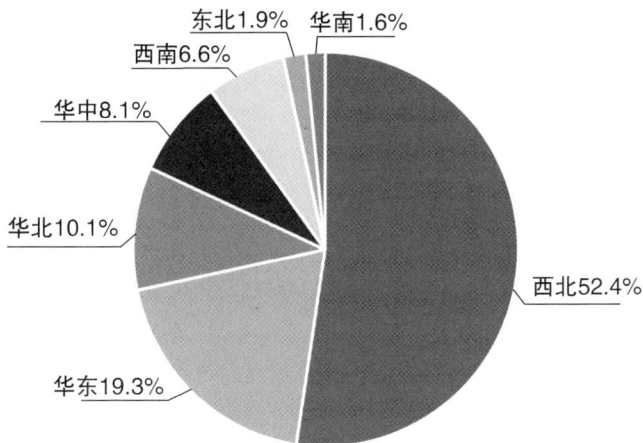

图 14—3 2020 年国内甲醇产能分布情况

数据来源：本书编写组收集整理

2020 年,国内新增产能不及预期,全年新增产能总计 652 万吨,大部分集中在下半年,全年供应增量不大(见表 14—1)。

表 14—1　2020 年甲醇新增产能情况统计

企业名称	工艺原料	投产时间	产能(万吨)	备注
荣信化工二期	煤	2020 年 1 月	90	
旭阳中燃	焦炉气	2020 年 1 月	10	
兖矿榆林二期	煤	2020 年 2 月	70	
浙江石化	煤	2020 年 2 月	40	
晋煤中能	煤	2020 年 5 月	10	新投 30,淘汰 20
宁夏宝丰	煤	2020 年 6 月	220	
山东恒信	焦炉气	2020 年 7 月	15	
陕西精益化工	煤	2020 年 7 月	25	
新疆天智辰业	煤	2020 年 8 月	30	
内蒙古旭峰合源一期	焦炉气	2020 年 9 月	15	总产能50,其中一期15
河南心连心	煤	2020 年 9 月	60	
烟台万华化学	煤	2020 年 9 月	67	
新增产能总计	—	—	652	

数据来源:本书编写组收集整理

第二节　我国甲醇进出口情况

一、2020 年我国甲醇进口情况

2020 年,受新冠肺炎疫情影响,全球化工产品价格大幅走低,进口货源价格优势更明显,进口量维持高位。我国海关统计数据显示,2020 年我国累计进口甲

醇 1300.9 万吨,同比增长 19.4%,月均进口量约 108.4 万吨,同比增长 17.6 万吨(见图 14—4)。分季度来看,第一季度,虽然因国外检修高峰期迎来甲醇进口量的季节性低点,但随着近几年来国外新增甲醇设备陆续投产,第一季度我国的甲醇进口量仍高于往年进口水平。第二季度之后,受伊朗甲醇新增设备的投产及全球疫情影响,海外甲醇市场需求偏弱,发往我国的甲醇量增多,进口量持续走高(见图 14—5)。

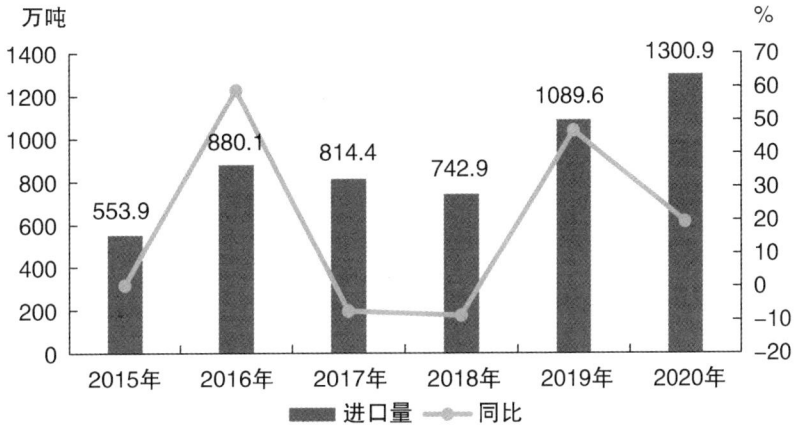

图 14—4　2015—2020 年我国甲醇进口情况

数据来源:中国海关总署

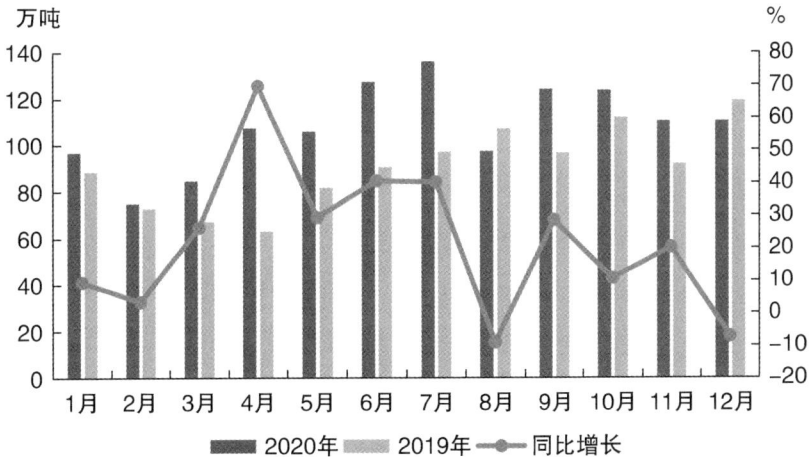

图 14—5　2020/2019 年我国甲醇月度进口情况

数据来源:中国海关总署

从进口来源看，伊朗、阿联酋、阿曼以及沙特等中东地区仍是我国的主要进口来源国。四个国家的总进口量共有 892.9 万吨，占总进口量的 68.6%。另外其他来源国还有新西兰、特立尼达和多巴哥、委内瑞拉、马来西亚、智利、文莱等国家，分别占甲醇总进口量的 11.8%、7.4% 和 4.5%、2.7%、1.9%、1.7%。（见图 14—6）。

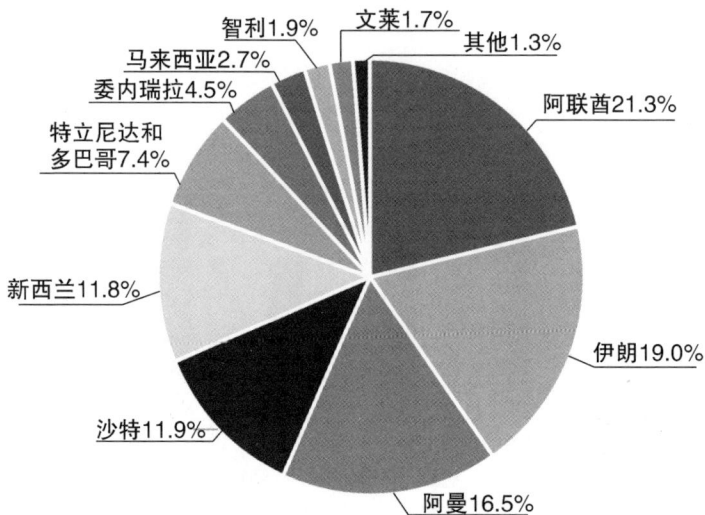

图 14—6　甲醇进口来源分布统计

数据来源：中国海关总署

二、2020 年我国甲醇出口情况

我国甲醇生产成本相对较高，国际市场竞争力较弱，出口量较低。2020 年我国共出口甲醇 12.1 万吨，同比下降 29.1%（见图 14—7）。

"十三五"期间，我国甲醇出口量除 2018 年外，每年基本保持在几万吨到十几万吨水平，相比于我国甲醇进口量，出口量几乎可以忽略不计。

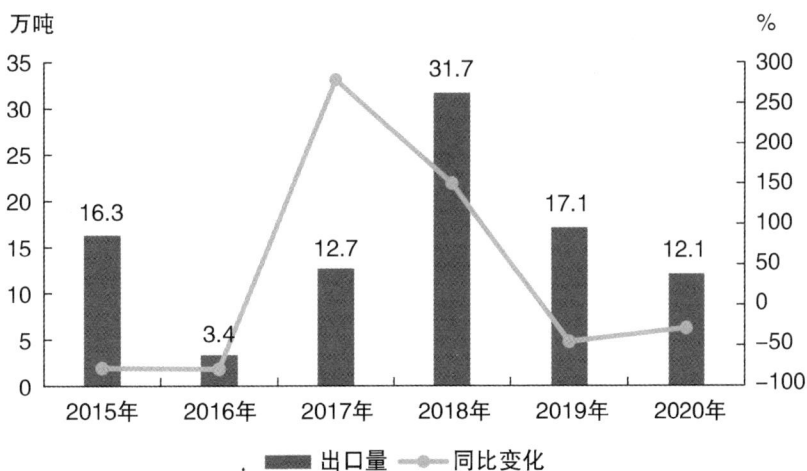

图 14—7　2015—2020 年我国甲醇出口量及同比变化情况

数据来源:中国海关总署

第三节　我国甲醇消费情况

近年来,国家加大环保和安全检查力度,企业兼并重组等对化工行业的影响不断走强,上游企业限产、停产,运输环节监管力度加强,下游需求端停车降负等均有不同程度的体现。

甲醛行业作为甲醇产业链最大的传统下游,近年来一直受环保检查影响,产量不断下降,2020 年全年开工率仅维持在 20% 左右,年均开工率约21.4%,同比下降 7.9%。

下游醋酸行业方面,醋酸主要用于生产醋酸乙烯、醋酸乙酯、PTA(精对苯二甲酸)以及醋酐等,2020 年的市场需求相对较好,年均开工率约81.3%,同比下降1.4%。

MTBE(甲基叔丁基醚)方面,MTBE 是汽油中的重要原料组成,年均开工率约 45.3%,同比下降 4.8%。

二甲醚方面,行业进入低迷期,年均开工率约 22.7%,同比下降 11.1%。

甲醇制烯烃行业方面,因利润可观,年均开工率约 79.6%,同比上涨3.2%,仍保持正增长趋势。

甲醇燃料方面,2020 年我国全年实施"国六"排放标准,对未来油品要求越来越高,甲醇燃料领域将有较大的增长空间。

2020 全年,甲醇表观消费量约 7646 万吨,同比小幅增长 10.3%(见图 14—8)。甲醇消费需求量最大的部分是甲醇制烯烃,预计 2020 年占甲醇消费总量的 52.9%,其他下游消费端还有 MTBE、醋酸、二甲醚、甲醛等,分别占总消费量的 6.3%、5.6%、4.9% 和 4.3%(见图 14—9)。

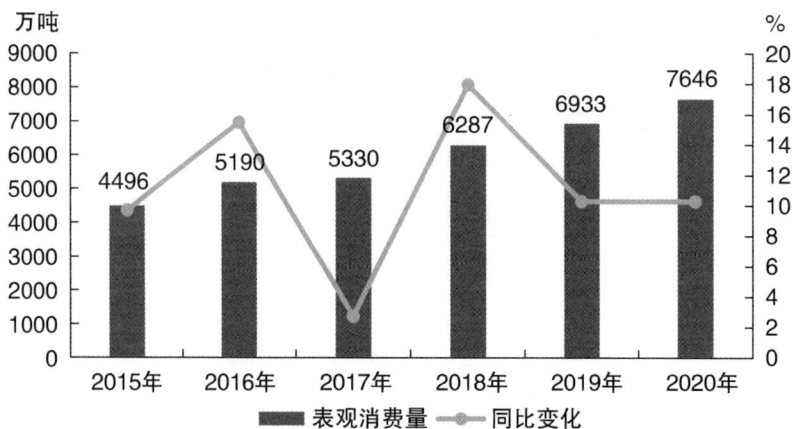

图 14—8 2015—2020 年我国甲醇表观消费量及变化趋势

数据来源:本书编写组收集整理

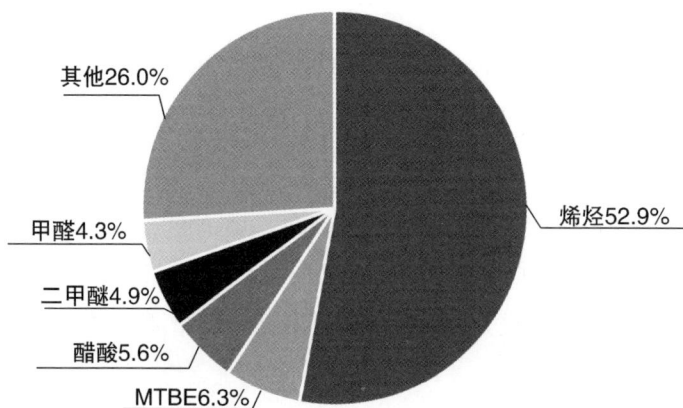

图 14—9 2020 年甲醇行业下游消费占比情况

数据来源:本书编写组收集整理

第四节 我国甲醇价格表现

2020 年,我国优等品甲醇市场价格年初快速下跌,后期市场供需关系改善价格企稳,并于第三季度开始重心上移,年底回升至年初高位,整体呈下探回升态势(见图 14—10)。具体来看,甲醇市场走势可以分为三个阶段。

第一阶段(1—3 月):甲醇价格短期反弹之后快速下跌。1 月国内优等品甲醇价格上涨 80 元 / 吨,涨幅 3.7%,主要是因为伊朗限气停车,进口供应量不足,国内甲醇价格走高。2 月到 3 月国内优等品甲醇价格大幅下跌 430 元 / 吨,跌幅 21.4%,主要是因为国内疫情迅速蔓延影响,物流受限导致甲醇工厂库存大面积累积,价格大幅下跌。

第二阶段(4—8 月):甲醇价格呈低位震荡态势。第二季度受国家宏观政策干预,经济下行压力减缓,甲醇市场供需关系不断改善,叠加国际市场回暖进口量的冲击、国内需求缺乏增量和甲醇企业亏算带来的成本支撑等因素影响,本阶段甲醇价格整体以低位震荡走势为主。

第三阶段(9—12 月):甲醇价格大幅反弹。9 月至 12 月,国内优等品甲醇价格大幅上涨 660 元 / 吨,涨幅 39.1%。国内西北、华东等地区检修增多,带动甲醇企业去库存加快,且国外甲醇装置运行不稳和天气导致船运货物延迟到港等,导致国内整体供应偏紧。需求端,烯烃利润的高位则带动了甲醇下游装置维持高负荷运行,部分前期长期停车装置也陆续重启。供需偏紧的情况下,甲醇价格大幅上涨。

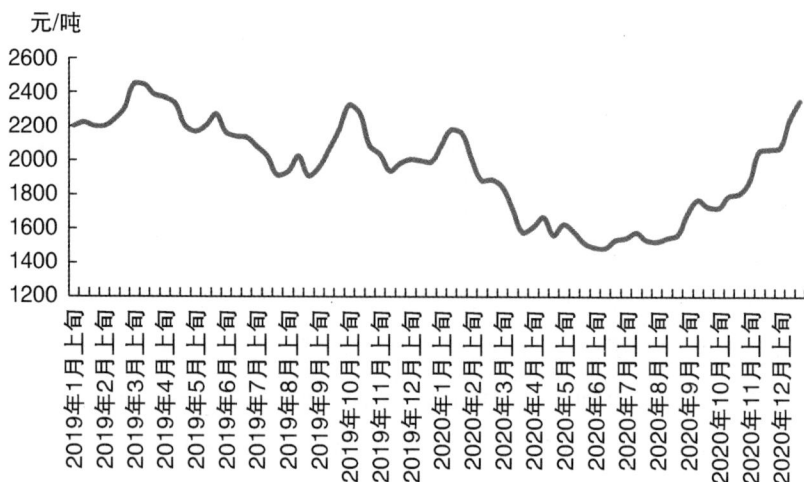

图 14—10　2019—2020 年甲醇(优等品)价格走势图

数据来源：国家统计局

第五节　我国甲醇行业的发展前景

2021 年,对于国内甲醇行业而言是机遇和挑战。新冠疫苗的上市为全球经济复苏增强了信心,企业投资意愿回暖,商品需求有所好转。虽然海外甲醇需求的复苏吸引一部分本应流入中国市场的甲醇, 但考虑到国内外市场的新增产能不断释放,全球供应压力加大,特别是我国国内市场甲醇产量的增多,预计 2021 年我国甲醇市场仍将维持供应宽松的局面。

从需求端来看,我国环保、安全检查等监管力度的不断加强,甲醇的传统下游行业开工率持续低位;醋酸受益于 PTA、醋酸乙烯等新增产能的投产,需求或有望平稳增长。整体而言,2021 年随着经济的不断恢复,甲醇传统需求大概率将好于预期。新兴需求方面,高利润将促使甲醇制烯烃开工率持续高位,且甲醇燃料也将成为增长亮点之一。综合考虑,2021 年我国甲醇需求量仍将稳步增长。

从季节性规律看,一季度进口缩量预期、冬季原料成本抬升、春节前备货、烯烃装置投产等一系列因素影响下,甲醇价格仍有望保持偏强态势。二季度甲醇装置进入春检,届时若价格偏强,也可能导致企业推迟检修和加大开工,进而对价格形成压力。值得注意的是,西北部分 MTO(甲醇制烯烃)配套甲醇装置投产,对内地市场影响将较为显著,进而影响港口市场。不过,海外需求的持续复苏有望分流全球货源, 叠加下游烯烃装置的投产将为甲醇带来可观市场研报的需求增量。综合考虑以上因素,预计 2021 年甲醇价格震荡重心有望得到抬升。

第十五章　2020年中国合成氨市场分析

第一节　我国合成氨生产情况

一、合成氨产业链概况

合成氨是由氮气和氢气在高温高压和催化剂的作用下直接合成的化合物。合成氨主要用于生产硝酸、尿素以及其他化肥，还可以用于生产医药和农药等。世界上只有少量的合成氨从焦炉气中回收，绝大部分是合成的氨。且合成氨也是全球能源消耗大户，世界上约百分之十的能源用于生产合成氨。目前世界各国合成氨生产工艺中用到的原料按形态划分，主要有固体、液体、气体三种。其中，固体原料有无烟煤、烟煤、褐煤、焦炭等；液体原料有重油、渣油、石脑油等；气体原料有焦炉气、天然气、石油炼厂气等。其中煤制合成氨占合成氨总产能的80%以上，是煤化工的重要细分行业。

合成氨产业最重要的下游就是生产化肥，大约有70%的合成氨用于生产尿素、硝酸铵、氯化铵、碳酸氢铵、磷酸铵、氮磷钾混合肥等。合成氨也是非常重要的工业原料，在化学纤维、塑料工业中，可以以氨、硝酸、尿素作为氮元素的来源，生产三聚氰胺、己内酰胺、尼龙-6、丙烯腈等单体和脲醛树脂等产品。此外，氨在其他领域中的应用也非常广泛，在民用爆破、石油炼制、橡胶工业、冶金工业和机械加工以及轻工、食品、医药工业等方面，氨及其加工产品都是非常重要的原料。

二、合成氨产能、产量情况

"十三五"期间，工业和信息化部要求重点行业淘汰落后和过剩产能，其中合成氨行业不得少于1000万吨。《石化和化学工业发展规划（2016—2020年）》明确要求原则上不再新建以无烟块煤和天然气为原料的合成氨装置，未来合成氨行业主要以去产能为主基调。"十三五"期间，合成氨产能不断下降。2020年全年我国合成氨总产能约 6357 万吨,同比下降 4.0%(见图 15—1)。2021 年部分省份仍将保持去产能趋势不变。2021 年 2 月 25 日,内蒙古自治区发改委发布《关于确保完成"十四五"能耗双控目标任务若干保障措施(征求意见稿)》向社会公开征求意见的公告,征求意见稿提出,从 2021 年起,不再审批焦炭(兰炭)、电石、聚氯乙烯(PVC)、合成氨(尿素)、甲醇、乙二醇、烧碱、纯碱、磷铵、黄磷、水泥(熟料)、平板玻璃、超高功率以下石墨电极、钢铁(已进入产能置换公示阶段的,按国家规定执行)、铁合金、电解铝、氧化铝(高铝粉煤灰提取氧化铝除外)、蓝宝石、无下游转化的多晶硅、单晶硅等新增产能项目,确有必要建设的,须在区内实施产能和能耗减量置换。

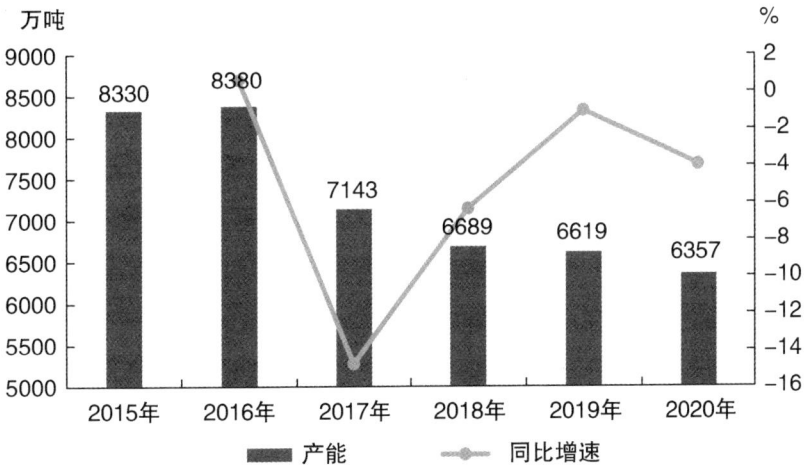

图 15—1 合成氨产能趋势图

数据来源:本书编写组收集整理

2020 年我国合成氨产量 5117 万吨,同比增长 382 万吨,增幅 8.1%(见图 15—2)。合成氨单位产品平均综合能耗为 1264 千克标准煤 / 吨,较 2015 年下降 67 千克标准煤 / 吨。

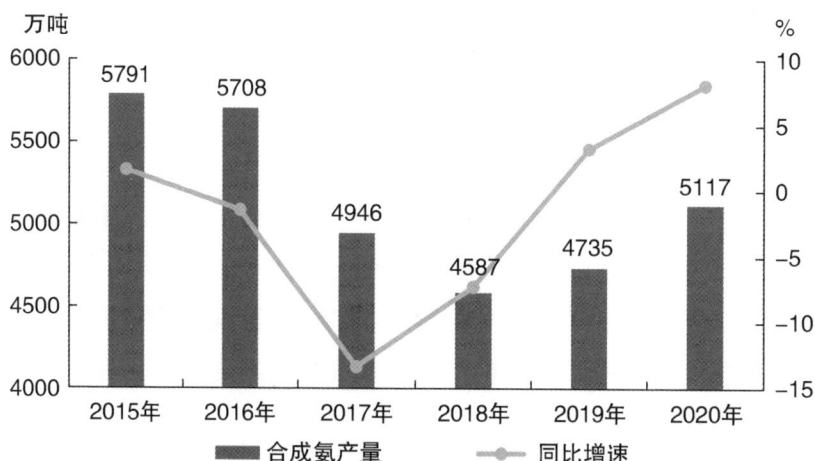

图 15—2　合成氨产量趋势图

数据来源：国家统计局、工业和信息化部

2020 年合成氨行业能效"领跑者"共 8 家，按原料不同分为四类：以优质无烟块煤为原料的"领跑者"为河南心连心化学工业集团股份有限公司、安徽昊源化工集团有限公司；以型煤为原料的"领跑者"为湖北三宁化工股份有限公司；以烟煤（包括褐煤）为原料的"领跑者"为河南心连心化学工业集团股份有限公司、江苏华昌化工股份有限公司、山东华鲁恒升化工股份有限公司、灵谷化工集团有限公司；以天然气为原料的"领跑者"为海洋石油富岛有限公司。先进节能做法包括：

一是广泛采用先进节能工艺技术提高能源利用率和合成效率。江苏华昌化工股份有限公司采用水煤浆加压气化技术及甲醇洗、液氮洗等气体净化工艺替代原有常压固定床煤制合成气生产装置，煤炭利用率由 92% 提升至 98%，实现年节能 10 万吨标准煤，单位产品能耗下降 13.5%。湖北三宁化工股份有限公司实施"全低变（等温）变换新工艺技术创新及产业化示范工程"，年节约蒸汽 2.3 万余吨，节电 5000 万千瓦时，节能 4 万余吨标准煤。安徽昊源化工集团有限公司采用轴径向冷激式合成塔技术，实施氨合成系统节能改造，提高氨合成效率，降低合成压力，实现年节电约 4740 万千瓦时，增加副产蒸汽 11.5 万吨，年节能 3 万余吨。

二是充分利用各类二次能源。安徽昊源化工集团有限公司采用三废混燃炉技术,对合成氨放空气、氨槽弛放气、造气吹风气、造气废渣、除尘器细灰、煤末等进行综合利用,每年可产生蒸汽 48 万吨,节能 9800 余吨标准煤。湖北三宁化工股份有限公司应用合成氨放空尾气资源梯级回收利用成套技术,回收弛放气压力势能并深度分离回收甲烷副产液化天然气,年节能 1.5 万吨标准煤;二次利用造气炉渣,送锅炉燃烧制取蒸汽,实现年节能 3800 吨标准煤。江苏华昌化工股份有限公司回收利用合成氨生产过程副产蒸汽发电,年节电 3300 万千瓦时。

三是利用先进控制技术实现能源智能管控。湖北三宁化工股份有限公司应用顺控技术、超驰控制技术、前馈—反馈复杂控制技术等,实现合成氨装置全流程智能协调控制,合成氨综合能耗下降 3%,年节能 2.7 万吨标准煤;建设能源管理中心,实现主要能源介质和物料全覆盖监测和集中控制,年节能 3 万余吨标准煤,综合节能率 1.6%。河南心连心化学工业集团股份有限公司引进粉煤锅炉及自动化先进控制技术,提升锅炉效率 1 个百分点,实现年节能约 1.2 万吨标准煤;建设能源管理中心示范项目,实现能源全程、集中、可视化管理,年节能约 2 万吨标准煤。

第二节　我国合成氨行业存在的问题及发展建议

我国的合成氨生产是以煤为主要原料,行业规模已居全球首位。鉴于其在化肥生产中不可或缺的地位,以及在我国粮食产量、社会发展等方面的不可替代性,未来合成氨仍将是我国化学工业的发展重点。为确保行业的持续稳定发展,合成氨生产企业要科学控制产能过剩现象,在生产过程中减少能耗,注重环保,做好节能减排工作,做到资源的可持续发展及循环利用。主要体现在以下几个方面:

第一,调整优化产业结构,促使整个产业向集中化、规模化方面发展,逐步淘汰能耗高、环保技术落后的企业,优化原料结构,拓宽可用资源范围。

第二,发展低能耗技术,优化工艺流程,合理利用能源,研制性能好的催化剂、开发新的原料气体的净化方法,降低燃料消耗。

第三，重视清洁生产，尽量使用洁净能源，减少废渣、废水、废气的排放量。

第四，提高设备利用率，延长运转周期，延伸产业链、扩大联产领域。

就目前来看，我国合成氨产业逐渐迈入产业转型升级阶段。为了进一步加快产业结构调整，加强环境保护，规范企业投资行为，避免盲目投资和低水平重复建设，推动合成氨行业持续健康发展，我国政府相继出台了一系列法律法规和利好政策。在此背景下，国内也涌现出一大批具备较高技术水平、较大生产规模的优秀本土企业，多分布于华东、中南、西南和华北等氮肥销量较大的地区，例如华鲁恒升、湖北宜化、鲁西化工、泸天化、华昌化工等，未来在国际市场上的发展潜力巨大。未来，随着化肥行业改革创新，化肥化工企业新型环保型、高效性复合肥的研究开发力度不断加快，或将再次带动合成氨市场需求量的上升，助力于合成氨行业的发展。

第三节　我国尿素行业情况

一、尿素市场产需情况

（一）我国尿素行业生产情况

近年来，我国不断淘汰固定床工艺等落后尿素产能，陆续增加水煤浆、航天炉等较为先进的工艺产能，整体产能供应基本趋于稳定。2020年国内尿素总产能7092万吨，与2019年相比下降44万吨，降幅0.62%（见图15—3）。预计未来五年，国内尿素总产能将在7000万吨上下波动。我国尿素产能主要分布在华北、华东、西北、西南地区，东北及华南地区尿素产能占比相对偏少。

产量方面，2016—2018年，受尿素行业去产能调结构及环保政策实施等因素影响，我国尿素产量呈逐渐下降的趋势，2019—2020年产量又有微增。2020年国内尿素总产量为5373万吨，与2019年相比上涨103万吨，增幅2.0%（见图15—4）。从全国尿素开工情况看，2020年国内尿素企业开工率整体高于过去两年同期水平，全年平均开工率在69.5%，同比增长7.4%。从日产量来看，2020年国内尿素平均日产量在14.8万吨，同比增长2.49%。

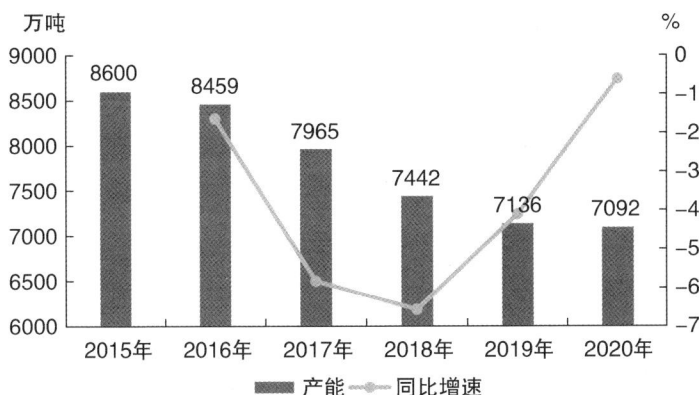

图 15—3　2015—2020 年我国尿素产能情况

数据来源:本书编写组收集整理

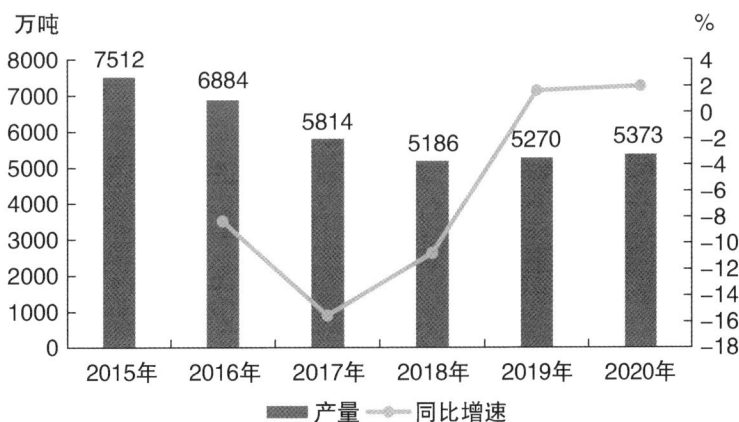

图 15—4　2015—2020 年我国尿素产量情况

数据来源:本书编写组收集整理

(二)我国尿素行业下游需求情况

我国尿素产品的下游主要有农业需求和工业需求两个方面。其中农业需求占比较高,直接施肥需求占总需求量的 50%以上,主要施用于水稻、小麦、玉米和果蔬等。值得注意的是,近年来农产品价格的上涨调动了农民种粮的积极性,南方冬闲田面积大幅下降,复种指数提高。国家统计局发布的统计数据显示,2020 年全国粮食总产量为 66949 万吨,比上年增加 565 万吨,增产 0.9%;全国粮食播种面积 11677 万公顷,比上年增加 70 万公顷,增长 0.6%。在今年自然灾害偏重的情况下,粮食种植面积和产量同比双双增长,也意味着化肥需求面的好转。

另外,2020年11月17日,国务院办公厅印发了《关于防止耕地"非粮化"稳定粮食生产的意见》。其中要求,粮食主产区要努力发挥优势,巩固提升粮食综合生产能力,继续为全国做贡献;产销平衡区和主销区要保持应有的自给率,确保粮食种植面积不减少、产能有提升、产量不下降,共同维护好国家粮食安全。国家和政府下一步将采取激励和约束相结合措施,调动各地区重农抓粮积极性。

工业用肥需求方面主要分为加工生成复合肥、人造板、三聚氰胺、烟气脱硝以及其他的小工业需求等。2020年我国复合肥企业开工率在45%左右,较2019年同期基本持平。2021年整体来看,无论是粮食价格、种植面积,还是农户对农资的投入,都有向好的发展势头,加上政策上在保障粮食安全方面的支持,对复合肥市场将形成支撑。经过近年来环保要求下的不断治理,多数大型胶板厂逐渐符合环保要求。四季度板材出口持续恢复,订单继续好转。2021年整体来看,海外经济的恢复对国内板材出口将产生积极的作用。三聚氰胺的产能近年来基本持平,而下游需求保持中高速增长,供需缺口逐渐缩窄。2020年前三季度表现低迷,但10月以来,国内三聚氰胺市场开启上行通道,开工率也随着毛利快速上行,屡创年内新高,对尿素需求有所推动。另外,车用尿素和电力脱硝的需求在未来也将因我国环保政策趋严而增长,特别是2021年重型柴油车将实行国六排放标准,对车用尿素用量将明显提升。

二、尿素进出口情况

2015—2020年我国尿素净出口量呈"V"形走势,主要是因为2015年我国尿素产量达到近十年的最高点,国内尿素供应过量,部分贸易商为转移出货压力,大多选择出口,因此2015年的出口量也是近十年的顶峰。2016年开始,国家供给侧结构改革,淘汰闲置和落后产能,国内供应量随之减少,供过于求的情况得到缓解,出口量逐渐下降,直至2019年,国内尿素市场的供需开始相对宽松,出口量开始增加。2020年,我国尿素净出口量544.9万吨,同比增长68.6万吨,增幅14.4%(见图15—5)。其中,尿素进口量0.2万吨,同比大幅下降18.0万吨,减幅99.1%;尿素出口量545.1万吨,同比小幅增长50.6万吨,增幅10.2%。

图 15—5　2015—2020 年我国尿素净出口情况

数据来源：中国海关总署

三、尿素价格表现

2020 年，国内尿素市场整体呈下探回升的"U"走势（见图 15—6）。整体来看，尿素市场走势具体可以分为五个阶段。

第一阶段（1—3 月上旬）：尿素价格低开高走，1 月到 3 月上旬，小颗粒尿素价格上涨 110 元/吨，涨幅 6.1%。年初国内疫情暴发，国内尿素产量下降、物流受阻，国内外大量报道粮食危机，引起市场恐慌，贸易商和农民开始大量购买化肥，且年后春耕阶段国内尿素需求集中释放，尿素价格稳步上升。

第二阶段（3 月中旬—7 月中旬）：尿素市场整体偏弱，3 月中旬至 7 月底，国内小颗粒尿素价格下跌 210 元/吨，跌幅 11.1%。3 月中旬因前期囤货，春耕农业需求减弱，工业需求因复工复产延期，尿素整体市场需求偏弱。5 月中旬到 6 月上旬随着夏季农用肥料的展开，尿素价格出现小幅反弹，但因国内整体市场供应宽松，反弹未能得到长期延续并于 6 月中旬开始继续回落。

第三阶段（7 月下旬—8 月中旬）：7、8 月份，夏秋用肥的空档期，但印度超预期的招标需求提振了国内尿素市场，尿素价格强势走高。7 月下旬到 8 月中旬，国内小颗粒尿素价格上涨 93 元/吨，涨幅 5.6%。

第四阶段（8 月下旬—9 月）：虽然印度尿素招标带动出口需求增多，但因国内处于尿素农需淡季，且考虑到前期急涨之后的高位风险，迎来价格的再次回落。8月中旬到9月中旬，国内小颗粒尿素价格回落41元/吨，降幅2.3%。

第五阶段（10—12月）：受印度招标尿素出口需求增加、叠加环保限产、部分装置检修等因素影响，国内供应偏紧，尿素价格一路上行并涨至年内新高，10月初至12月底，国内小颗粒尿素价格上涨193元/吨，涨幅11.2%。

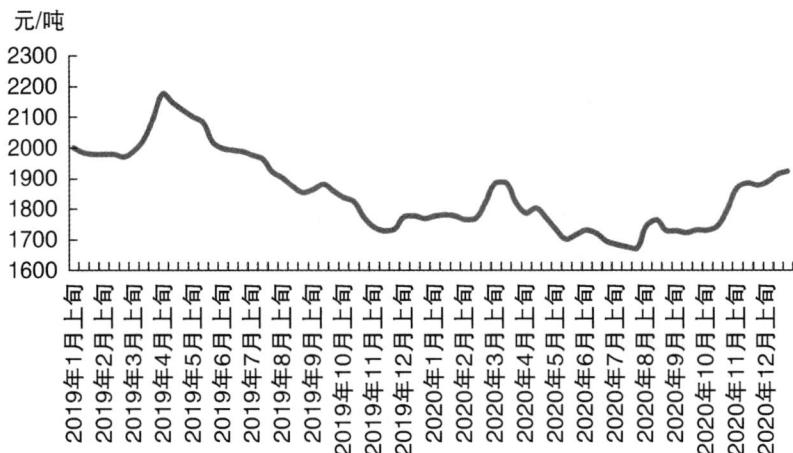

图15—6　2019—2020年尿素（小颗粒）价格走势

数据来源：国家统计局

四、我国尿素行业发展前景

整体来看，受疫情影响，计划于2020年投产的新增产能被延期到2021年集中投产。湖北三宁化工股份有限公司80万吨、内蒙古乌兰集团120万吨等的投产计划都被推迟至2021年。据不完全统计，2021年我国计划新增产能550万吨左右，2021年国内供应的新增压力或将增大。尿素出口方面，近几年国外尿素新增产能投产力度也比较大，2021年海外的计划新增产能也较多，我国尿素出口难度或将增大。需求方面，国内农产品价格上涨以及政策层面为保证粮食供应安全采取的激励措施将调动农民种粮的积极性，尿素农需有望增长；全球经济的恢复，或将带动尿素工业需求回升。预计2021年国内尿素市场整体将呈供需两旺的格局。

第十六章　2020 年
中国新型煤化工市场分析

第一节　新型煤化工产业发展现状

近几年,我国新型煤化工行业发展势头迅猛,煤制油、煤制烯烃及其衍生物、煤制气等一批煤基化学品的示范项目陆续建成投产。"十三五"期间,为推动煤化工产业向更高质量、高水平发展,国家有关部委出台了一系列政策措施。2017 年3 月,国家能源局下发《煤炭深加工产业示范"十三五"规划》,对"十三五"期间的煤炭深加工产业示范项目提出了技术和环境等方面的要求。同月,国家发展改革委联合工信部印发了《现代煤化工产业创新发展布局方案》,提出"十三五"期间规划布局内蒙古鄂尔多斯、陕西榆林、宁夏宁东、新疆淮东 4 个现代煤化工产业示范区,推动产业集聚发展,打造世界一流的现代煤化工产业示范区。在国家产业规划布局的引导下,"十三五"期间我国新型煤化工技术取得突破性进展,煤制油、煤制烯烃、煤制芳烃等一些关键技术的水平已居世界领先地位,产能规模也已相当可观,但受制于低油价等因素影响,新型煤化工产业盈利能力持续走弱,甚至出现亏损等问题,对产业的可持续健康发展十分不利。

"十四五"期间,在构建以国内大循环为主体、国内国际双循环相互促进的新发展格局下,新型煤化工产业面临着诸多挑战,需要尽快转变发展理念,即加快能源终端消费产品由化石能源主体向清洁能源主体转变,加快化石能源的发展趋势由燃料向化学品转变,加快从追求发展数量向追求发展质量的转变,以寻求发展的突破口,提高产业竞争力。

第二节　煤制油生产情况

煤制油是一项以煤为原料，通过化学加工生产油品和石油化工产品的技术，包括煤直接液化和间接液化两种技术路线。我国目前建成投产的煤制油项目主要有9个（不含长期停车的企业，见表16—1），合计产能约1065万吨。目前中国直接液化煤制油突破了多项世界性技术难题，使得中国成为世界上唯一一个具有百万吨级直接液化煤制油技术的国家，相应的专利在美国、俄罗斯、日本等国家获得授权。煤间接液化则研发了高温浆态床费托合成和油品加工技术，以及高柴油选择性低温费托合成技术。

表 16—1　2020 年主要煤制油项目汇总

排序	企业名称	建设地点	生产工艺	产能（万吨）	投产时间
1	神华鄂尔多斯煤制油项目	内蒙古鄂尔多斯	煤直接液化制柴油、石脑油、LPG（液化石油气）	108	2009 年
2	山西潞安集团	山西长治	费托合成柴油、石脑油	16	2009 年
3	伊泰鄂尔多斯煤制油项目	内蒙古鄂尔多斯	费托合成柴油、石脑油、LPG	16	2009 年
4	兖矿间接液化项目	陕西榆林	费托合成柴油、石脑油、LPG	100	2015 年
5	神华宁煤间接液化项目	宁夏宁东	费托合成柴油、石脑油、LPG、甲醇	400	2016 年
6	陕西未来能源	陕西榆林	煤间接液化	115	2015 年
7	潞安集团 180 万 t/a 液化项目	山西长治	费托合成柴油、石脑油	180	2017 年
8	伊泰鄂尔多斯	内蒙古鄂尔多斯	煤间接液化	120	2017 年
9	兖矿高温费托合成试验装置	陕西榆林	高温费托合成柴油、石脑油	10	2018 年
	煤制油在产产能总计	—	—	1065	—

数据来源：本书编写组收集整理

近几年,煤制油产业发展有所停滞。从成本方面分析,原油价格的持续走低让部分煤制油项目处于亏损状态,且煤制油项目投资较大、固定成本较高,导致投资回报期较长。从环保方面来看,煤制油项目耗水量大,而我国煤炭资源主要集中在中西部地区,这些地区的水资源普遍不足,对于西北煤制油的发展有所制约。从产品结构分析,煤制油主要生产柴油,而我国柴油过剩情况将随着柴油车种限制政策的出台不断加剧。而"油头化尾"的产业新格局正在加速形成,因此相比于石油炼化企业,煤制油在与其竞争中显然处于劣势。

第三节　煤制天然气生产情况

煤制天然气示范项目既承担着国家工程示范任务,同时又肩负为治理大气雾霾、补充我国天然气不足的重任。示范项目地处煤炭资源丰富的西部地区,可就地转化煤炭资源为清洁的天然气向内地输送,对发展西部尤其是少数民族地区经济、吸收就业、促进民族团结,加强边疆地区的社会稳定具有重要意义。我国目前在产煤制天然气产能 51.05 亿立方米 / 年(见表 16—2)。产业运行水平和生产效率不断提高。大唐克旗煤制天然气项目一期工程主要技术指标接近或优于设计值,能源转化效率 55.4%。新疆庆华公司生产负荷最高时达 92%,成功完成了 4.0MPa 碎煤加压气化技术和深度污水处理及回用技术,实现了污水"零排放"和我国装备制造业国产化率 95% 的目标。内蒙古汇能煤化工有限公司煤制天然气产品质量、消耗指标均接近或优于国家控制指标,是目前唯一盈利的煤制天然气项目。

表 16—2　2020 年主要煤制气项目汇总

排序	企业名称	建设地点	生产工艺	产能(亿立方米/年)	一期投产产能(在产)(亿立方米/年)	投产时间
1	大唐克旗煤制天然气项目	内蒙古克旗	碎煤加压气化、DAVY 甲烷化	40	13.3	2009 年
2	庆华伊犁煤质天然气项目	新疆伊犁	碎煤加压气化、托普索甲烷化	55	13.75	2009 年

续表

排序	企业名称	建设地点	生产工艺	产能(亿立方米/年)	一期投产产能(在产)(亿立方米/年)	投产时间
3	内蒙古汇能煤制天然气项目	内蒙古鄂尔多斯	多元料浆气化、托普索甲烷化	16	4	2009 年
4	浙能新天伊犁煤制天然气项目	新疆伊犁	碎煤加压气化、托普索甲烷化	20	20	2009 年
	产能总计	—	—	131	51.05	—

数据来源：本书编写组收集整理

　　虽然我国煤制天然气的工艺技术水平和能效不断提升，但仍面临重重困难。首先，煤制天然气市场销售价格远低于生产成本。其次，产品输送受制于管道。目前，煤制天然气主要通过中石油天然气管道输送，仍受制于人。且现有管网调峰手段有限，煤制天然气项目仅在冬季可实现满负荷运行，其余季节负荷仅在55%左右，对企业经营影响巨大，项目亏损严重。第三，煤制天然气的副产品销售困难，一度出现严重胀库现象，供求失衡造成销售价格急剧下滑。再加上 2020 年后半年部分地方生态环境部门下发相关文件，要求当地企业将煤制天然气副产品煤焦油（不满足利用豁免条件）全过程按危险废物进行管理，导致企业每年将额外增加上亿元的危废处置费用，从而给企业经营带来更大压力。

第四节　煤（甲醇）制烯烃生产情况

　　煤（甲醇）制烯烃是以煤为原料合成甲醇后再通过甲醇制备乙烯、丙烯等化工产品的技术。低碳烯烃，特别是乙烯，丙烯，是最重要、最基础的化工产品，其产量的高低往往被视为一个国家化工业发达程度的标志。乙烯和丙烯等通过再次加工可以合成聚乙烯、聚丙烯、乙二醇、EVA（乙烯—醋酸乙烯共聚物）和乙丙橡胶等下游衍生产物。国内方面，近年来煤制烯烃已取得技术突破，煤制烯烃产能不断扩增，截至 2020 年底，我国煤（甲醇）制烯烃生产能力达到 1539 万吨。2021

年预计新增产能约360万吨（见表16—3）。

表16—3 2021年甲醇制烯烃新增产能情况

排序	企业名称	区域	产能(万吨)
1	宁夏宝丰	宁夏	100
2	陕西延长中煤	陕西	60
3	甘肃华亭	甘肃	20
4	青海大美	青海	60
5	山西焦煤飞虹	山西	60
6	天津渤化	天津	60
	总计	—	360

数据来源：本书编写组收集整理

国内主要的制烯工艺仍以石脑油裂解为主。2019年的数据显示：石油裂解制烯烃仍占烯烃总产能的76%，煤制烯烃产能仅占12%。因而决定了烯烃产业对原油进口依赖度很高，聚烯烃的成本和供应量很大程度取决于国际原油的产量和价格。由于近年来我国越来越强调能源安全和内循环，利用我国富煤、贫油、少气的资源优势，扩大煤炭资源的应用，调整能源结构，减少对外部能源的依赖将会是未来发展的必然趋势。未来我国仍将有序发展煤炭深加工，稳妥推进煤制烯烃工业，加大力度研发煤制烯烃技术。

第五节 煤制乙二醇生产情况

乙二醇是重要的化工原料和战略物资,用于制造聚酯、炸药、乙二醛,并可作防冻剂、增塑剂、水力流体和溶剂等。2020年我国乙二醇主要企业产能总计1258.4万吨(见表16—4),产量889万吨,与2011年相比增长602万吨,年均增速13.4%。

表 16—4 乙二醇主要企业产能统计

序号	企业名称	原料(万吨)	产能	地区
1	上海石化	22.5	石脑油	华东
2	扬子石化	26	石脑油	
3	扬子石化巴斯夫	36	石脑油	
4	上海石化	38	石脑油	
5	镇海炼化	65	石脑油	
6	中盐红四方	30	煤	
7	华鲁恒升	55	煤	
8	利华益利津	20	煤	
9	富德能源	50	甲醇	
10	三江精细化工	38	甲醇	
11	远东联	38	石脑油	
12	斯尔邦石化	4	甲醇	
13	福建联合	40	石脑油	华南
14	茂名石化	12	石脑油	
15	中海壳牌（惠州）	40	石脑油	
16	中海壳牌	32	石脑油	
17	内蒙古荣信	40	煤	华北
18	内蒙古新杭能源	30	煤	
19	易高化学	12	煤	
20	通辽金煤	30	煤	
21	燕山石化	7	石脑油	
22	中沙天津	36	石脑油	

续表

序号	企业名称	原料(万吨)	产能	地区
23	天津石化	4	石脑油	华北
24	阳煤寿阳	22	煤	
25	阳煤深圳	20	煤	
26	阳煤平定	20	煤	
27	河南永金洛阳	20	煤	华中
28	河南永金永城	20	煤	
29	河南永金安阳	20	煤	
30	河南永金濮阳	20	煤	
31	河南永金新乡	20	煤	
32	湖北武汉化肥	20	煤	
33	中石化武汉	28	煤	
34	辽宁北方化学	20	石脑油	东北
35	中国石油辽阳石油	20	石脑油	
36	中国石油抚顺石化	4	石脑油	
37	中国石油吉林石化	10.9	石脑油	
38	恒力石化(一期)	90	石脑油	
39	恒力石化(二期)	90	石脑油	
40	四川石化	32	石脑油	西南
41	黔西煤化	30	煤	
42	独山子	6	石脑油	西北
43	新疆天盈	15	煤	
44	新疆天业	25	煤	
—	产能总计	1258.4	—	—

数据来源:本书编写组收集整理

2021 年预计乙二醇新增产能 584 万吨,增幅 42%(见表 16—5),其中石脑油制乙二醇产能 388 万吨,煤制乙二醇产能 196 万吨。

表 16—5　2021 年我国乙二醇新增产能统计表

企业名称	建设地点	生产工艺	产能(万吨)	投产时间
陕西渭河彬州化工	陕西彬县	合成气	30	2021 年 1 月
湖北三宁	湖北枝江	合成气	60	2021 年 3 月
建元煤焦化	内蒙古鄂尔多斯	合成气	26	2021 年 1 月
广西华谊	广西钦州	合成气	20	2021 年 6 月
卫星石化	浙江嘉兴	乙烷法	158	2021 年 4 月
浙石化二期	浙江舟山	一体化	160	2021 年 6 月
安徽昊源	安徽	合成气	30	2021 年 6 月
福建古雷	福建古雷	一体化	70	2021 年 7 月
山西美锦华盛	山西太原	合成气	30	2021 年年中
产能总计	—	—	584	

数据来源:本书编写组收集整理

第六节　我国新型煤化工产业面临的问题及发展建议

近年来,国家加大了煤炭清洁利用力度,新型煤化工为其重点发展方向。"十三五"期间,我国新型煤化工关键技术水平居世界领先地位,产业示范取得阶段性成果,产业规模继续扩大,但受世界经济下行压力加大、国际贸易摩擦加剧以及其自身特点,其发展过程中仍面临诸多挑战。主要表现在安全环保形势严峻、国际油价下跌冲击下煤制油项目举步维艰、行业缺乏科技创新,生产设备有待进一步升级等。

第一,安全环保形势将更加严峻。近年来,国家对煤化工项目实行严格的生态环境和水资源管理政策,新增项目审批趋严,在建在产项目环保成本投入较高。且新型煤化工水资源和能耗很大,但新型煤化工重要区域的水资源有限,环保压力不断增大,一些项目在新建时被明确要求废气超低排放、废水"零排放"。且今年初, 国家再次强调要如期实现2030年前碳达峰、2060年前碳中和的目标。新型煤化工项目也将面临日益严峻的大环境下的环保要求。

第二,国际油价下跌冲击下煤制油项目举步维艰。新型煤化工的经济性与原油和煤炭的价格息息相关,受上游国际原油价格暴跌,下游国内消费空间制约影响,煤制油发展空间十分有限。长期来看,国际油价将持续保持在中低区间运行,对新型煤化工尤其是煤制油项目的盈利性十分不利, 甚至将处于长期亏损的状态。且新能源不断发展的大趋势下,下游油品的消费空间不断收窄。工信部制定燃油汽车退出时间表,新能源汽车销量不断攀升,国务院颁布的《新能源汽车产业发展规划(2021—2035年)》中提出,到2025年,新能源汽车的新车销售量将达到汽车新车销售总量的20%左右。2020年我国的汽车销售总量是2531万辆,按此数据测算,2025年新能源新车销售量将达到500万辆, 新能源汽车将逐步替代传统燃油汽车。

第三,行业缺乏科技创新,生产设备有待进一步升级。虽然我国新型煤化工技术日渐成熟,许多单项技术已经取得重大突破,但仍缺乏下游高附加值的煤基碳材料和精细化学品生产工艺技术,国内煤化工项目尚存在产业链短、产品品种少、品质低,科技创新性不足等问题,与世界先进水平差距较大。自主核心技术装备竞争力有待提高,甲烷化等部分核心技术、关键装备的材料仍需依赖进口,对降低工程造价、缩短建设周期造成了不利的影响。

"十四五"期间,在构建以国内大循环为主题、国内国际双标循环相互促进的新发展格局下,新型煤化工不要急于扩大规模,首要任务须守住红线,通过一批重点示范项目建设,追求技术进步,逐步降低单位产品能耗、水耗指标,积极探索降本增效的长效机制,加大绿色低碳生产工艺、技术和装备的研发、示范和推广力度,加快从追求发展数量向追求发展质量的转变,寻求进一步发展的突破口。

第十七章　2020 年中国化工用无烟煤市场分析

第一节　我国无烟煤资源分布及 2020 年生产概况

我国煤炭资源丰富,其中无烟煤保有资源储量为 1131 亿吨,约占全国煤炭总量的 13%,其中可开采储量为 160 亿吨,仅占无烟煤保有储量的 14%。无烟煤是十分重要的煤种,由于资源稀缺性和广泛适用性,使得无烟煤的地位举足轻重。

我国无烟煤储量相对集中,主要分布在山西、贵州、河南和四川等地,其中山西省的无烟煤储量居全国首位,储量约 448 亿吨,占比约 40%,主要分布在晋城、阳泉等地区。贵州省保有储量约 327 亿吨,占比近 29%,主要分布在毕节、遵义、安顺、平坝和习水等地区。河南省保有储量约 70 亿吨,占比 6% 左右,主要分布在永夏、焦作、郑州、济源、安阳等地区。四川省保有储量约 54 亿吨,占比近 5%,主要分布在筱连煤田、芙蓉煤田。此外,重庆、福建、湖南、北京、河北、辽宁、广东、广西、安徽、宁夏等省市无烟煤保有储量合计 232 亿吨,占比 20% 左右(见图 17—1)。2020 年全国无烟煤产量约 3.25 亿吨,同比增长 1.9%(见图 17—2)。目前中国有五大无烟煤基地:晋城煤业集团、焦作煤业集团、河南永城矿区、神华宁煤集团和阳泉煤业集团。

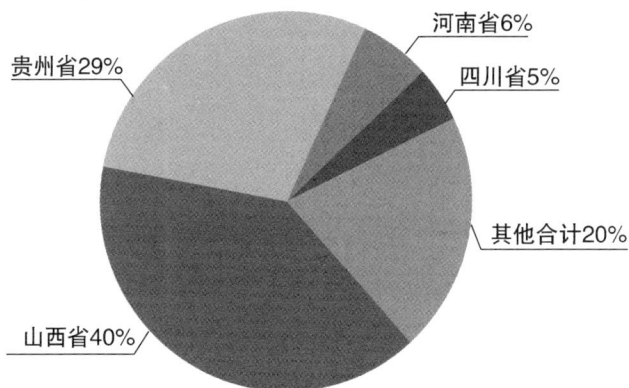

图 17—1　无烟煤主产省保有储量占比情况

数据来源：本书编写组收集整理

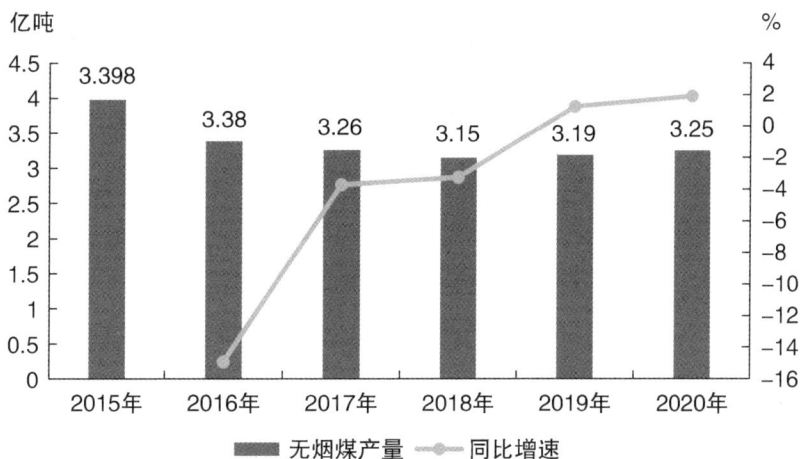

图 17—2　2015—2020 年全国无烟煤产量情况

数据来源：本书编写组收集整理

第二节　我国无烟煤进出口情况

2020 年,国家继续实施进口煤平控政策,贸易商对进口煤操作较为谨慎,全年无烟煤进口量保持近几年来的低位。海关数据显示,2020 年我国无烟煤进口量 775.7 万吨，同比增加 60.3 万吨，增幅 8.4%(见图 17—3)；无烟煤出口量 133.6 万吨,同比减少 67.4 万吨,降幅 33.5%(见图 17—4);净进口量 642.1 万吨,同比增加 127.7 万吨,增幅 24.8%。

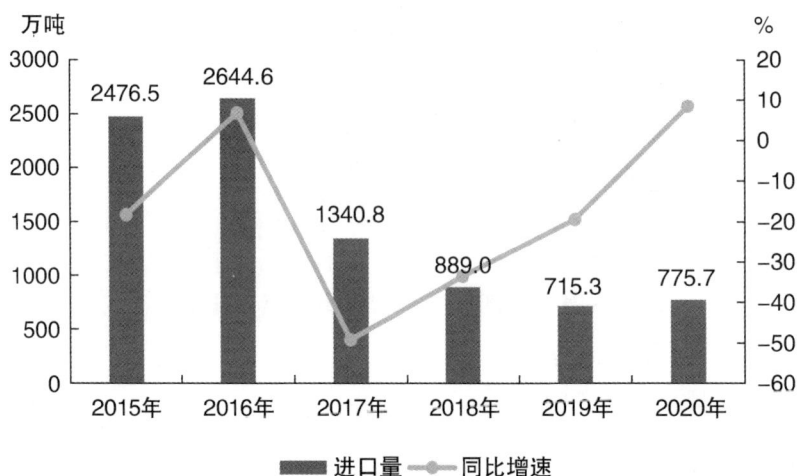

图 17—3　2015—2020 年我国无烟煤进口及变化情况

数据来源:中国海关总署

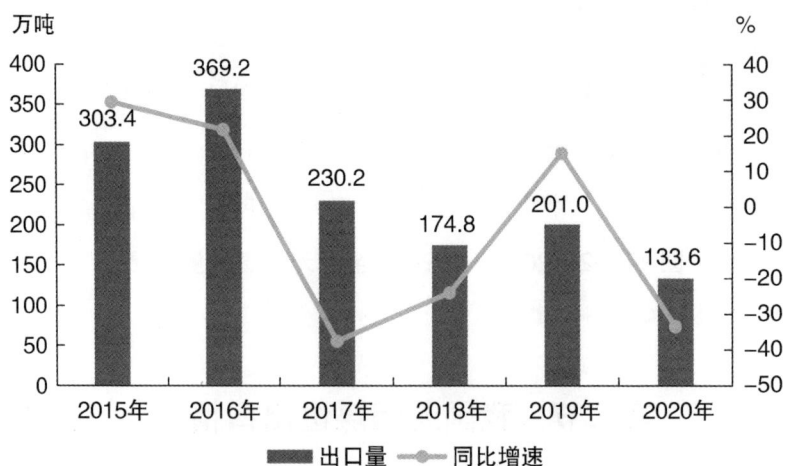

图 17—4　2015—2020 年我国无烟煤出口量及变化情况

数据来源:中国海关总署

俄罗斯是我国最重要的无烟煤进口国,长期保持一家独大,近两年我国从俄罗斯进口的无烟煤占无烟煤总进口量的 90% 以上。2020 年,我国从俄罗斯进口无烟煤 749.7 万吨,同比增长 14.8%,占无烟煤总进口量的 96.2%,扩张了 5.4 个百分点;我国从澳大利亚进口无烟煤 17.9 万吨,同比大幅下降 29.3%,占无烟煤总分进口量的 2.3%,缩小了 1.2 个百分点。其他无烟煤进口国还有伊朗、蒙古和马来西亚等,其他进口国的进口量仅占 1.5%(见图 17—5)。

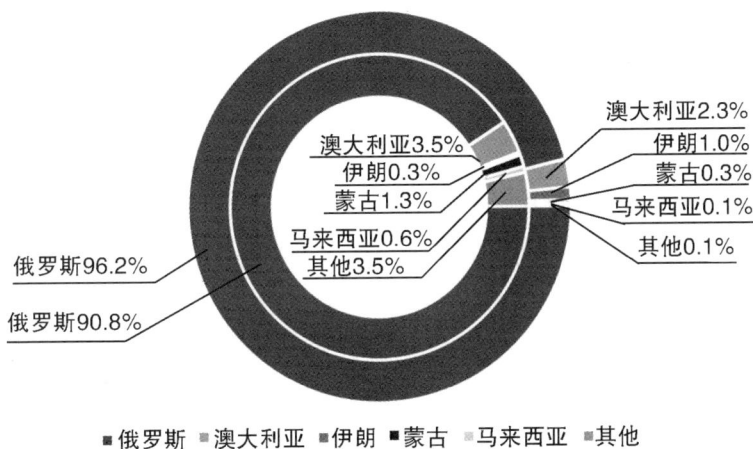

澳大利亚2.3%
伊朗1.0%
蒙古0.3%
马来西亚0.1%
其他0.1%

澳大利亚3.5%
伊朗0.3%
蒙古1.3%
马来西亚0.6%
其他3.5%

俄罗斯96.2%
俄罗斯90.8%

■俄罗斯　■澳大利亚　■伊朗　■蒙古　■马来西亚　■其他

图 17—5　2020/2019 年我国无烟煤分国别进口情况
(外环 2020 年占比,内环 2019 年占比)

数据来源:中国海关总署

第三节　我国无烟煤市场情况

受下游甲醇等煤化工行情震荡下跌以及工艺技术创新的背景下褐煤和兰炭等产品的逐步替代等因素影响,2020 年国内无烟煤市场持续低迷,块煤、末煤价格(除部分优质末煤外)普遍低于去年同期水平。

以无烟块煤市场为例(见图 17—6):一季度无烟块煤价格以稳为主。1 月,临近春节,无烟煤主产地山西、河南等煤矿开始放假停产,需求方面民用煤需求有限,化工、钢铁等行业用户对无烟煤采购积极性不高,需求没有明显变化,整体供需保持平衡。2—3月,国内疫情迅速蔓延,煤矿工人返岗和运输受阻,主产地煤矿生产恢复放缓,下游民用、化工、钢铁等下游用户需求同样受到疫情影响整体疲软,无烟煤市场供需两弱的情况下,无烟块煤价格以稳为主。

4—8月,无烟煤市场整体震荡下行,部分煤矿块煤价格两个季度累计下跌50—90元/吨。二季度疫情缓解之后,上游煤矿的恢复速度要比下游化工等行业的复工复产速度略快,无烟煤供应相对宽松,煤矿无烟煤出货承压,而下游化工产、钢厂基本按需采购,需求偏弱。无烟煤市场整体呈供应宽松态势,价格承压下行。

9—12月,冬季传统民用存煤,价格小幅增长,部分煤矿块煤价格四季度累计上涨50元/吨左右。9月进入传统民用存煤节点,主产地无烟块煤价格开始触底反弹。9月8日,河北省2020年采暖季无烟煤供需对接会上,山西晋城市12家无烟煤供应商与河北省相关企业签订400万吨的购销合同,为2020年冬季民用需求启动拉开序幕,提振煤矿的销售信心。四季度后期,因全国气温较常年同期偏低,民用块煤需求量增加,持续支撑无烟块煤价格稳中上行。

无烟末煤方面:2020年国内经济下行压力偏大,消费增速持续回落,汽车消费大幅下降,固定资产投资中民间投资与制造业投资增速下滑明显,下游电力、建材、钢铁、化工行业对煤炭市场的拉动作用有限,一到三季度无烟末煤市场运行偏弱,价格呈震荡下跌走势;第四季度因国内焦化去产能力度加大,焦炭供应不足,带动钢铁行业对无烟喷吹煤的需求大幅增加,价格大幅上涨,第四季度晋城无烟末煤坑口价上涨190元/吨左右(见图17—6)。

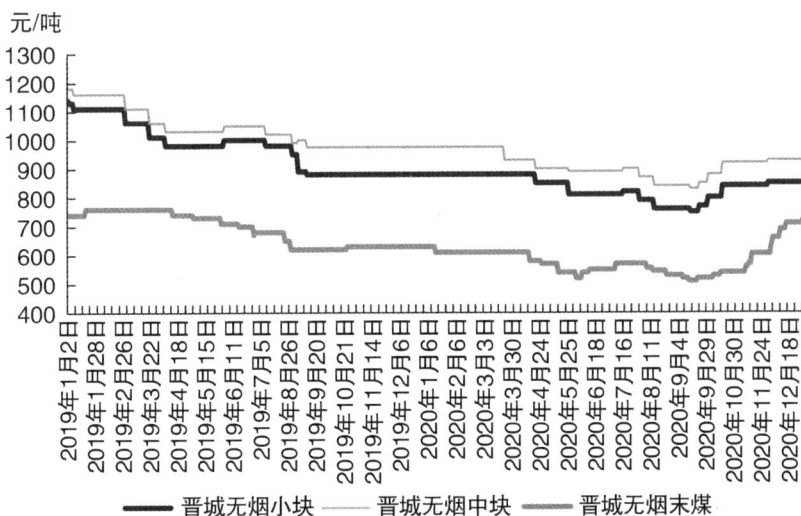

图 17—6　2019—2020 年晋城无烟小块、无烟中块和无烟末煤坑口价

数据来源：本书编写组收集整理

第四节　无烟煤市场需求的影响因素及未来发展趋势

无烟煤广泛应用于化工、钢铁、电力、冶金、建材和民用等领域。其中，化工行业主要以无烟块煤为原料生产合成氨、甲醇等化工产品。钢铁行业中主要是加工成喷吹煤（无烟末煤），用于钢厂高炉，或者是直接用来做烧结煤。在电力、冶金和建材行业主要是作动力煤来使用。民用领域主要是供应居民冬季取暖和日常生活用煤。近年来，国家不断优化产业结构，随着煤炭行业落后产能的不断退出、优质产能的不断释放、工艺技术的不断创新和改性，尤其是作为稀缺资源的无烟煤，充分"压榨"它的潜能，将其价值最大化成为必然趋势。

国家不断退出落后产能、环保实施力度不断加严。国家有关部委及山西、山东、河南等以无烟块煤为原料的合成氨、尿素生产大省连续出台了一系列固定床间歇式气化炉退出政策，依据规划，到 2022 年仅山东、河南两省合计就将退出固定床气化氨醇产能 811 万吨 / 年，估算无烟块煤需求量将减少 973.2 万吨 / 年。

　　新型煤气化技术不断创新，气化炉不断升级改造，越来越多的烟煤和褐煤被用作气化原料，无烟煤在煤化工行业的产能占比逐年萎缩，无烟煤的市场需求量受到一定抑制。合成氨、尿素行业中，随着近年来产业结构的优化整合及气化用煤煤种的不断拓展，无烟煤产能占比明显下降。且无烟煤作为一种稀缺煤种，其价格一直相对较高，尤其是无烟块煤的价格在煤炭市场中的价格整体居于高位，为降低成本压力，部分下游用户通过采购货源充足、价格相对较低的替代品来缩减生产成本。目前，可以作为无烟煤替代品的主要是陕西、内蒙古等地区可以用作气化原料的烟煤，以及在钢厂高炉喷吹、气化用煤、清洁燃料方面，与无烟煤存在较强替补作用的兰炭。

　　长远角度而言，无烟煤市场发展前景较为乐观。无烟煤作为我国稀缺资源，无论整体煤炭市场如何变化，今后无烟煤市场将好于其他煤种。首先世界范围内钢铁行业普遍推行高炉喷煤技术，为了降低成本，喷煤量不断提高，为无烟煤开辟了新的市场；其次无烟煤新的转化形式不断出现，提倡以煤炭为基础实现关联多元化，延伸产业链。

第六部分

附　录

附录 1 2019—2020 年煤炭行业主要经济技术指标

序号	指标名称	单位	2020 年	2019 年	同比(%)
1	全国煤矿数量	处	4700 以下	5300 左右	−11.3
2	千万吨级煤矿	处	52	44	18.2
3	智能化采掘工作面	个	494	275	79.6
4	全国原煤产量	亿吨	39.0	38.5	1.4
5	规模以上煤炭企业原煤产量	亿吨	38.44	37.45	2.6
6	大型煤炭企业原煤产量	亿吨	26.79	27.26	−1.7
7	煤炭铁路运量	亿吨	23.6	24.6	−3.9
8	煤炭进口量	亿吨	3.04	3.0	1.5
9	煤炭出口量	万吨	319	602.5	−47.1
10	大型煤炭企业回采工作面单产	吨 / 个·月	80689	79875	1.02
11	规模以上煤炭企业利润	亿元	2222.7	2830.3	−21.1
12	大型煤炭企业利润	亿元	1196.9	1653.9	−25.2
13	大型煤炭企业原煤生产人员效率	吨 / 工	8.656	8.387	3.2
14	大型煤炭企业采煤机械化程度	%	98.86	98.65	0.2
15	大型煤炭企业从业人员	万人	203.52	210.40	−3.3
16	固定资产增长率	%	−0.7	29.6	−102
17	百万吨死亡率	人 / 百万吨	0.059	0.083	−28.9
18	大型煤炭企业原煤生产综合能耗	千克标准煤 / 吨	10.51	10.92	−3.8
19	大型煤炭企业原煤生产电耗	千瓦时 / 吨	20.2	20.8	−2.9
20	原煤入洗率	%	74.1	73.2	1.2
21	煤矸石综合利用率	%	72.2	71.0	1.7
22	矿井水综合利用率	%	78.7	75.8	3.8
23	土地复垦率	%	57	52	9.6
24	瓦斯抽采利用率(井下)	%	44.8	42.4	5.7
25	煤制油产能	万吨 / 年	931	921	1.1
26	煤质烯烃产能	万吨 / 年	1582	1362	16.2
27	煤制乙二醇产能	万吨 / 年	489	478	2.3
28	煤制气产能	亿立方米 / 年	51.1	51.0	—

数据来源:中国煤炭工业协会

附录 2　2020 年煤炭开采和洗选业经济主要指标

指标名称	单位	2020 年	2019 年	同比（%）
企业单位数	个	4245.0	4239.0	0.1
亏损企业单位数	个	1400.0	1196.0	17.1
企业流动资产合计	亿元	20962.8	20477.5	2.4
企业应收票据及应收账款	亿元	3510.5	3617.5	−3.0
企业应收账款	亿元	2675.5	2299.9	16.3
企业存货	亿元	1146.2	1158.5	−1.1
企业产成品存货	亿元	525.6	528.4	−0.5
企业资产合计	亿元	56383.4	53111.7	6.2
企业负债合计	亿元	37258.3	34611.5	7.6
企业营业收入	亿元	20001.9	21847.0	−8.4
企业营业成本	亿元	14086.3	15284.6	−7.8
企业销售费用	亿元	563.7	564.1	−0.1
企业管理费用	亿元	1460.7	1545.5	−5.5
企业财务费用	亿元	764.8	805.9	−5.1
企业投资收益	亿元	320.4	309.1	3.7
企业营业利润	亿元	2283.0	2842.3	−19.7
企业利润总额	亿元	2222.7	2818.3	−21.1
亏损企业亏损总额	亿元	617.1	527.1	17.1

数据来源：国家统计局

附录 3　1978—2020 年中国一次能源消费量及结构

年份	能源消费总量（万吨标准煤当量）	构成（能源消费总量 =100）			
		煤炭	石油	天然气	水电、核电、风电
1978	57144	70.7	22.7	3.2	3.4
1980	60275	72.2	20.7	3.1	4.0
1985	76682	75.8	17.1	2.2	4.9
1990	98703	76.2	16.6	2.1	5.1
1991	103783	76.1	17.1	2.0	4.8
1992	109170	75.7	17.5	1.9	4.9
1993	115993	74.7	18.2	1.9	5.2
1994	122737	75.0	17.4	1.9	5.7
1995	131176	74.6	17.5	1.8	6.1
1996	135192	73.5	18.7	1.8	6.0
1997	135909	71.4	20.4	1.8	6.4
1998	136184	70.9	20.8	1.8	6.5
1999	140569	70.6	21.5	2.0	5.9
2000	146964	68.5	22.0	2.2	7.3
2001	155547	68.0	21.2	2.4	8.4
2002	169577	68.5	21.0	2.3	8.2
2003	197083	70.2	20.1	2.3	7.4
2004	230281	70.2	19.9	2.3	7.6
2005	261369	72.4	17.8	2.4	7.4
2006	286467	72.4	17.5	2.7	7.4
2007	311442	72.5	17.0	3.0	7.5
2008	320611	71.5	16.7	3.4	8.4
2009	336126	71.6	16.4	3.5	8.5
2010	360648	69.2	17.4	4.0	9.4
2011	387043	70.2	16.8	4.6	8.4

年份	能源消费总量（万吨标准煤当量）	构成（能源消费总量=100）			
		煤炭	石油	天然气	水电、核电、风电
2012	402138	68.5	17.0	4.8	9.7
2013	416913	67.4	17.1	5.3	10.2
2014	425806	65.6	17.4	5.7	11.3
2015	429905	63.7	18.3	5.9	12.1
2016	435819	62.0	18.5	6.2	13.3
2017	448529	60.4	18.8	7.0	13.8
2018	464000	59.0	18.9	7.8	14.3
2019	486000	57.7	18.9	8.1	15.3
2020	498000	56.8	—	—	—

数据来源：国家统计局

附录4 2000—2019年中国煤炭资源储量表

年份	基础储量 （亿吨）	查明资源储量 （亿吨）	基础储量储采比	新增查明资源储 量（亿吨）
2000	—	10071.0	—	—
2001		10063.0	—	
2002	3317.6	10033.0	214	—
2003	3342.0	—	182	—
2004	3373.4	10022.0	159	
2005	3326.4	—	141	—
2006	3334.8	11597.8	130	1223.9
2007	3261.3	11804.5	118	538.1
2008	3261.4	12464.0	112	1056.9
2009	3189.6	13096.8	102	561.4
2010	2793.9	13408.3	82	711.6
2011	2157.9	13778.9	57	749.2
2012	2298.9	14208.0	58	616.1
2013	2362.9	14842.9	59	672.9
2014	2399.9	15317.0	62	561.0
2015	2440.1	15663.1	65	390.3
2016	2492.3	15980.0	73	606.8
2017	—	16666.7		815.6
2018		17085.7		556.1
2019	—	18110.8	—	300.1

注：①煤炭基础储量即满足现行采矿和生产所需的指标要求，控制的、探明的，通过可行性研究认为属于经济的、边际经济的部分；②煤炭查明资源量为已发现的煤炭资源的总和；③煤炭采储比＝年末煤炭基础储量／年原煤产量，表示按照现有生产水平的煤炭储量可使用年份；④2019年查明资源储量为估计值，根据自然资源部公布的增幅0.6%估算。

数据来源：国家统计局历年《中国统计年鉴》；查明资源量数据来自国土资源部历年《中国矿产资源报告》

附录 5   2019 年全国煤炭分省份产能情况

省份	数量（座）	生产能力（万吨）	X≥120 万吨		30 万吨 <X<120 万吨		X≤30 万吨	
			数量（座）	生产能力（万吨）	数量（座）	生产能力（万吨）	数量（座）	生产能力（万吨）
北京	1	100	0	0	1	100	0	0
河北	101	8269	21	5273	27	1860	53	1136
山西	988	122017	348	84603	498	37024	142	390
内蒙古	523	128080	273	113325	214	13705	35	1050
辽宁	34	4344	15	3380	10	724	9	240
吉林	55	2261	4	940	9	621	42	700
黑龙江	333	8545	24	4710	20	1309	289	2526
江苏	8	1294	6	1249	1	45	1	0
安徽	46	13371	38	13075	5	296	3	0
福建	94	910	0	0	3	141	91	769
江西	115	925	0	0	5	272	110	653
山东	107	14176	33	9671	61	4265	13	240
河南	235	15858	45	9480	66	3987	124	2391
湖北	29	345	0	0	0	0	29	345
湖南	197	2223	0	0	3	165	194	2058
广西	27	672	1	150	5	288	21	234
重庆	44	1706	3	480	9	680	32	546
四川	414	6694	9	1185	20	1062	385	4447
贵州	957	28312	24	4142	217	11619	716	12551
云南	481	6029	3	1690	20	1152	458	3187
陕西	484	53900	103	42435	140	9463	241	2002
甘肃	99	8229	23	5992	20	1161	56	1076
青海	25	1235	2	520	9	535	14	180

省份	数量（座）	生产能力（万吨）	X≥120万吨		30万吨＜X＜120万吨		X≤30万吨	
			数量（座）	生产能力（万吨）	数量（座）	生产能力（万吨）	数量（座）	生产能力（万吨）
宁夏	55	9876	22	8910	11	735	22	231
新疆	207	17753	35	12865	58	4128	106	760
新疆生产建设兵团	35	1678	5	825	13	810	17	43
总计	5694	458802	1037	324900	1445	96147	3203	37755

注：内蒙古1座、新疆8座矿核定生产能力空白，仅计入总煤矿数量。

数据来源：国家煤炭安全监察局

附录6 2020 年中国产能 1000 万吨以上的煤矿

单位:万吨

序号	煤矿名称	煤矿年产能
1	哈尔乌素露天煤矿	3500
2	神华宝日希勒能源有限公司露天煤矿	3500
3	神华准格尔能源有限责任公司黑岱沟露天煤矿	3400
4	中国神华能源股份有限公司补连塔煤矿	2800
5	华能伊敏煤电有限责任公司露天矿	2700
6	同煤大唐塔山煤矿有限公司	1500
7	中煤平朔集团有限公司东露天矿	2000
8	中煤平朔集团有限公司安家岭露天矿	2000
9	中煤平朔集团有限公司安太堡露天矿	2000
10	内蒙古汇能煤电集团有限公司长滩露天煤矿	2000
11	中国神华能源股份有限公司布尔台煤矿	2000
12	神华北电胜利能源有限公司胜利一号露天煤矿	2000
13	扎鲁特旗扎哈淖尔煤业有限公司露天煤矿	1800
14	内蒙古霍林河露天煤业股份有限公司南露天煤矿	1800
15	内蒙古伊泰京粤酸刺沟矿业有限责任公司酸刺沟煤矿	1800
16	内蒙古吉林郭勒二号露天煤矿有限公司	1800
17	陕煤集团神木柠条塔矿业有限公司	1800
18	中国神华能源股份有限公司大柳塔煤矿大柳塔井	1800
19	陕西国华锦界能源有限责任公司锦界煤矿	1800
20	中国神华能源股份有限公司上湾煤矿	1600
21	中国神华能源股份有限公司哈拉沟煤矿	1600
22	鄂尔多斯市蒙泰不连沟煤业有限责任公司不连沟矿井	1500

续表

单位：万吨

序号	煤矿名称	煤矿年产能
23	内蒙古鄂尔多斯联海煤业有限公司白家海子煤矿	1500
24	内蒙古伊泰广联煤化有限责任公司红庆河煤矿	1500
25	神华新街能源有限责任公司新街一矿	1500
26	内蒙古锡林郭勒白音华煤电有限责任公司露天矿	1500
27	内蒙古锡林河煤化工有限责任公司	1500
28	陕西未来能源化工有限公司金鸡滩煤矿	1500
29	中国神华能源股份有限公司大柳塔煤矿活鸡兔井	1500
30	陕西陕煤曹家滩矿业有限公司	1500
31	中煤陕西榆林能源化工有限公司榆阳区人海则煤矿	1500
32	陕煤集团神木红柳林矿业有限公司	1500
33	陕西小保当矿业有限公司一号井	1500
34	陕西小保当矿业有限公司二号井	1300
35	内蒙古白音华蒙东露天煤业有限公司白音华煤田三号露天矿	1400
36	中国神华能源股份有限公司榆家梁煤矿	1300
37	大同煤矿集团轩岗煤电有限责任公司麻家梁煤矿	1200
38	内蒙古平庄煤业(集团)有限责任公司元宝山露天矿	1200
39	鄂尔多斯市营盘壕煤炭有限公司	1200
40	中国神华神东煤炭分公司石圪台煤矿	1200
41	国家能源集团宁夏煤业有限责任公司梅花井煤矿	1200
42	神华国能宝清煤电化有限公司朝阳露天煤矿	1100
43	中煤新集刘庄矿业有限公司	1100
44	大同煤矿集团同发东周窑煤业有限公司	1000
45	大同煤矿集团马道头煤业有限责任公司	1000

续表

单位:万吨

序号	煤矿名称	煤矿年产能
46	中煤平朔集团有限公司井工一矿	1000
47	中煤平朔集团有限公司井工三矿	1000
48	内蒙古霍林河露天煤业股份有限公司北露天煤矿	1000
49	中国神华能源股份有限公司万利一矿	1000
50	神华亿利能源有限责任公司黄玉川煤矿	1000
51	鄂尔多斯市国源矿业开发有限责任公司龙王沟煤矿	1000
52	鄂尔多斯市转龙湾煤炭有限公司转龙湾矿井	1000
53	国电建投内蒙古能源有限公司察哈素煤矿	1000
54	大唐国际发电股份有限公司胜利东二号露天煤矿	1000
55	内蒙古胜利矿区胜利西二号露天煤矿	1000
56	云南省小龙潭矿务局布沼坝露天煤矿(露天矿)	1000
57	榆林市榆神煤炭榆树湾煤矿有限公司	1000
58	陕西华电榆横煤电有限有限责任公司小纪汗煤矿	1000
59	陕西延长石油巴拉素煤矿	1000
60	陕西榆林能源集团郭家滩矿业有限公司	1000
61	陕西神延煤炭有限责任公司西湾露天煤矿	1000
62	陕西延长石油榆林可可盖煤业有限公司可可盖煤矿	1000
63	陕煤集团神木张家峁矿业有限公司	1000
64	新疆天池能源有限责任公司将军戈壁二号露天煤矿	1000
65	中联润世新疆矿业有限公司奥塔乌日克什露天煤矿	1000
66	新疆天池能源有限责任公司南露天煤矿	1000
67	新汶矿业集团(伊犁)能源开发有限责任公司一矿	1000

数据来源:国家煤炭安全监察局

附录7 2019—2020年全国分省份原煤产量情况表

省份	2019年原煤产量（万吨）	2019年同比增幅（％）	2020年原煤产量（万吨）	2020年同比增幅（％）
全国	374552.5	4.2	384373.9	0.9
北京	36.1	−79.5	0.0	0.0
河北	5075.2	−8.6	4974.7	−0.9
山西	97109.4	6.1	106306.8	8.2
内蒙古	103523.7	8.5	100091.3	−7.8
辽宁	3292.0	−0.8	3091.5	−6.0
吉林	1217.0	−23.7	1001.6	−19.4
黑龙江	5195.0	−11.4	5206.3	1.5
江苏	1102.7	−11.5	1022.3	−7.3
安徽	10989.5	−2.5	11084.4	0.9
福建	831.7	−10.2	645.8	−23.1
江西	441.2	−4.5	281.2	−33.7
山东	11875.6	−2.8	10922.0	−8.6
河南	10873.3	−5.6	10490.6	−1.3
湖北	38.5	−30.6	40.3	9.6
湖南	1374.7	−16.7	1053.3	−13.4
广西	356.6	−23.3	241.6	−34.4
重庆	1150.8	−0.3	939.4	−20.9
四川	3296.4	−6.1	2158.3	−34.4
贵州	12969.5	9.4	11935.1	0.3
云南	4779.6	4.4	5265.6	3.1
陕西	63412.4	1.7	67942.6	6.3
甘肃	3663.1	1.3	3848.1	6.2
青海	1007.2	24.4	1092.1	−9.7
宁夏	7168.0	−3.7	8151.6	9.1
新疆	23773.3	14.2	26587.4	9.3

注：表中数据为全国规模以上企业产量数据，同比增幅为国家统计局公布数据，与计算值有一定出入，以公布数据为准；广东、海南、上海、天津、西藏、浙江产量为0。

数据来源：国家统计局

附录8 2020年煤炭分省份分煤种产量

	合计	无烟煤	炼焦烟煤								一般烟煤	褐煤
			炼焦烟煤小计	贫瘦煤	瘦煤	焦煤	肥煤	1/3焦煤	气肥煤	气煤		
全国	384374.0	32487	115228	10477	8048	29205	10754	15591	7472	33682	209141	27518
北京	0.0	0	0	0	0	0	0	0	0	0	0	0
河北	4974.7	667	3233	215	116	444	1395	522	118	423	1074	0
山西	106306.8	18747	56700	6438	4390	18545	4470	3891	2210	16756	30860	0
内蒙古	100091.3	403	5961	13	86	3234	364	2249	16	0	68413	25314
辽宁	3091.5	136	677	0	149	99	66	0	0	363	2230	48
吉林	1001.6	5	318	1	3	104	0	41	2	166	612	66
黑龙江	5206.4	10	4197	2	0	764	110	2127	94	1101	908	91
江苏	1022.3	0	1022	0	0	0	34	36	235	717	0	0
安徽	11084.4	71	10757	297	390	895	420	1672	1828	5254	256	0
福建	645.8	636	0	0	0	0	0	0	0	0	10	0
江西	281.2	137	128	28	20	36	7	15	14	8	17	0
山东	10922.0	354	9859	94	32	39	794	1474	2425	5001	266	443
河南	10490.6	3550	4384	876	623	879	409	1560	36	0	2465	93
湖北	40.3	30	5	1	2	1	1	0	0	0	5	0
湖南	1053.3	759	26	0	0	26	0	0	0	0	268	0
广西	241.6	35	10	10	0	0	0	0	0	0	16	181
重庆	939.4	350	374	47	15	70	45	143	28	26	216	0
四川	2158.3	86	687	39	213	436	0	0	0	0	1385	0
贵州	11935.2	4091	5360	655	671	1290	2421	0	322	0	2484	0
云南	5265.6	1798	2397	35	348	893	217	760	143	0	201	869
陕西	67942.6	1	2730	1725	905	0	0	0	0	100	65211	0
甘肃	3848.1	0	98	0	0	0	0	0	0	98	3750	0
青海	1092.1	0	518	0	0	259	0	259	0	0	574	0
宁夏	8151.6	619	1052	0	85	123	0	843	0	1	6480	0
新疆	26587.4	0	4735	0	0	1066	0	0	0	3668	21440	413

注:北京、天津、上海、浙江、广东、海南、西藏产量为0。

数据来源:蓝皮书编写组依据统计局公布的分省份原煤产量及国家煤炭安全监察局煤矿信息测算

附录9　2019—2020年全国铁路煤炭分月发运量统计

时间	本期发运量（万吨）	同比（%）	累计发运量（万吨）	累计同比（%）
2019年2月	17400	−8.7	39600	−0.5
2019年3月	19900	−3.8	59700	−1.4
2019年4月	19300	7.8	79100	0.9
2019年5月	20800	6.3	100000	2.0
2019年6月	20300	3.8	120000	2.3
2019年7月	21200	6.0	141600	3.0
2019年8月	20000	1.7	162000	2.8
2019年9月	20000	1.8	182000	2.8
2019年10月	21500	7.0	203200	3.2
2019年11月	21100	2.2	224000	3.1
2019年12月	21500	3.6	246000	3.2
2020年1月	20500	−8.0	20500	−8.0
2020年2月	16750	−3.9	37300	−6.2
2020年3月	18900	−5.6	56300	−6.0
2020年4月	17100	−11.8	73200	−7.5
2020年5月	18900	−9.4	92000	−8.0
2020年6月	20300	−0.7	112000	−6.8
2020年7月	21000	−1.3	133000	−6.0
2020年8月	19777	−1.9	153000	−5.5
2020年9月	19300	−3.0	172000	−5.2
2020年10月	20400	−5.1	193000	−5.1
2020年11月	21000	0.0	214000	−4.6
2020年12月	22400	4.3	236000	−4.0

数据来源：中国煤炭运销协会

附录10 2019年底国际煤炭探明储量比较

国家或地区	无烟煤和烟煤（亿吨）	次烟煤和褐煤（亿吨）	总储量（亿吨）	占比(%)	储产比
世界合计	7492	3205	10696	100.0	132
OECD	3241	1771	5012	46.9	308
非OECD	4251	1433	5684	53.1	88
美国	2195	300	2495	23.3	390
俄罗斯	717	904	1622	15.2	369
中国	1335	81	1416	13.2	37
澳大利亚	726	765	1491	13.9	294
印度	1009	51	1059	9.9	140
蒙古	12	14	25	0.2	44
欧盟	234	531	765	7.2	209
德国	—	359	359	3.4	268
乌克兰	320	23	344	3.2	*
哈萨克斯坦	256	—	256	2.4	222
南非	99	—	99	0.9	39
印度尼西亚	282	117	399	3.7	65
土耳其	6	110	115	1.1	140
哥伦比亚	46	—	46	0.4	55
巴西	15	50	66	0.6	*
加拿大	43	22	66	0.6	130
波兰	211	59	269	2.5	240
希腊	—	29	29	0.3	105
保加利亚	2	22	24	0.2	153
越南	31	2	34	0.3	73

国家或地区	无烟煤和烟煤（亿吨）	次烟煤和褐煤（亿吨）	总储量（亿吨）	占比（%）	储产比
乌兹别克斯坦	14	—	14	0.1	339
匈牙利	3	26	29	0.3	425
塞尔维亚	4	71	75	0.7	193
墨西哥	12	1	12	0.1	108
捷克	4	25	29	0.3	71
新西兰	8	68	76	0.7	*
西班牙	868	319	1187	0.1	433

注：OECD 指的是经济合作与发展组织，非 OECD 指的是非经济合作发展组织；* 超过 500 年。

煤炭的"探明储量"是指通过地质与工程信息以合理的确定性表明，在现有的经济与作业条件下，将来可从已知储层采出的煤炭储量，即基础储量中的剩余可采储量；储采比表明尚存的可采储量，如按照当前实际或计划开采水平开采，尚可开采多少年。

数据来源：2020 年《BP 世界能源统计年鉴》

附录 11　2020 年世界主要煤炭生产国产量变化情况

序号	国别	2017 年（亿吨）	增速（%）	2018 年（亿吨）	增速（%）	2019 年（亿吨）	增速（%）	2020 年（万吨）	增速（%）	备注
	世界	75.51	3.4	78.05	3.3	79.21	1.5	—	-4.0	
1	中国	35.2	3.3	36.80	4.5	38.50	4.0	39.00	1.4	国家统计局全口径数据
2	印度	7.16	3.6	7.44	7.1	7.32	-1.6	7.41	0.8	
3	美国	7.03	6.3	6.84	-2.7	6.40	-6.7	4.89	-23.7	按 1 吨 = 1.10231 短吨折算
4	澳大利亚	5.59	-1.4	5.84	3.8	5.88	0.8	4.18	-5.5	前三季度产量，不含褐煤
5	印度尼西亚	4.61	1.3	5.59	20.0	6.16	9.5	5.63	-8.3	
6	俄罗斯	4.08	6.3	4.33	6.1	4.37	1.0	4.01	-8.2	
7	南非	2.52	0.7	2.53	0.4	2.59	2.2	2.52	-2.4	
8	德国	1.75	-0.2	1.66	-3.0	1.31	-21.0	—	—	主要为褐煤
9	波兰	1.27	-3	1.22	-3.7	1.12	-8.2	1.00	-10.4	
10	哈萨克斯坦	1.11	7.8	1.18	4.9	1.15	-2.6	1.13	-1.6	
11	哥伦比亚	0.91	0.1	0.86	-5.6	0.80	-7.5	0.54	-32.6	
12	土耳其	0.74	1.5	0.86	14.1	0.87	0.8	—	—	主要为褐煤
13	加拿大	0.6	-2.3	0.55	-10.3	0.52	-5.1	0.37	-22.5	
14	蒙古国	0.47	32.7	0.50	6.2	0.51	1.7	0.40	-20.3	前 11 个月产量
15	越南	0.38	-0.5	0.42	9.1	0.46	11.6	0.49	5.1	
16	乌克兰	0.34	-17.8	0.33	-4.7	0.33	-3.3	0.28	-15.4	

注：世界数据 2017—2019 年为国际能源署 IEA 数据。2020 年增速由中国煤炭经济研究会根据产煤国发布的初步统计数据测算。

数据来源：中国煤炭经济研究会

附录 12　2020 年主要煤炭进口国和地区进口变化情况

序号	国家（地区）	2017 年（亿吨）	增速（%）	2018 年（亿吨）	增速（%）	2019 年（亿吨）	增速（%）	2020 年（亿吨）	增速（%）	备注
	世界	13.77	4.66	13.92	3.58	14.240	2.3	—	—	国际能源署 IEA 数据
1	中国	2.71	6.10	2.81	3.90	2.997	6.3	3.040	1.5	
2	印度	1.98	-2.50	2.27	14.70	2.490	9.7	2.184	-12.4	
3	日本	1.94	1.00	1.91	-1.50	1.870	-2.1	1.743	-6.8	
4	韩国	1.48	10.20	1.49	0.30	1.410	-4.9	1.235	-12.7	
5	中国台湾	0.69	5.70	0.70	0.80	0.677	-2.5	0.631	-5.9	
6	德国	0.51	-10.10	0.45	-13.00	0.402	-14.7	0.256	-27.3	
7	土耳其	0.38	4.90	0.44	-2.60	0.419	-5.2	0.408	5.1	
8	马来西亚	0.30	11.80	0.33	8.60	0.350	6.1	—	—	
9	菲律宾	0.24	15.90	0.25	4.70	0.300	18.0	0.230	-22.6	
10	泰国	0.22	3.00	0.25	12.10	0.217	-13.6	0.239	7.3	
11	越南	0.15	9.80	0.23	55.70	0.439	91.9	0.548	25.0	
12	乌克兰	0.20	39.40	0.21	8.10	0.106	-4.5	0.127	-14.9	前三季度进口量
13	波兰	0.13	55.40	0.20	52.70	0.167	-15.1	0.106	-16.0	
14	西班牙	0.19	30.60	0.16	-18.20	0.061	-16.1	—	—	2019 年为上半年数据
15	巴基斯坦	0.07	43.80	0.14	93.60	0.158	14.3	0.157	4.7	巴基斯坦财年数据
16	巴西	0.21	8.70	0.21	-1.00	0.211	-11.0	—	—	

数据来源：中国煤炭经济研究会

附录 13 2020 年主要煤炭出口国出口变化情况

序号	国别	2017 年（亿吨）	增速（%）	2018 年（亿吨）	增速（%）	2019 年（亿吨）	增速（%）	2020 年（亿吨）	增速（%）	备注
	世界	13.66	5.50	14.18	4.20	14.36	1.30	—	-9.50	
1	印度尼西亚	3.90	5.40	4.29	10.20	4.59	7.00	4.07	-11.40	
2	澳大利亚	3.73	-4.70	3.87	3.50	3.96	2.40	3.61	-8.90	2020 预计
3	俄罗斯	1.85	12.40	1.91	2.70	1.91	0.10	1.93	1.70	
4	美国	0.88	60.90	1.05	19.30	0.84	-19.70	0.63	-26.30	
5	哥伦比亚	1.05	23.60	0.87	-17.40	0.75	-14.00	0.71	-4.70	
6	南非	0.81	9.20	0.78	-3.90	0.76	-4.20	0.73	-3.00	
7	蒙古国	0.33	29.40	0.36	8.60	0.37	0.93	0.29	-21.70	
8	加拿大	0.31	0.60	0.34	8.80	0.36	5.40	0.36	-1.30	
9	哈萨克斯坦	0.29	12.40	0.27	-8.80	0.28	5.50	0.16	-7.60	前三季度
10	莫桑比克	0.12	28.30	0.12	-1.70	0.09	-24.40	0.03	-34.20	上半年

注：2017—2019 年世界数据为国际能源署 EIA 数据，2020 年增速是由中国煤炭经济研究会根据煤炭出口国发布的数据测算而得。

数据来源：中国煤炭经济研究会

附录 14　2020 年各省份焦炭、生铁和粗钢产量

单位:万吨

省份	焦　炭		生　铁		粗　钢	
	产量	占比（%）	产量	占比（%）	产量	占比（%）
全国	47116.3	100.00	88752.4	100.00	105299.9	100.00
天津	175.4	0.37	2198.9	2.48	2171.8	2.06
河北	4825.5	10.24	22903.8	25.81	24977.0	23.72
山西	10493.7	22.27	6089.1	6.86	6637.8	6.30
内蒙古	4222.5	8.96	2380.8	2.68	3119.9	2.96
辽宁	2297.1	4.88	7235.2	8.15	7609.4	7.23
吉林	368.7	0.78	1407.7	1.59	1525.6	1.45
黑龙江	1062.7	2.26	863.1	0.97	986.6	0.94
上海	540.6	1.15	1411.3	1.59	1575.6	1.50
江苏	1312.9	2.79	10022.9	11.29	12108.2	11.50
浙江	213.2	0.45	852.8	0.96	1457.0	1.38
安徽	1228.4	2.61	2537.3	2.86	3696.7	3.51
福建	223.5	0.47	1106.2	1.25	2466.5	2.34
江西	688.5	1.46	2332.1	2.63	2682.1	2.55
山东	3162.6	6.71	7523.2	8.48	7993.5	7.59
河南	1847.8	3.92	2769.5	3.12	3530.2	3.35
湖北	801.2	1.70	2727.4	3.07	3557.2	3.38
湖南	604.0	1.28	2105.4	2.37	2612.9	2.48
广东	597.0	1.27	2158.7	2.43	3382.3	3.21
广西	811.8	1.72	1457.1	1.64	2275.5	2.16

单位:万吨

省份	焦 炭		生 铁		粗 钢	
	产量	占比(%)	产量	占比(%)	产量	占比(%)
重庆	279.7	0.59	637.8	0.72	900.0	0.85
四川	1074.2	2.28	2136.8	2.41	2792.6	2.65
贵州	428.4	0.91	368.6	0.42	461.9	0.44
云南	1093.3	2.32	1873.3	2.11	2233.0	2.12
陕西	4896.5	10.39	1232.2	1.39	1521.5	1.44
甘肃	516.8	1.10	782.3	0.88	1059.2	1.01
青海	182.6	0.39	160.3	0.18	193.2	0.18
宁夏	920.8	1.95	320.0	0.36	466.6	0.44
新疆	2246.9	4.77	1158.3	1.31	1306.1	1.24

注:北京、海南、西藏产量为 0。

数据来源:国家统计局

附录 15　2020 年全国电力工业统计数据一览表

指标名称	单位	2020 年	2019 年	同　比		
				（%）	（±）	（百分点）
1.发电量	亿千瓦时	76236	73269	4.0	—	—
水　　电	亿千瓦时	13552	13021	4.1	—	—
火　　电	亿千瓦时	51743	50465	2.5	—	—
核　　电	亿千瓦时	3662	3487	5.0	—	—
风　　电	亿千瓦时	4665	4053	15.1	—	—
太阳能发电	亿千瓦时	2611	2240	16.6	—	—
2.全社会用电量	亿千瓦时	75110	72852	3.1	—	—
第一产业	亿千瓦时	859	779	10.2	—	—
第二产业	亿千瓦时	51215	49963	2.5	—	—
其中:工业	亿千瓦时	50297	49073	2.5	—	—
第三产业	亿千瓦时	12087	11865	1.9	—	—
城乡居民生活用电	亿千瓦时	10950	10245	6.9	—	—
3.发电装机容量	万千瓦	220058	201006	9.5	—	—
水　　电	万千瓦	37016	35804	3.4	—	—
火　　电	万千瓦	124517	118957	4.7	—	—
核　　电	万千瓦	4989	4874	2.4	—	—
风　　电	万千瓦	28153	20915	34.6	—	—
太阳能发电	万千瓦	25343	20418	24.1	—	—
4.220 千伏及以上输电线路回路长度	千米	794118	759465	4.6	—	—
5.220 千伏及以上公用变设备容量	万千伏安	452810	431697	4.9	—	—

指标名称	单位	2020 年	2019 年	同 比		
				（%）	（±）	（百分点）
6.基建新增发电装机容量	万千瓦	19087	10500	81.8	—	—
水　　电	万千瓦	1323	445	197.7	—	—
火　　电	万千瓦	5637	4423	27.4	—	—
核　　电	万千瓦	112	409	−72.6	—	—
风　　电	万千瓦	7167	2572	178.7	—	—
太阳能发电	万千瓦	4820	2652	81.7	—	—
7.新增 220 千伏及以上输电线路回路长度	千米	35029	35912	−2.5	—	—
8.全国新增直流换流容量	万千瓦	5200	2200	136.4	—	—
9.新增 220 千伏及以上变电设备容量	万千伏安	22288	23814	−6.4	—	—
10.电力工程建设投资完成	亿元	9944	9072	9.6	—	—
其中:电源工程建设投资完成	亿元	5244	4060	29.2	—	—
其中:水电	亿元	1077	905	19.0	—	—
火电	亿元	553	760	−27.3	—	—
核电	亿元	378	488	−22.6	—	—
风电	亿元	2618	1535	70.6	—	—
其中:电网工程建设投资完成	亿元	4699	5012	−6.2	—	—
11.6000 千瓦及以上电厂供电标准煤耗	克/千瓦时	305.5	306.4	—	−0.9	—

续表

指标名称	单位	2020 年	2019 年	同　比		
				（%）	（±）	（百分点）
12.6000 千瓦及以上电厂发电设备利用小时	小时	3758	3828	—	-70	—
水　　电	小时	3827	3697	—	130	—
火　　电	小时	4216	4307	—	-92	—
核　　电	小时	7453	7394	—	59	—
风　　电	小时	2073	2083	—	-10	—
13.线路损失率	%	5.62	5.93	—	—	-0.31

注:①发电量、全社会用电量和发电装机容量指标数据为中电联行业统计的全口径数据;②风电、太阳能发电的发电量、装机容量均为并网口径;③由于统计口径、并网时点确认等因素,基建新增装机容量和发电装机容量增量存在一定差异;④电力工程建设投资完成额指标数据为纳入中电联电力行业统计的大型电力企业投资完成数据;⑤本表中的"空格"表示该统计指标数据不足本表最小单位数、不详或无该项数据。

数据来源:中国电力企业联合会

附录16　2012—2020 年分省份发电量

单位:亿千瓦时

地区	2012 年	2013 年	2014 年	2015 年	2016 年	2017 年	2018 年	2019 年	2020 年
北京	293	336	369	421	433	388	437	431	441
天津	587	597	612	601	616	609	699	713	753
河北	2316	2443	2383	2301	2617	2777	3048	3118	3196
山西	2535	2625	2643	2457	2499	2763	3042	3238	3367
内蒙古	3344	3623	3861	3923	3796	4230	4828	5327	5634
辽宁	1488	1573	1617	1619	1731	1806	1898	1996	2051
吉林	714	773	758	704	739	745	823	872	945
黑龙江	842	844	894	895	898	913	1008	1057	1084
上海	973	972	808	821	807	830	825	793	819
江苏	4158	4405	4348	4426	4667	4775	4934	5015	5050
浙江	2847	2941	2913	2972	3089	3260	3353	3351	3367
安徽	1808	1978	2028	2062	2206	2420	2623	2769	2682
福建	1623	1790	1870	1883	1813	2063	2357	2406	2537
江西	760	852	876	982	923	1047	1193	1242	1318
山东	3306	3597	4493	4619	5103	4979	5608	5586	5514
河南	2597	2881	2675	2559	2622	2704	2916	2766	2749
湖北	2245	2235	2395	2356	2423	2549	2773	2896	2907
湖南	1214	1278	1261	1253	1284	1350	1419	1506	1496
广东	3644	3768	3805	3789	4082	4516	4370	4726	5010
广西	1172	1219	1298	1319	1276	1322	1591	1781	1890

续表

单位:亿千瓦时

地区	2012 年	2013 年	2014 年	2015 年	2016 年	2017 年	2018 年	2019 年	2020 年
海南	211	232	246	256	268	284	302	319	319
重庆	547	591	674	683	671	690	757	762	775
四川	2129	2617	3130	3290	3142	3340	3499	3671	3981
贵州	1610	1674	1845	1931	1840	1856	1945	2106	2174
云南	1748	2148	2550	2553	2470	2730	3007	3252	3451
西藏	21	23	26	38	46	50	61	71	69
陕西	1233	1253	1326	1321	1735	1781	1782	2119	2278
甘肃	1107	1195	1241	1228	1131	1241	1427	1480	1601
青海	592	591	596	573	487	561	717	791	858
宁夏	1013	1121	1167	1166	1061	1278	1526	1698	1825
新疆	1188	1613	2093	2479	2633	2894	3148	3564	4032

数据来源:国家统计局

附录 17 1990—2020 年中国发电装机容量和发电量

年份	1990	2000	2010	2015	2016	2017	2018	2019	2020
发电装机容量（百万千瓦）	137.89	319.32	966.41	1508.28	1645.75	1784.18	1900.12	2010.06	2200.58
其中:水电	36.05	79.35	216.06	319.37	332.11	343.77	352.59	358.04	370.16
火电	101.84	237.54	709.67	990.21	1053.88	1110.09	1144.08	1189.57	1245.17
核电	—	2.10	10.82	26.08	33.64	35.82	44.66	48.74	49.89
风电	—	0.35	29.84	172.93	225.36	294.42	184.27	209.15	281.53
发电量（十亿千瓦时）	614.63	1325.64	4141.26	5618.37	5911.12	6275.82	6791.42	7142.21	7417.04
其中:水电	124.53	221.17	662.17	995.99	1051.84	1081.88	1102.75	1153.44	1214.03
火电	490.04	1086.68	3325.34	4210.19	4395.77	4611.46	4979.47	5165.43	5279.87
核电	—	16.74	73.88	170.79	212.73	248.07	294.36	348.35	366.25
风电	—	—	43.03	168.06	211.32	269.54	325.32	357.74	414.60

来源:中国电力企业联合会;国家统计局

附录 18　2012—2019 年世界发电量

单位：亿千瓦时

国家	2012年	2013年	2014年	2015年	2016年	2017年	2018年	2019年	2019 占比(%)
世界	228047	234335	240298	242663	249229	256430	266527	270047	100.0
OECD	109553	109441	108829	109312	110053	110552	112461	111360	41.2
非 OECD	118494	124894	131469	133351	139176	145878	154066	158687	58.8
中国	49876	54316	57945	58146	61332	66044	71661	75034	27.8
美国	43106	43303	43633	43487	43479	43025	44574	44013	16.3
欧盟	32954	32696	31884	32366	32594	32900	32701	32153	11.9
印度	10918	11461	12622	13173	14017	14738	15514	15587	5.8
俄罗斯	10693	10591	10642	10675	10910	10912	11092	11181	4.1
日本	11069	10878	10627	10301	10303	10426	10562	10363	3.8
加拿大	6365	6557	6476	6593	6630	6645	6523	6604	2.4
德国	5525	5708	5905	5812	5789	5893	6014	6256	2.3
韩国	6301	6387	6278	6481	6507	6537	6435	6124	2.3
巴西	5312	5372	5404	5478	5610	5764	5934	5847	2.2

续表

单位:亿千瓦时

国家	2012 年	2013 年	2014 年	2015 年	2016 年	2017 年	2018 年	2019 年	2019 占比(%)
法国	5645	5738	5642	5703	5562	5541	5742	5554	2.1
沙特阿拉伯	2964	2971	3033	3103	3203	3291	3493	3640	1.3
英国	2717	2841	3118	3385	3456	3552	3592	3574	1.3
墨西哥	3639	3583	3381	3389	3392	3382	3329	3237	1.2
伊朗	2488	2589	2735	2795	2861	3052	3144	3187	1.2
土耳其	2395	2402	2520	2618	2744	2973	3048	3085	1.1
意大利	2993	2898	2798	2830	2898	2958	2897	2938	1.1

数据来源:2020 年《BP 世界能源统计年鉴》

注:OECD 指的是经济合作与发展组织,非 OECD 指的是非经济合作发展组织

附录 19　中国能源与电力消费弹性系数

年份	能源消费 比上年增长(%)	电力消费 比上年增长(%)	国内生产总值 比上年增长(%)	能源消费 弹性系数	电力消费 弹性系数
1990	1.8	6.2	3.8	0.47	1.63
1991	5.1	9.2	9.2	0.55	1.00
1992	5.2	11.5	14.2	0.37	0.81
1993	6.3	11.0	14.0	0.45	0.79
1994	5.8	9.9	13.1	0.44	0.76
1995	6.9	8.2	10.9	0.63	0.75
1996	3.1	7.4	10.0	0.31	0.74
1997	0.5	4.8	9.3	0.06	0.52
1998	0.2	2.8	7.8	0.03	0.36
1999	3.2	6.1	7.6	0.42	0.80
2000	4.5	9.5	8.4	0.53	1.12
2001	5.8	9.3	8.3	0.70	1.12
2002	9.0	11.8	9.1	0.99	1.30
2003	16.2	15.6	10.0	1.62	1.56
2004	16.8	15.4	10.1	1.66	1.52
2005	13.5	13.5	11.3	1.18	1.18
2006	9.6	14.6	12.7	0.76	1.15
2007	8.7	14.4	14.2	0.61	1.01
2008	2.9	5.6	9.6	0.30	0.58
2009	4.8	7.2	9.2	0.51	0.77
2010	7.3	13.2	10.6	0.69	1.25

年份	能源消费比上年增长(%)	电力消费比上年增长(%)	国内生产总值比上年增长(%)	能源消费弹性系数	电力消费弹性系数
2011	7.3	12.1	9.5	0.76	1.26
2012	3.9	5.9	7.7	0.49	0.75
2013	3.7	8.9	7.7	0.47	1.14
2014	2.1	4.0	7.3	0.36	0.91
2015	1.0	2.9	6.9	0.19	0.04
2016	1.4	5.6	6.7	0.25	0.81
2017	2.9	5.7	6.8	0.46	1.12
2018	3.3	8.5	6.6	0.52	1.27
2019	3.3	4.5	6.0	0.54	0.72
2020	2.2	3.1	2.3	—	—

数据来源：国家统计局

图书在版编目（CIP）数据

中国煤炭市场发展报告. 2021 / 胡耀飞主编. — 太原：山西经济出版社，2021.5

（中国煤炭市场蓝皮书）

ISBN 978-7-5577-0865-8

Ⅰ. ①中… Ⅱ. ①胡… Ⅲ. ①煤炭工业—市场—研究报告—中国—2021 Ⅳ. ①F724.741

中国版本图书馆 CIP 数据核字（2021）第 105769 号

中国煤炭市场蓝皮书：中国煤炭市场发展报告（2021）
ZHONGGUO MEITAN SHICHANG LANPISHU
ZHONGGUO MEITAN SHICHANG FAZHAN BAOGAO（2021）

主　　编：	胡耀飞
出 版 人：	张宝东
责任编辑：	吴　迪
助理编辑：	武文璇　张雅婷
装帧设计：	赵　娜

出 版 者：	山西出版传媒集团·山西经济出版社
社　　址：	太原市建设南路 21 号
邮　　编：	030012
电　　话：	0351—4922133（市场部）
	0351—4922085（总编室）
E – mail：	scb@sxjjcb.com（市场部）
	zbs@sxjjcb.com（总编室）
网　　址：	www.sxjjcb.com

经 销 者：	山西出版传媒集团·山西经济出版社
承 印 者：	太原市中远新印刷有限公司

开　　本：	787mm×1092mm　1／16
印　　张：	17
字　　数：	260 千字
版　　次：	2021 年 5 月 第 1 版
印　　次：	2021 年 5 月 第 1 次印刷
书　　号：	ISBN 978-7-5577-0865-8
定　　价：	139.00 元